China's Change

中国巨变
地球上最伟大的变革

The Greatest Show
on Earth

【英】休·佩曼 著

万宏瑜 译

人民出版社

管理变革这个典型的中国观念同样适用于西方和东方。凭借传统哲学的规模、速度和洞察力,中国的巨大变革让所有对世界事务和未来感兴趣的人们惊叹。对于欧洲人来说,本书告诉了我许多我不知道的事情。一个非常重要的论点是反驳所有那些认为中国会垮台的人。休·佩曼通过 40 多年来他会见的非凡人物,以前所未有的方式讲述了今日中国的故事。

英国广播公司总裁　托尼·霍尔

很少有外国人如此了解中国。休·佩曼的优势在于,他在中国工作之前就了解了中国的侨民,掌握基层数据,广泛接触政府和商界人士。这本书提供了一个关于中国在全球化的浪潮中如何变化的最佳洞见,这是 20 世纪和 21 世纪最声势浩大的变化之一。

中国银监会前顾问、香港证监会前主席、
《十年轮回:从亚洲到全球的金融危机》作者　沈联涛

休·佩曼知道他在说什么。他并不是通过西方多棱镜在看中国——这样往往会看错——他是为数不多的理解中国的人。

《当中国统治世界》作者　马丁·雅克

一本非常有价值的书。论证有说服力,陈述鲜明、有趣、引人深思,有助于人们思考中国。

普利策奖得主、
《野草——现代中国的三个变革故事》作者　伊恩·约翰逊

认真的全球投资者们都应该读读这本《中国巨变》。中国将成为贝塔资产多样化和阿尔法世代的改变者。这是一个在中国生活了15年的研究人员自上而下和自下而上的视角和洞见。

新加坡政府投资公司前首席投资官、
太平洋投资管理公司顾问　黄国松

推荐给所有去中国旅行的人，无论是商务、度假还是学习，都应该带这本书。《中国巨变》包罗万象：历史、哲学、政府、政治、商业和经济；过去、现在和未来。对于亚洲和西方而言，这本书非常及时。这本原创的书回答了两个关键问题：中国能否为我们应对日益颠覆的世界，为我们的国家、工作和个人生活指明新的道路？中国能否继续成为全球经济增长的主要动力？

悦榕控股集团创始人、新加坡管理大学董事会主席、
《沧海一珠》作者　何光平

我非常喜欢作者写"变革"的方式。作者很有见地，这本书是一本哲学经济学，比普通的经济学书更耐人寻味！我也很惊叹中国人吸收变革的能力，真的是不同寻常，我同意。

我尤其被"中国对在哪里"的问题所吸引——作者明确地将西方叙事和中国的实际情况区别开来。

英国《金融时报》新兴市场主编、
《中国震撼世界》作者　詹姆斯·金奇

太精彩了！作者在亚洲做了大量研究，积累了广泛而有权威的经验。我最深的印象就是：写得太棒了！作者确实有种让难懂的东西变得清晰明了的天赋。

漆咸楼（皇家国际事务研究所）编辑　麦克·张

我印象最深的是作者看中国的方式——以历史、人民、宗教、哲学和文化为背景,用客观分析和基准化分析的方法逐一阐释那些成见和敏感话题。我相信遥远的中国粉丝们通过这个独特的不同于既有的西方传统的视角更容易了解中国。

作者属于现实派,而不是简单的悲观或乐观主义者。让本书更具可信度的是作者关注中国40年,还有长年生活在中国的经验,我相信这本书会引起人们的思考,并终将证明作者的远见卓识,比大多数中国的粉丝甚至更多的中国人更有远见!

英美资源集团中国首席代表　威廉·付

每次唱衰中国的警钟敲响都预示着中国的巨变!

道富环球投资管理副总裁　拉尔夫·莱曼

《中国巨变》对所有投资者都有益处,因为全球三分之一的经济增长来自中国——超过美国、欧洲和日本的总和——我们所读到的大部分关于这个国家的报道都为误解和恐惧所笼罩。

理解中国过去几十年发生的变化是评估未来各种可能和问题的关键。《中国巨变》有助于探明中国如何从一个静态的、指令型经济转变为由企业家推动的经济体;以及快速的收入增长如何打造了一个兴盛的中产阶级和世界最佳消费者的神话。这本书打破了中国经济从"鬼城"到"影子银行"的神话。该书是一本伟大的书,很有可能颠覆许多读者对中国的认识。

马修斯亚洲投资战略家、美国前外交官　安迪·罗斯曼

作者的新闻技巧和现实视角(长期的)、简洁犀利的文风深深打动了读者。精彩!

南洋管理公司创始人　布鲁克·麦康奈尔

我认为这本书非常棒,中国以外的人可以从中受益良多。

彬元资本总裁　周平

《中国巨变》应该成为智库和政策部门的教科书,尤其是脱欧后的英国。

摩根大通(中国)创业投资有限公司主席　威廉·奈特

精彩绝伦!这本书写得正是时候,满足了各种想要更好了解中国和我们与中国的未来的人的迫切需求。本书的内容会改变人们对中国的看法,堪称里程碑式的一本书,一本伟大的书。

奥丁资本管理创始人　威尔瑞克·特兰埔

目　录
CONTENTS

前　言

> "低迷黄昏径。"
>
> ——李贺（约791—约817）

> "如果你总是做你一直做的事，那么你得到的也总是你一直得到的。"
>
> ——阿尔伯特·爱因斯坦（1879—1955）

> "五十以学《易》，可以无大过矣。"
>
> ——《论语·述而》

亚洲和西方都面临类似的挑战。各种颠覆性元素将形成一个新时代，双方都需要更新自己。问题在于：如何变革？

"看中国"是这本书提供的令人震惊的答案。毕竟欧洲、美国和东亚都曾经效仿过中国而且成效卓然，现在为什么不呢？管理变革是中国的神秘因素。不断变革的概念——维新，已经差不多有4000年历史,而《易经》也有2000多年的历史了。

这种引人深思的想法呼吁对中国进行彻底的反思,并认识到其动荡的历史催生出的传统思想为变革提供了路线图。这种反思必须从过去25年关于中国的两种观点开始,这两种观点现在都已经过时了:一种认为中国注定要统治世界;另一种认为中国有严重的甚至是致命的缺陷。

"中国称霸论"或"中国崩溃论"都不是预先设定的。这种过于简单的叙事对于理解21世纪的中国毫无益处。21世纪的中国日新月异,驱动力是挑剔的消费者、奋斗中的民营企业和新技术。

不久前,熟悉新中国的人从世界各地提出了一些更新的观点。当中国重新出现在世界地缘政治场景中,澳大利亚首任驻华大使史蒂芬·菲茨杰拉德(Stephen Fitz Gerald)做了一个有关"在中国世界中管理我们自己"的演讲,讲述如何在保持自我价值的同时管理好对华关系。三位麦肯锡作者在《非比寻常的颠覆》中把中国放在新的全球现实中,爱德华·谢(Edward Tse)的《中国破坏者》刻画了当今中国的企业家精神,詹姆斯·斯坦特(James Stent)的《中国银行业转型》描述了一个典型国有企业的现实。

但对于中国的了解还存在很大的差距。中国自1978年以来是如何发生巨大变革的?为什么没有走曾经也辉煌过30年的日本的老路?《中国巨变》解释了中国还有很多未开发的资源,但更重要的是中国的神秘因素在于能够在政府、经济、商业甚至生活中无一例外通过把握本质、设计流程来管理变革。就像英国《金融时报》新兴市场主编詹姆斯·金奇(James Kynge)在阅读本书初稿时说:"很有见地,这本书是一本哲学经济学,比普通的经济学书更耐人寻味! 我也很惊叹中国人吸收变革的能力,真的是不同寻常,我同意。"

在这个不断被颠覆的世界,《中国巨变》回答了两个全球性的问题:其他国家、公司和个人该如何借鉴中国思维在昏暗的黎明中找到自己的出路? 中国是否能继续贡献带动全球三分之一的经济增长,超过美国、欧盟和日本的总和,并帮助解决 2008 年金融危机之后的全球滞胀?

不仅仅在西方,世界各地的人们期望越来越低,都需要新的想法,这包括经济增长较慢的东亚。代际的变革也改变了社会,东亚经济奇迹的记忆逐渐褪去,亟须调整,即便是东南亚最成功的地区、曾经是"亚洲四小龙"的新加坡、中国香港和中国台湾,中国的企业家精神和经济繁荣也有助于他们在陷入死水困境之前找到新的道路。

对于一个迷失方向的西方来说,更为重要的是对一个新的中国叙事的理解。选民说他们想要改变,但没有任何一个西方剧本能够解释如何改变。相反,在越来越内省的亚洲社会、英国脱欧后的欧洲、因文化战而分崩离析的美国,只有一成不变的陈旧思想、简单化的口号和重复的政策,以及关于未来的让人困惑的辩论。

那么为什么不看看世界上这个如此会变革、懂管理的地区呢? 不要向内看,而是看最近创造了过去半个世纪以来世界上最大经济成就的亚洲,尤其是中国,这个产生变革的亚洲哲学家园,以及其前所未有的速度和转型规模。

主张脱欧和支持特朗普的人说要把控制权拿回来,但他们还没能证明自己知道怎么做。中国通过运用千年古训思变求变,重新掌握了自己的命运,并带来了改变世界的成效。环顾四周,20 年来,中国已经从亚洲的贫困国家成为世界上输出游客最多的国家,中国成为花钱最慷慨的消费者。2015—2016 年,前往南极旅游的游客 10% 来自中国,人均消费高达 30000 美元。这是一个非同小可的中国。当然,更为重要的是,中国已经使 7 亿多人摆脱了贫困,创造了超过 2.5 亿人口的中产阶级,成为事实上世界上最大的贸易商,拥有最大的外汇储备。

仅仅四分之一世纪以前的改革开放初期,中国在政治上和经济上已经进行了15年改革探索。中国挖掘其传统哲学精髓,一点一滴通过流程找到了问题的答案。其发现和实施的工具以及解决的过程,都是中国的,但选择的手段大都是西方的。邓小平1992年的南方谈话,引发了中国寻求1800年后改造西方的巨大潜能,从此建立了全球统治地位。这些手段包括经济和贸易规则、透明度和审计等技术要求以及法治等概念。这是事实,非常普通,但他们以中国不知道的方式发生了转变。

在近期历史发生的讽刺性逆转中,为什么亚洲其他国家和西方不试试中国在1992年所做的事情——看看在哪里如何构建变革和实施变革?中国传统思维的强大力量就是创造一个能够改变路线图的过程。这不是政策,更不是意识形态,而是关于如何用源于本地的政策来应对不确定性。这可能是世界历史的一个惊人的、戏剧性的转折。

摒弃偏见、纠正误解,这没有理由不成为可能。《中国巨变》试图提供西蒙·沙玛(Simon Schama)在《风景与记忆》中所说的:

> 一种看待事物的方式、重新发现我们已经拥有却没有意识到或并不欣赏的东西。它不是对我们失去东西的另一种解释,而是对我们可能还未发现的东西的解释……在提供这种另类的观察方式时,我意识到更多的是利害关系,而不是学术上的狡辩。

我很幸运能够观察、吸收和分析亚洲过去40年来的巨大变化。在此期间,就像观看了一场日益熟悉的东亚电影,在前排座位我观看了中国香港、马来西亚和新加坡;在过去的15年,则看中国。我一直看到日本、韩国、中国台湾、中国香港和新加坡这五个以儒家文化为基础的社会一个接一个地成为发达经济体。

1978年,我开始酝酿《中国巨变:地球上最伟大的变革》,中国13

亿多人创造了世界上规模最大、时间最长的经济增长,其规模、速度和影响都是史无前例的。儒家思想的发源地现在成了世界上最大的舞台,吸引着对世界事务、经济、商业和自己未来感兴趣的人们。通过理解中国的变革,任何人都可以找到自己的复苏之路。

变革是中国的故事。在其漫长的历史过程中,中国经历了比今天的西亚或东亚更加严重的困境,就像诗人李贺笔下强盛的唐朝于 9 世纪开始衰落,"低迷黄昏径"。

西方弥漫着 20 世纪 30 年代以来史无前例的阴霾和不确定性,亚洲也未能幸免。政治、政策和政治家是萎靡不振的根源,陷入了 19 世纪和 20 世纪的意识形态陷阱。经济学家约翰·梅纳德·凯恩斯(John Maynard Keynes)可能会说,西方的政治和经济思想经常成为一些"长期死亡主义"的奴隶。乔治·布什(George Bush)自豪地宣称他没有"做有远见的事",其他领导人也亦步亦趋。短期主义取代了长期思维,没有清晰或务实的优先发展目标。空洞、不切实际的口号在"后真相"话语中占主导地位,很少考虑哲学。亚洲和西方已今非昔比。

诸如阿尔伯特·爱因斯坦(Albert Einstein)和查尔斯·达尔文(Charles Darwin)这样的伟大科学家掌握了变革的关键要义。政治家们基于长期愿景进行大刀阔斧的改革:从西方的亚伯拉罕·林肯(Abraham Lincoln)到赫尔穆特·科尔(Helmut Kohl),从日本到新加坡,从韩国到中国台湾和中国香港的亚洲领导人,做出了巨大的改变。西方长达两个世纪的统治和东亚繁荣奇迹的核心就在于静观变革如何改变经济和社会,遗憾的是现在西方思想中的变革之心已经消失殆尽。回溯到 19 世纪 60 年代早期,经过一场激烈的辩论,亚当·斯密(Adam Smith)关于自由贸易的想法终于在一个世纪之后纳入了威廉·格莱斯顿(William Gladstone)1860 年的预算。1861 年,在大西洋彼岸,林肯重新诠释了《美国独立宣言》中"人人平等"的原则,冒着内战的危险结束了奴隶制度。1862年,在世界的另一端,探险家麦克杜尔·斯图尔特(McDouall Stuart)挑战恶劣的大沙漠、从南到北穿越澳大利亚。这三者都表现出了远见、毅力、勇气和长远思维。这绝不是一个独特的三年,这些品质也并不只出现在遥远的19世纪。威廉·贝弗里奇(William Beveridge)在1942年的报告直接导致了英国建设福利国家和实现充分就业。约翰·肯尼迪(John Kennedy)在1961年发誓要在十年内把人类送上月球,并且做到了。凭借长线思维和明确的优先发展目标,科尔在1990年成功地以慷慨的条款重新统一了德国。

现在我们却缺乏这样的愿景和长线思考。安格拉·默克尔(Angela Merkel)在2015年欢迎难民的呼吁遭到欧盟一些成员国政府的严词拒绝。短期的选举利益当道,被视为西方自由主义和好撒玛利亚人的欧盟人道主义核心价值观被迅速排除在外,甚至不考虑长期的自身利益,比如不讨论欧洲的人口问题,因为从长远来看,人口老龄化才是一个真正的滴答作响的定时炸弹。

一切都是关于现在、当下的快速解决方案,而不是长线思考。西方在努力应对加速变化、不确定性和复杂性以及面对颠覆的时候似乎倍感茫然。亚洲部分地区也开始发生这种情况。涉足"未知水域"需要大胆的长线思维。为了避免问题、停滞甚至衰落在未来发生,国家和个人都需要重新找到使西方强盛两个世纪的方法。这些与帝国、荣耀还有西方的例外论无关,更不用说神圣的权利了。

管理变革一直是西方和东亚进步的核心。对技术、科学、政府和基础设施的大量长期投资奠定了经济基础;住房、卫生、健康和教育方面的持续改善从根本上提高了生活水平;一步一步的政治改革使得从英国、美国到韩国,人人享有投票权。这其中也经历过艰难的斗争,但却通过管理变革,克服不利因素,最终让事情得以继续前进。所以没有理由不继续改革。

2002年初,在章家敦出版《中国即将崩溃》后不久,我来到上海。15年后,中国还没有崩溃。相反,中国在全世界更加重要,魅力无穷。歌曲作家格雷汉·恩尔肖(Graham Earnshaw)戏谑地用香港蓝调刻画了20世纪70年代香港的精髓,"我知道这里嘈杂又拥挤,脏兮兮又烦人……但它并不乏味"。今天的中国内地也像20世纪70年代的香港那样混杂着同样强烈的能量、混乱、节奏和不确定性,但规模更大,更具有世界影响力。

了解中国可能令人困惑,但也令人振奋。悖论比比皆是。中国似乎同时是富人和穷人、严格的官僚主义和狂热的自由发展、传统和现代、内向和外向的集合体。更让人困惑的是关于为什么中国经济没有崩溃的问题,为什么它可能成为一个成功的"共产主义"国家。调和所有这一切的是一个伟大的脑筋急转弯。怀疑主义盛行,神话、误解和复杂性掩盖了真实的中国。尽管如此,自从1977年我第一次关注中国以来,接下来的每一个十年对中国来说似乎都不那么有挑战性。为什么? 因为正像最近的结果所示:它知道如何管理变革。

中国经济的重新崛起提供了经过验证的、实用的和基本上普适的观念,而不是某些不相关、不兼容的国家或文化的一些神秘抽象理论。事实上,中国的实际国内生产总值从2007年到2016年增长了107%,而同一时期美国只增长了12%、英国增长了9%、欧盟增长了5%、日本增长了3%;这肯定是一个令人头疼的警钟。解答中国谜题就能解决当今经济、商业和社会中最重要的问题之一,揭示世界可能的发展方向和繁荣之道。这就是为什么,在日益颠覆的时代,深入了解中国的变革、它是如何发生的以及它可能意味着什么,是地球上最伟大的剧目。

2017年12月于上海

中国和日益被颠覆的世界

"除了恒纪元,都是乱纪元……是早晨,早晨太阳不一定能升起,这是乱纪元。"

——刘慈欣《三体》　2006 年

在理解中国的变化之前,我们要先了解全球的背景。每天占据报纸头版头条的是各种经济、政治、社会的动乱消息。从英国脱欧到特朗普上台、从菲律宾到印度,选民投票决定政治的走向,这一切昭示着民众渴望脱离近几十年的发展轨迹,与此同时,记忆中最极端化的美国政治和欧洲的反思正在等待着最终结局。

在第二次世界大战结束约 70 年后,苏联解体 25 年之后,美国干涉阿富汗、伊拉克、中东 15 年之后,世界权力在不断向多极化世界转移。中国无意取代美国,尤其不会在军事上取代美国。然而,到 2025 年中国有望成为世界上最大的经济体。目前,按照购买力平价,中国已经是最大的经济体了。在美国领先的时代,美国的领导却在缺席,中国积极帮助维护多边主义和自由贸易体系。如今,中国是 43 个国家的主要出口市场,而美国只是 32 个。一个新世界的格局正在形成。

全球化的布道者、麦肯锡的高级合伙人宣称我们生活在一个"非比寻常的颠覆时代"时,他们定义了一个新的世界。颠覆在他们眼里并非坏事:来自中国的暖风吹过亚洲、大洋洲、拉丁美洲和非洲,吹遍采矿业、农业、旅游业和教育领域,带来便宜的货物,重塑世界秩序。中国的消费者、中国公司、技术的运用、不断升级的互联互通、参与制定全球规则就是进行这场非比寻常的颠覆的核心。尤其是西方前景暗淡,让人脊背发凉。但事实上,如果管控得好,这种颠覆带来的利大于弊。

颠覆和中国的巨大变革

用《非比寻常的颠覆》里的话来说,世界历史上最快的变革正引起"几近常态化的断层"。英国花了 154 年实现 GDP 翻一番,美国花了53 年,而中国和印度分别只用了 12 年和 16 年。当时美国和英国各自的人口不足 1 千万,而中国和印度的人口是他们的 100 倍——分别以10 多亿人口、无可比拟的速度和规模创造了今天的影响力。

中国在 1978 年至 2015 年间的伟大变革始于邓小平和经济改革者们实行改革开放,取代过去内向型的中央计划经济。西方一直没注意到中国的变革,直到中国 2001 年加入世界贸易组织,进一步促进了制造业和服务业的全球化,紧接着加速采用新技术和新系统。每个环节都相辅相成,加速变革的发生,令人难以预测和管理。地理位置与距离、历史与社会体系、城市化与消费、技术与竞争、老龄化与劳动力,这些问题不断倍增,让人们困惑不已。

距离阻碍了西方政府、商界和学界理解中国发生的变革,因为这些变化都发生在"世界的另一边"。东亚经济地理和社会的变迁速度之快是很多西方人甚至很多亚洲人都无法理解的。正如特雷莎・梅

（Theresa May）所揭示的，世界这个概念对于那些只熟悉自己国家的人来说是令人费解的。伟大的变革常常被视为威胁，可能导致瘫痪和错误。尽管在那个稳健的"黄金时期"（1992—2007），西方公司和消费者们沐浴在历史终结的余晖之中，从西方治理、企业和后冷战时期的和平红利中获得巨大利益，相信地球这颗行星依然会是西方的。可突然之间，在2008年之后，这样的承诺迅速成为历史，而新的现实出现曙光。

接着一切都在同时发生。全球四大力量——财富转移、人口变化、技术和互联互通——推动了世界颠覆和中国的巨大变革。世界经济重心正在向东和向南移动，从北美和西欧转移到亚洲和新兴经济体。正如罗纳德·里根（Ronald Reagan）在他的"美国的早晨"演讲中所说，"你还没有看到任何东西"。现在是亚洲的早晨，早晨的太阳再次升起。

考虑一下可能存在的问题，从财富开始，麦肯锡预测，中国在2020年的电子零售额可能是美国、德国、英国、法国和日本的总和。约有一半世界500强公司（这一度是西方公司的代名词）的总部将设在新兴经济体，大多数在中国。2000年，只有5%的500强公司在西方之外，这是西方许多中国和亚洲观察家们集体无语的时代。麦肯锡预计到2025年，更多销售额超过数十亿美元的公司会是在中国而不是美国或欧盟，多么霸气！麦肯锡预计到2030年，60%的年收入超过2万美元的人将生活在新兴经济体中，大部分在中国，这是多么大的消费能力！2010年至2025年世界经济增长的近一半将出现在440个新兴经济城市中，同样中国的数量最多，这一点很重要！即使这种预测过于乐观，也很少有人对趋势或结果提出异议。

变革性力量已经从西方迅速蔓延到世界其他地区，这些地区以更快速度、更大规模采用了新技术。消费者和公司可获得的即时数据激增，收集和处理数据的能力也与日俱增。这一切缩短了产品、公司和产业结构的生命周期。决策要加快,越来越复杂、越来越困难,让人无法懈怠。

颠覆性技术无处不在。从人类基因组到高级材料的基本构架开始,多布斯(Dobbs)、马尼卡(Manyika)和华强森(Jonathan Woetzel)罗列出了新世界的四个颠覆性力量。中国已经领悟了其重要意义,并采取了迅速行动。中国现在具有世界上最强的基因测序能力(参见本书第十三章)。通过比钢铁硬200倍的奇迹材料石墨烯,中国与世界领导者们建立了战略伙伴关系,先是与获得诺贝尔奖的曼彻斯特大学的科学家进行了最新研究,然后是与领先的生产商建立关系。截至2012年,中国的石墨烯专利数量超过其他任何国家。曼彻斯特现有4000名中国留学生和170名中国员工。

新机器将进一步改变生活,从更高深的自动化和机器人到在陆地和空中的无人驾驶行驶器,这创造了一个完全崭新的世界。第一架空中单人出租车服务计划在迪拜的天空实施,一次充电可行驶50公里以上,制造商是几年前还并不存在的中国民营公司亿航智能(EHANG),现在却引领着无人驾驶飞行技术的发展。

物联网使用机器中的传感器和执行器来收集数据以监控操作,在制造业、基础设施和医疗保健等各个方面作出决策,大大提高了准确性、信息流和行动力。移动计算设备成本低廉、相互联通,能促进创新和提高生产力,而云计算使数字世界更简单、更快速、更强大。所有这些都有助于开创更灵活、更经济、可快速扩展的新业务模式。

人工智能将彻底改变工作场景。以往只有人类可以做的工作现在由可以学习、与人合作并使用人工智能的机器完成。所有这些都加速了新技术的使用,扩大了趋势,提供了更大的覆盖范围、更好的客户服务和更高效的销售。生产新产品几乎没有边际成本,初创公司也能以更低的成本和更短的产品上市时间入行。老的公司又往往固步自封,很容易受到愿意接受更低回报率、工作更努力的竞争者的挑战。

随着西方人口老龄化，人口结构的变化有利于较年轻的亚洲及其经济中心——中国。连接这一切的是第四个趋势：互联互通。中国的巨大变革在贸易、资本、人员和信息流动等方面无处不在。中国制造已经变得比中国香港制造、中国台湾制造或日本制造更普遍。商务人士从这个机场到那个机场，从这个大陆到那个大陆飞来飞去。无论什么时间和地点，国际电话会议都能全天候无缝衔接彼此。然而，直到1987年，钱天白教授才发送了中国的第一封电子邮件——"越过长城，通向世界"。现在中国拥有9亿互联网用户，几乎是美国人口的三倍。

全球范围内生活的方方面面都在发生变化，落后者们无比焦虑，那些满足于更简单、更熟悉的过去的人们纷纷呐喊：停下来！我不玩了！然而，财富、技术、人口的移转和互联互通不会停止。实际上，如果妥善处理，也不应该停止。他们只需要进行妥善管理就能像《非比寻常的颠覆》中预期的那样让"世界更富裕、更城市化、更熟练、更健康"。书中还说，大赢家应该是消费者，他们可以赢得三分之二的成本削减，从而大大逆转企业在20世纪90年代和21世纪初期日益增长的定价能力。

中国消费者

世界葡萄酒盲饮测试锦标赛的组织者描述2016年中国葡萄酒品尝者的胜利为"葡萄酒世界中的霹雳"，击败包括来自法国、意大利、西班牙和美国在内的20多支队伍，获胜者颇有技巧地说获胜靠的是50%的知识和50%的运气，这是中国人传统的自谦说法。这让我回想起在宁夏的一个葡萄园帮忙采摘，晚餐时，父母平静地提到他们的女儿早上出发去波尔多学习葡萄栽培，时间长达7年，那时他们的女儿15岁。

让下一代早做准备,否则怎么竞争?

你得习惯来自中国的各种霹雳。想一想:2016 年中国人的移动支付额比美国消费者多 50 倍,高达 5.5 万亿美元,而美国的支付额仅增长了 39%,达到 1120 亿美元。这证实了来自其他行业的观察:中国消费者在采用新技术方面比欧洲人和美国人都快。那么这在未来 5 年到 10 年内将如何继续? 一个巨大的数字鸿沟将会出现,并惊人地逆转前两个世纪的差距。

"中国的消费者要求极高、思维全球化……你必须是世界级的才能为中国服务",启明创投的盖理·瑞斯彻(Gary Rieschel)指出。正如迈克·莫里斯在四分之一世纪前所解释的那样,"你需要了解中国消费者的一件事就是他们只关心两件事:品牌和价值"。让你心理平衡的是:应对中国挑战不容易,但一旦成功就会褒奖加身。所有这些都很重要,因为现在中国是众多产品和原材料的主要市场;而到 2030 年,几乎所有产品的重要市场都在中国。中国消费者不仅创造需求,还让制造商和服务提供商忙个不停。中国消费者经历过各种颠覆,不大相信各种承诺。

中国消费者们是出了名的消息灵通,他们花费在研究购物上的时间比任何地方的消费者都要长,无论是线上还是线下,他们特别关注互联网、社交媒体和朋友的建议。61% 的中国人在购买产品之前在网上寻找评论,在美国只有 39% 的人会这样做。购买后,52% 的中国消费者撰写在线评论,而美国则为 31%。中国人下载了全球 59%的智能手机应用程序,是中国人口占世界人口比例的三倍。这在中国不足为奇,因为中国人热衷尝试新鲜事物,体验以前不知道或无法企及的东西。中国消费者正在弥补失去的时间,渴望享受 21 世纪的变革。这不仅限于富人,北京高铁车站的一位年轻搬运工用最新的 iPhone 呼叫出租车。他正在参与和体验着生活,这也是变革的一部分。高铁乘客们也是如此。

中国一直以来拥有世界最多的人口但并未产生多大的影响。前两个世纪中国太穷了，所以显得无足轻重。现在中国消费者在全球都举足轻重是因为他们的购买力和好奇心。他们反过来也因享誉全球而改变。从葡萄酒到汽车，从手机到时尚，中国人已成为全球化的力量。乳制品其实并不属于他们的传统饮食，事实上，据说中国人对乳糖不耐受，无法消化牛奶或奶酪，但必胜客在中国取得了巨大的成功。

休闲娱乐业也体现了中国的规模。上海迪士尼乐园于 2016 年开业，通过高速公路或高速铁路只需短短 3 小时就能让周边 3 亿人轻松抵达这个神奇王国。造价 55 亿美元的迪士尼最大城堡第一年就接待了 1000 万游客，比预期目标多 10%。票房的成功将越来越多地取决于中国。2016 年腾讯以 86 亿美元的价格买下了《魔兽世界》，不久，最新的由游戏改编的电影在中国的前 5 天内获得了 1.56 亿美元的票房，而美国首映周末则表现平平，只有 2440 万美元。毕竟，超过一半的魔兽玩家居住在中国，每天有 15 家新电影院开放，2015 年票房收入增长 50%。中国很快就会成为全球最大的电影市场，放映更多具有中国风味和故事情节的西方电影，电视也是如此。英国广播公司在福尔摩斯侦探系列中引入了中国元素，在该剧放映的前 24 小时内，600 多万中国观众在社交媒体和互联网上观看了《福尔摩斯：基本演绎法第五季》(2016) 的序幕。

全球公司要获得或保持世界领先地位都必须在中国取得胜利。汽车制造商丰田汽车 2016 年把自己世界销售冠军的桂冠"让"给了大众汽车，因为它在中国落后了。丰田因日本政府对中国的强硬态度而形象受损。大众汽车尽管有柴油丑闻但仍然超过了丰田，在中国的销量增长了 12%。

这不仅仅是数字。中国消费者的特点将改变世界的品位和产品。

高档酒店现在在客房内配有保温瓶和电热水壶,随时供应热水,还有中国环球电视网。西方的一些中国餐馆甚至也开始烹饪中式美食,因为现在中国游客有需求。中国开始影响从电子产品到服装的设计,最初是在区域内,之后影响将遍布全球。有些只会增加需求,有些则带来直接竞争,而中国企业的巨大优势在于它们自然而然地更了解世界上发展最快且往往最大的市场——中国。

麦肯锡的华强森(Jonathan Woetzel)描述一些中国人接受过的尖端外科植入术"太可怕了"。中国的千禧一代被普遍认为富有冒险精神和实验意识。这也是弥补失去的时间的一种表现,尝试新鲜事物并相信其效果,这是中国中产阶级直到最近都无法享受的。小米的雷军说,他卖的不是产品,而是"参与 21 世纪和更广阔的世界的机会",这是生活现代化的新旅程、新体验和新参与。

中国的千禧一代

世界上最重要的消费群体是中国 15 — 29 岁的千禧一代,2015 年约有 3.18 亿,已超过美国总人口。由于受过更好的教育,千禧一代中的三分之二已进入中国收入最高的阶层。市场营销研究公司(China Skinny)将他们描述为"对中国零售增长贡献最大的购物者、旅行者和享乐主义者"。宝马车主在中国的平均年龄是 35 岁,而在德国是 53 岁。他们的父母在 20 世纪 60 年代经历了很多不确定性,因此节俭、喜欢存钱而不是消费,而中国的千禧一代只看到日益繁荣的景象。

实用主义加上机会主义,千禧一代对中国的看法比他们的父母更为积极。他们对未来充满信心。一项全球民意调查发现,49%的中国人认为世界是他们自己的,会变得越来越好。在美国和英国,这一数字分别仅为 6%和 4%。他们有充分的理由保持乐观:具有大学学历的人数是 1980 年出生人数的七倍。他们占中国 1.2 亿出国旅行者的一半,他们的好奇心是由教育和社交媒体推动的,他们的收入在未来 10 年内将翻一番。

现在中国拥有数亿消费者,至少有 2.5 亿中产阶级,到 2030 年可能有 5 亿。根据 2017 年汇丰银行的一项调查显示,70% 的中国千禧一代拥有自己的住房,其余 81% 的人打算在 5 年内购买,而在美国房产拥有率只有 35%,在英国只有 31%,这是两倍或更大的差别。一旦购买了现代住宅,下一步就是装修、买家电,这笔支出在 2015 年的增长明显超过购买房产。装修、休闲、旅游和娱乐消费同时也迅猛增长。千禧年的中国感觉就像 20 世纪 50 年代或 60 年代的美国和欧洲一样,建立在城郊社区和消费主义之上。正如 1959 年英国首相哈罗德·麦克米伦(Harold Macmillan)所说的"感觉好极了"。大多数千禧一代现在所经历的就是亚洲的中国香港、新加坡、日本和韩国年轻人在 20 世纪 80 年代和 90 年代经历过的。

2016 年德国研究公司 GfK 针对 22 个国家和地区的调查显示,中国的千禧一代可能是世界上最受关注的人。在法国、美国、澳大利亚、韩国、英国、日本和中国香港,最令人担忧的是没有足够的收入"过自己的生活"。在中国,排名前三的担忧是来自自我的压力、睡眠不足以及没有足够的时间去做自己想做的事情——这证明了许多人可能都知道的:一些中国人工作非常努力,也许太努力了。从好的方面来说,除抵押贷款外,他们通常不会透支信用卡来享受超出其能力的生活方式或增加银行债务。只有 25%—30% 的新车通过贷款购买,其余的都是现金,而英国为 90%。对大多数人来说,节俭和量入为出的生活仍然是中国的美德。

中国的规模和重要性是众所周知的。49% 的斯沃琪(Swatch),39% 的菲拉格慕(Ferragamo)、26% 的苹果手机(iPhone)销售给中国人。19世纪曼彻斯特纺织公司希望通过向每个中国人多出售一英寸面料来实现持久财富的愿望从未实现过,标准石油公司的油也没能添满全中国的油灯,但21世纪不胜枚举的外国公司现在正在实现类似的梦想。关键在于中国现在很重要,主要是因为千禧一代受过更好教育、享有更高收入。除了设定市场趋势、打造新产品、推动研发和业务模式,这让中国公司愈加千锤百炼。以前,他们从未享受过人口众多带来的优势,现在他们从消费者的财富和批评中受益,利用这种日益增长的力量在海外发展。

中国制造商具有开发规模可以降低成本,足以增加研发、品牌建设和营销的投入,并产生了更多的需求,这是一个良性循环。中国拥有9亿互联网用户和10亿微信用户,难怪中国消费者能够迅速赶上世界其他地区。在某些领域,中国也超越了所有其他国家,因为据2017年"双11"数据显示,24小时销售额达到了253亿美元,远远超过了美国的"黑色星期五"。

民营企业

在中国的外国公司不仅要应对改革中的国有企业,还要应对更具挑战性的充满活力的民营企业,比如华为、阿里巴巴和腾讯等众多民营企业中的佼佼者。用迈克尔·恩莱特(Michael Enright)形象的话来说这些是中国的鲸、鲨鱼和食人鱼。民营部门的"鲨鱼"追逐国有或外资的"鲸",同时不得不当心更小的"食人鱼",它们是最凶猛和最具创新性的竞争对手。

在中国经济中占有重要地位的民营企业家,他们越来越被认为与全球同行旗鼓相当。经验丰富的美国投资者加里·里舍尔(Gary Rieschel)表示,他们在能力、智力和干劲方面与他在美国支持的企业家并无二致。事实上,中国公司的创始人"工作异常努力,让硅谷的企业家无地自容,他们有毅力、决心和承诺",因为除了坚韧和努力之外别无选择。中国市场由于企业数量庞大而竞争激烈——相当激烈。里舍尔将企业家的生活描述为日常战斗。在如此恶劣的环境中长大,他们不会被吓倒。

除了激烈的竞争还有不确定性和模糊性。持久的转型制造了迷雾。人们不知道将会实施哪些法律法规,因此一不小心就会掉入转型期陷阱。因此,企业家对政府和经济形势哪怕一点点风吹草动都异常敏感、头脑敏捷。所有企业都构建跟踪变革、处理信息和开发机制的系统来应对变化。

准备不足的人就无法适应中国这种竞争气氛。快速转型塑造了产品市场,这是完美的变革培养皿,不仅因为中国的规模,还因为其不断发展的各具特色的投资生态文化。北京的风险投资家更频繁地访问深圳,认为深圳创造商业模式的速度比其他任何地方都快。邻近的东莞超过深圳创造了 2016 年两个最畅销的智能手机品牌,竞争还在延续。如果中国企业和城市需要彼此密切关注,那么从亚洲到西方其他所有人最好也跟进,否则他们将不知道逼近自己海岸的是什么,如果等到《大白鲨》主题音乐达到高潮,那就为时已晚。

第一章

中国的变革原则和地球上最伟大的演出

"存活下来的物种不是那些最强壮的种群,也不是那些智力最高的种群,而是那些对变化做出最积极反应的物种。"

——查尔斯·达尔文(1809—1882)

"在发生之前就预见潜在的变化是完全可能的。"

——闵福德
2002 年译《孙子兵法》导论

中国变革不是政策的变革而是流程的变革,无关乎内容而关涉方式方法。每个国家、每个个体都不尽相同,都有自己的历史、特征和文化。在中国运作有效的政策可能不适合其他地方。无论如何,有太多的舆论制造者和政策研究机构告诉我们要做什么,却没有告诉我们如何去做。而中国提供了考虑革新的路线图。

本章探讨了中国变革的主题,许多观察来自我自己的经验和详细的实地调研。本书从基础背景——中国的历史、哲学、政府和政治开始，然后探讨为什么中国经常被误解，尤其是在经济方面，以及中国的变化将如何影响世界其他地区。通过揭示这个复杂交织的问题，中国就更容易被理解。中国的基本思想其实在很大程度上存在于西方思想中，只不过很多被忘记或忽略了，尤其在使用短期思维解决长期问题的思维兴起之后。

每当我向西方人提起长线思维时，他们都会笑着指出长线思维无处可寻。西方没有那本 2000 多年前研究变革的《易经》。至少东亚人很熟悉变革的概念和儒家思想，尽管年轻一代对它们知之甚少。请注意，"易经"的传统拼写一直是 I Ching，但目前的汉语拼音是 Yi Jing，就像道教 Taoism 已成为道教 Daoism 一样。此外，我用儒学从广义上指代一系列传统的中国思想流派，包括孔子及其追随者、道教和佛教。

深受儒家思想影响的经济体，除中国内地、越南、朝鲜以外，都属于发达世界。而如果从 2016 年起中国的人均国民收入能连续 7 年保持年均 6% 的增长，那中国也将达到世界银行制定的 12236 美元的高收入标准，成为发达世界的高收入国家。即便平均增速仅为 5%，中国最迟也会在 2025 年跨入这一门槛。这样的中国，必将改变整个世界的形势。我们应尽早做足准备以应对这些变化，以免将来悔之晚矣。

运用中国思维

鉴于有那么多关于中国的扑朔迷离的观点，有必要立即说明中国并没有世界上最好的制度。此外，这也不是毛泽东思想或儒教。这是一个试图借中国的观念来创造一个其他人可以用来解决问题并更好地了解中国经济的过程。

事实上，中国有很多缺陷，有从银行到股票市场的金融问题，从空气到水和土壤质量的环境问题,从移民到腐败的社会问题,从"非典"(SARS)到铁路的安全问题,问题不胜枚举。但是在从中央计划经济向更加市场化的经济过渡期间,缺陷明显减少。中国领导人一般都非常关注问题,往往比批评者关注得更多。他们知道一切都需要时间,而经验表明,循序渐进的改革更有可能取得成功。以安全为例,自2000年以来,中国在交通、健康、食品等方面都因为缺乏有效的制度而遭遇灾难,如婴儿死亡、流行病防控形势严峻、铁路乘客遇难等。然而,中国通过理解和实施变革找到了解决问题的方法。中国的规模带来了复杂性,问题相互交织。中国犹如一个巨大的魔方:牵一发而动全身。历经挫折后中国所做的是重新组合、重新设计系统和方法以确保灾难不再发生,至少不再以同样大的规模发生。

外界许多人看到一个接一个的灾难或故障,认为每次都如出一辙。许多观察者缺乏的是广博的知识,更不用说了解背景或规模的相关视角了。必须严选优先事项并遵照实施,但又不能一蹴而就。如果中国浅尝即止,就会被行政僵局、执行不力或无意义的后果所困扰,这样注定要失败。相反,中国设定了明确的目标,并在长线思维和渐进主义的指导下顺利平稳实施。改革还受到一度被忽视的民营部门在资金、教育、研发和新增长领域的强力支持。

变革的中式思维不是什么神秘莫测的东方哲学,而是一种与21世纪接轨的非常理性的方法。管理变革对中国而言,主要目标是和谐、稳定和温和;在其他社会中,目标可能有所不同。但都可以用相同的360度全方位长线思维和愿景,以及对周期和优先战略的良好把握来归纳,然后在研究和实地考察、试验计划和正确排序的基础上实施。实用主义、灵活性、渐进主义、克制和不断更新是成功的关键。教育人民参与政治和行政管理至关重要。这些规诫可能被忽视或反驳,但它们仍然是中国主要的思想立场。一切都在变化中,没有什么是一成不变的,但充分领悟本书提出的 20 条基本思想(参见本书第三章)可以使中国不断前行。

世界各地的人们都有诸如工作、收入、身份、预算、安全和社会稳定等方面的长期目标和愿望,所有这一切都必须仔细讨论和倾听,否则政治就变成了充满竞争利益和想法的巴别塔,最终大厦将倾。还必须考虑生活的许多方面,不是单个问题,而是作为一个相互连接的整体的一部分。工作在人工智能和机器人时代会怎样? 需要哪些技能、教育和研发才能充分利用这一重大变化并趋利避害? 如何最好地实施外交政策? 什么是可能的意外后果,例如武装干预造成的难民潮? 如何改变经济和安全的全球治理结构,以便在避免最坏情况的同时从快速变化中获得最大收益? 在静音状态下梦游般地走向这个朦胧的未来是不明智的。

新的长线应对方法很难,但并非不可能。正如 20 世纪 70 年代后期没有明显的替代方案时,可以锁定玛格丽特·撒切尔(Margaret Thatcher)的 TINA(别无选择)方法。现在,西方和亚洲部分地区的大部分人都必须承认:"恒纪元"已经结束。一个新的朝阳可能即将升起,但前提是人们在新的"乱纪元"到来之前革新自己。使用强硬的口号和短期策略并不是永久的解决方案,也不能希望有什么事情能够出现,就像米考伯先生(Micawber)在《大卫·科波菲尔》中所做的那样乐观而又无所畏惧。现实生活中博彩很少能赚得盆满钵满,通常是相反的。

儒家思想如何帮助西方和亚洲民主国家复苏? 温和与妥协是儒家思想的核心,正如 20 世纪专注于中国哲学和文学的英国翻译家亚瑟·威利(Arthur Waley)1938 年所观察到的那样。在迫在眉睫的第二次世界大战的阴影下,他为自由主义感到悲哀,一边是极权主义在西班牙、葡萄牙、意大利和德国的兴起,一边是共产主义在苏联的兴起。

"在两个极端之间存在的善意谎言被那些试图理性地看待这个世界的人普遍接受。作为一项政治原则，它是19世纪自由主义的基础，尤其是英国自由主义的基础。不幸的是，极端思想轻而易举地和强烈的情感冲动结合起来。而自由主义却垮台了！它失败是由于未能将中间道路与强烈的情感趋向联系起来。儒家思想的成功……在很大程度上归功于它赋予中庸情感魅力。"威利在《论语》的前言部分这样写道。

在全球加速颠覆和探寻新的政治定锚的今天，威利可能希望倡导中庸的儒家思想能够再次将理性、节制和情感魅力注入这场辩论中。

当世界注目中国

中国与亚洲其他国家的联系可以追溯到几千年前。在东亚和东南亚，日本的京都复制了唐朝（618—907）时期中国首都长安的城市规划和哲学；儒教是印度尼西亚官方认可的六大宗教之一，与中国的联系已有2000多年。在中国西部，2000多年前就开始了从中亚到印度和巴基斯坦的陆上丝绸之路。

近现代时期，中国商人定居在东南亚主要城市马尼拉、雅加达、曼谷和仰光。此后，在19世纪和20世纪初大量劳动力涌入马来西亚的锡矿和橡胶种植园，到新加坡做转口贸易。他们的影响是中国哲学不仅仅是通过代代相传给东南亚思想留下了不可磨灭的印象，而且一些主要观点仍然为世人所熟知，尽管已经在很大程度上淡忘了。

今天的亚洲已经远离当年的东亚奇迹，亚洲应该重新审视当年的经验及其内在的中国哲学，毕竟，亚洲之前繁荣过。遥远的西方也应向中国广泛借鉴：从政府、技术到哲学思想；从官僚机构到瓷器到人权；甚至数学教育和共享单车的经验。

1855 年,英国为了改革一个无效且腐败的公务员制度,毫不犹豫地接受了一种颇为彻底的现代西方观念——精英主义:一种与时俱进的观念。其他欧洲国家、美国、加拿大、澳大利亚和新西兰也纷纷效仿。获得高级行政职位不是靠赞助、恩惠、裙带关系或贿赂,而是通过公开考试择优选用,结果行政机关的质量大大提高。选择有能力的人来帮助英国管理工业革命带来的问题,使其抓住机遇成为全球领先的经济体和世界强国。当时欧洲或美国都没有采用这样一种已有 1250 年历史的"现代"的观念。

精英统治间接地通过中华帝国来到欧洲,英国东印度公司不堪低效复杂的行政管理之苦,在 19 世纪早期寻求解决方案。广州公司管理层给出的答案是,要学习中华帝国于隋朝开始的科举考试制度。他们认为,这是中国成功的基础。在 19 世纪的威斯敏斯特和白厅,公务员的精英统治被称为"中国原则",英国的高级公务员被称为"满大人"。

英国从中国进口丝绸、茶叶、野鸡、大黄、雨伞等,不足为奇。17 世纪法国的太阳王路易十四想要更多地了解中国,特别是中国的科学、数学、哲学、医学和皇帝。18 世纪欧洲启蒙运动的代表人物伏尔泰赞扬了中国政府和儒家的道德观。他还根据赵氏孤儿的故事创作了戏剧《中国孤儿》。

学习和复制中国的做法如果没有几千年的话也已经持续了数百年。马可·波罗于 1291 年将瓷器知识带到了欧洲。埃德蒙·德瓦尔(Edmund de Waal)在《白瓷之路》中评论道:"没有什么比这更可爱",碗和盘子是用黏土制成的,"堆放在巨大的土堆中,任凭风吹日晒 30 年至 40 年……你要明白,他打造这个窑都是为了自己的孩子"。西方学到的一点是,长线思维是中国传统思想和实践的一部分。

联合国的《世界人权宣言》在很大程度上借鉴了思想普遍性的概

念,受到黎巴嫩外交官查尔斯·马利克(Charles Malik)和中国教育家兼外交官张彭春的影响,他们是世界上最古老的两种文化的代表。《世界人权宣言》不仅仅是西方的想法。第一段引用孟子的话说,政府的最高目标应该是"仁政"。张彭春在1948年告诉联合国,"18世纪当欧洲首次提出关于人权的进步思想时,对中国哲人作品的翻译……激励了伏尔泰、魁奈(Quesnay)和狄德罗(Diderot)这样的思想家对封建主义进行人道主义反抗。"——人权不是一个完全西方的概念。

世界现在需要什么

世界迫切需要正确的思想以应对日益严重的全球性颠覆。未能满足公众期望的国家颠覆了西方的政治、安全和经济。国家还需要提供诸如教育、医疗保健和基础设施等保障。所有这些都在政治领域凸显出来,这是问题的主要部分。亚洲也出现了同样的情况:中国香港的保障性住房不足、新加坡需要新增长方式以及印度尼西亚需要和谐发展。

由于受到特殊利益、亲信、游说者、身份政治、狭隘的利益集团和普遍的萎靡感控制,政府提不出宏伟的目标(再当选的目标除外),于是政治出现两极分化。对抗性的政治导致分裂而不是促进社会进步。原本用于防止暴君和掠夺者的分权和制衡被滥用或扭曲,导致僵局。一些东南亚国家,选举本身并不能保证产生良好的政府,更不用说在西方了。我们需要一种长线思维、正直、公利和妥协,一种温和的精神,而不是赢家通吃的精神——这些完完全全都是儒家原则。

现如今西方的代名词就是大部分地区政治阶层及其顾问的失败。正如英国苏格兰公投、英国脱欧和紧缩政策所体现的,国内事务、外交关系和经济事务形同儿戏。现代国家以其行政制度为基础,其能力、治理和问责制至关重要,所以戴维·卡梅伦(David

Cameron)未能让其内阁成员为英国脱欧投票制作应急文件真是令人叹惋。布鲁塞尔无法向选民充分解释自己,削弱了公众对欧盟的支持。美国也不例外,只是细节不同罢了。亚历山大·汉密尔顿(Alexander Hamilton)没能坚持建立强有力的中央政府的主张,相反,麦迪逊的制衡限制了权力,尤其是行政权力,而杰克逊的民粹主义不相信技术官僚会成为精英,而更倾向于直接任命高级职位,这与充满动力、干劲和自主的公务员制度背道而驰。

相比之下,在美国政治学家弗朗西斯·福山(Francis Fukuyama)看来,2000多年来中国一直是一个"早熟的现代国家"。公元前2世纪,汉代中国具有许多19世纪后期马克斯·韦伯(Max Weber)所认为的现代国家的特征。因此,毋庸置疑,儒家思想指导下创造经济奇迹的东亚国家政府及其治国之道有很多可以借鉴之处。

中国可以提供什么

有着2000多年历史的《易经》被澳大利亚国立大学教授闵福德(John Minford)称为"中国之书"。中国"得到"变革,今天的西方却没有。毕竟,中国曾在"乱纪元"受苦受难,包括世界上12场最血腥的战争中的8场,迫使它理解变革以恢复稳定。与西方现在面临的情况相比,东亚在过去半个世纪的经济奇迹中经历了更大的不确定性和变革。这是受儒家思想影响的现代亚洲的强大力量,使自己变得面目全非。

这些都是业已验证的想法。在过去1400年中大约一半的时间里,中国曾三次成为世界领先的经济体。三次跌倒、衰退然后复苏。其他受儒教影响的日本、韩国、中国台湾、中国香港和新加坡已经在过去的半个世纪中取得了巨大的经济成就,从第三世界跃升到发达世界。现在中国内地知道如何应对变革,通过使7亿多人脱贫、培养2.5亿中产阶级和解决 9 亿人就业再一次引起了全球关注。

这与今天不理解变革的必要性、更不用说进行变革管理的西方和亚洲部分地区形成了鲜明的对比。这些社会没有明确的共同目标或优先考虑。主要政党缺乏长线思维。英国脱欧和美国政策就形象地揭示了这么多临时的、一次性的、短期的权宜之计。决策是反应性的而不是主动性的。正如爱因斯坦所说，如果你总是做你一直做的事情，那么你得到的也总是你一直得到的。因此需要变革，但怎么变呢？

变革的路径

东亚的变革传统上是通过流程来管理的。它主要不是蓝图或一套政策，而是一系列步骤，发现什么可以解决真正的挑战。这无关政策和权力，而关乎诸多相互交织在一起的解决问题的流程。西方很少考虑过程，只是盲目地考虑政策，好像政策是灵丹妙药。重大问题，无论是难民、外交关系、安全、移民、全球化、失业或萧条地区，都与政府政策无关，而是现实生活中的问题。各种意外后果在西方层出不穷。然而解决单一问题的政治占主导地位，缺乏 360 度思维，更缺乏妥协。社会日趋走向极端，矛盾难以缓和。

管理变革的想法适用于所有考虑未来的个人、家庭、企业、政府和社会。要取得成功，所有人，尤其是主流政治家，都需要通过不同的方式解决长期问题。否则将陷入短期思维，带来政治无效和功能障碍。人们极其不愿意接受长线思考、不欢迎延迟满足、很少轻易接受新想法，尤其是来自另一种文化的新思想。许多人断言，民主国家不能复制20 世纪 60 年代以来快速发展的东亚威权主义国家的经验，并且中国仍被视为是一个共产主义国家。所有这些都忽略了关键所在：成功的变革来自流程，而不仅仅是政策或政治制度。

变革是一个由三部分组成的流程：目标、手段以及制定和实施政策之前确定优先事项的人员。成功的方法不是形而上的，正如 20 世纪 30 年代纽约市长菲奥雷洛·亨利·拉瓜迪亚（Fiorello Henry La Guardia）所说，"扫大街的方法就是具体直接的"。成功的方法对务实的儒家来说，有时被认为是专制的。对他们和拉瓜迪亚来说，管理变革不是提出崭新的意识形态，也不是沉迷于消逝的世界或追寻山上闪烁的新灯塔，而是采取一个流程。

要接受中国的经验需要重新思考中国。自伏尔泰和英国官僚机构的改革者称赞中国近两个世纪以来，西方对中国的看法基本上是负面的，先是"东亚病夫"，之后是黄祸，然后是红色中国。甚至两位中国著名作家莫言和刘慈欣各自把 20 世纪 60 年代到 70 年代初描述为"史无前例的狂热"和"疯狂岁月"，都是不令人欣慰的标签。总之有很多警示。

不出所料，西方通过西方的眼睛看中国：一个观察者眼中的中国，而不是作为被观察者的中国。最好从中国的初始位置即中国自己的传统哲学开始认识中国。语言不通、不熟悉地理和历史问题困扰着西方人，正如牛津大学的雷蒙德·道森（Raymond Dawson）在 1967 年出版的《中国变色龙——对于欧洲中国文明观的分析》中写到的"共产主义让中国扑朔迷离"。同样不正常的是极端主义仍然影响西方并引致许多误解，特别是对中国经济和社会的误解——"鬼城"、"影子银行"和过度的债务等，这些都将在本书中一一得以解释和去芜存菁。被忽视的是中国充满活力和占主导地位的民营部门、教育水平、研发和新增长领域，这些领域都有望扭转任何中国即将崩溃的预言。

普世思维

这不是关于中国的例外论，更不是中国优越论，而只是对错误观念的纠正。实际上,西方思想和语言其实也充满了类似的格言、谚语或叙述。尤其在经济学方面很多想法是普遍的,市场、创新和新经济在政府对未来的思考中都占有突出地位。

查尔斯·达尔文的结论是:存活下来的物种不是那些最强壮的种群,也不是那些智力最高的种群,而是那些对变化做出最积极反应的物种。维多利亚时代的人在鼎盛时期就知道这一点。希腊人在西方文明的黎明时代也知道。在孔子去世10年后苏格拉底(Socrates)出生,他们的话听起来惊人地相似:"记住,人类事务中没有永恒,因此,繁荣时不必过度兴奋,逆境时也不要过于沮丧。"柏拉图(Plato)回应差不多和孔子同时期去世的赫拉克利特(Heraclitus):"一切皆流,无物常住……人不能两次踏入同一条河流。"改变不可避免,唯有未雨绸缪和积极应对。

是谁说过"不要想当然、也不要陶醉在成功或快乐中,总有一些东西会磨光你的棱角"?是孔子、孟子还是《易经》?事实上,这是2011年伟大的澳大利亚板球队队长兼评论员瑞奇·伯纳德(Richie Benaud)撰写的"一个小建议":警惕突然发生的重大变革。人生无常、命途多舛。人人都知道周期、回归均值和均衡是西方市场经济的基础,但当谈到政治时,又往往忽视这些定律,人们因循守旧,常常被短期承诺和线性发展的假设所蒙蔽。事实是,最近的趋势可能不是你的朋友,而是你的敌人。

具有讽刺意味的是,中国比今天的西方更能匹配西方早期的创意巅峰——从雅典到佛罗伦萨、爱丁堡、维也纳再到硅谷。尽管这些植根于西方文明,但西方许多人已经失去或忽视这个世界,完全不能理解以前是如何推动进步的。许多人被一种自私自满、始终对他们有利的观点所阻碍,这种观点对世界如何运作的认识并不真实。西方需要回到现实,亚洲世界同样如此,亚洲的老一代人逐渐逝去,他们的思维植根于中国传统哲学,他们在经历东亚经济奇迹转型之前饱受贫穷和动荡之苦,但是子孙们大多想当然地认为会有持续的和平与繁荣,尽管有些人现在开始感到不那么确定了。

历史可以鉴古知今,非常有用,因此苏格兰人发明了现代历史小说。通过过去的事情可以了解现在和将来。正如 18 世纪苏格兰启蒙运动最重要的哲学家大卫·休谟(David Hume)所言:那些对历史一无所知的人将"永远停留在儿童的理解层面"。乔治·桑塔亚那(George Santayana)1905 年写道,"那些不记得过去的人不得不重复它"。唐太宗曾说过,"以史为镜,可以知兴替"。提出这些相似观点的人远隔千里、上下千年,可见历史经验的价值。

东亚经济奇迹的启示

奇迹的根源可能众说纷纭,但结果是不可否认的,东亚已经转变:市场友好型政策、产业政策、国家干预、节俭生活和勤奋工作都是可供解释的原因。福山特别指出了东亚国家的一个共同点:都是"胜任的、高能的国家"。

如果没有新方法,旧公式不会好用,甚至可能更糟。正如爱因斯坦暗示的那样,进步需要改变。然而直线进步是个遥不可及的神话。亚洲哲学、投资者和体育迷都知道凡事都有周期性。国家、帝国和文明也是如此。只有高高在上的一些人才狂妄地认为不受周期和自然的影响,而人类历史恰恰又证明这是错误的。然而,周期可能通过不断更新思维——维新——得到延长和改善。这就是变革的动力。

西方最缺乏的是长线思考。一些亚洲民主国家也开始遭受同样的问题。陈澹然(1859—1930)写道:"不谋万世者,不足谋一时;不谋全局者,不足谋一域。"这既不是什么令人瞩目的只言片语,也不是朗朗上口的竞选口号,但就是真真切切的事实。没有长线的 360 度思考就无法有效地管理好家庭或者企业,更不用说政府了。管理政府所要求的能力有很高的标准,因为它有超过 3000 年的书面历史和理念:实际的经验,好的和坏的,失败和成功。中国从其艰难的历史中吸取了许多教训,包括其最近的历史。

理解变革:中国的未知因素

1000 年来,中国发展了"易(变革)"的哲学以及如何适应变革的方法,对于执行者来说,这是一门科学。改革是一个流程,要知道如何制定目标,并拿出非意识形态的务实的变革方法。

中国传统哲学有几个优点。它同时具有长线和短线的思维,阴(负)和阳(正)的概念具有短期和长期的维度,它们在一个持续不断的过程中相互补充、相互支持和相互转换。西方的企业、个人和政治家大都着眼短期,主要通过季度收益、年度业绩或下一轮选举来衡量胜负,这些都不容许阴阳的长线力量发挥作用。

中式思维认为有必要明确优先事项。2016 年英国脱欧前一位荷兰学者被问及欧洲安全面临的主要挑战时,他列出了五个挑战:难民问题、边界问题、安全问题、经济问题和金融问题。中国中央电视台节目主持人杨锐问道:"应该如何解决这些问题?"学者回答说它们都非常重要,必须"同时"应对。杨锐惊讶得暂时沉默了:也许很理想,但切实可行吗? 当然不。这样的重担会把任何系统压垮,更不用说欧盟了。根据欧洲的历史和哲学,制定井然有序的策略应该不会出错。

中国的另一个优势在于接受自然的不确定性。应对不确定性而不是忽视不确定性。中国领先的白色家电制造商海尔的创始人张瑞敏称,公司不能标榜自己的成功,就算真的很成功,最多表达一下希望与时俱进、不被淘汰、努力迎接下一波大浪的挑战。这就是意识到变革的必然性、应对不确定性和管理风险的态度。

不断更新、维新,鼓励公司不要满足于防卫,而要不断转型,这样才能保持健康和灵活,时刻准备好抓住下一个机会。此外,经历灾难后容忍失败并重组的心态比大多数西方公司更像硅谷思维。中国人从不忽视或奢望消除不确定性。事实上,还有人喜欢不确定性,因为它们模棱两可。两者都可以摆脱困境或带来新的机遇。

中国哲学问的问题很难,但能接受不完整的答案。从360度全方位的角度来看,它并不采取不切实际的诸如"完美的市场"或"理性人"那样的观点来消除困难。有许多已知的未知和未知的未知因素要考虑,尽管不能精确了解。中国的观点最好就是意识到这种可能性而不是忽视它。

要应对生活的反复无常、复杂性和不确定性,尤其应对"财富和灾难"问题时最重要的就是管理变革。必须特别注意危险、提醒时间和周期以及变化的机制和动向。行为上应该表现出克制、避免过度、为逆境做好持久应对的准备。这些理念已经周而复始地分析和论证了几千年。但是,如何在其他地方应用呢?

中式思维能有助于解决其他人的问题吗

中国在管理变革方面拥有超过2000年的经验。从一些非常动荡的历史中吸取教训,中国设计了一个务实的过程,并提出了正确的问题。在一个日益动荡的世界中,这样的中国思想适用于任何地方。

比如三大全球性问题:就业、银行业和融合问题。中式思维会如何应对?在就业方面,中国的政策不会像唐纳德·特朗普(Donald Trump)那样关注那些失去的工作岗位。失去的就失去了,应该考虑将来在哪里和怎样创造新的就业岗位。银行业要寻求一个稳定的金融体系,不至于经常使经济和社会陷入危机。排斥会阻碍经济的发展、加剧冲突。因此，实现融合、打造和谐环境是中国的首要目标。

就业："不谋万世者，不足谋一时"——陈澹然
启示：明确主要的长期趋势，顺势而为而不是逆势而动

中国的做法：20世纪90年代中期我问一位中国高级技术专家：政府将如何应对农村实际收入下降？我以为她会罗列一长串政策措施。相反，她问了一个简短的问题："现在英格兰有多少人在农场干活？"我有些惊讶地回答她："3%—5%。"她曾在英国学习，所以她肯定知道这一数字。她说："中国有一天会和英国一样，而不是今天的70%。"这需要几十年的时间，但她承认要尊重长期的趋势。采取一些措施可以缓解转型压力，但政策制定者永远不应忽视主要的长期趋势：违背趋势是徒劳的，代价太大。

十年是中国政府的基本时间单位。这是内维尔·麦克斯韦尔（Neville Maxwell）40年前对大卫·巴特（David Batt）的观察，并补充说，制定政策时放眼二三十年甚至一个世纪都很正常。旅程开始前必须知道目的地。例如，为了提升制造业，中国已经制定了一项到2045年的战略，届时它将成为世界领先的制造大国。其中从2016年到2025年的第一个十年已经有了详细计划，之后将进行审慎评估、修订和进一步细化分析。对于整体经济而言，中国在2012年向世界银行发布了一份题为"中国2030"的报告，概述了中国成为高收入国家面临的挑战和解决方案。（参见本书第十二章和附录）

应用：未来几十年的工作看起来截然不同。机器人和人工智能可能意味着今天的很多工作可能消失。此外，随着教育水平在全球的提升，竞争将会加剧。这对就业和经济来说就意味挑战。

中式思维并非始于今天的问题，它始于可能的最终现实或目标，然

后逆推出过渡方式。比如,在交通运输中,想象一下自动驾驶和促进环境可持续发展的行驶器在路上和空中运行,然后鼓励对此投资。20世纪初,马车和货运行业的许多工作岗位被取代,但汽车和卡车创造了更多的就业机会和更多的财富。类似情况会再次发生。

全球范围内11名工人中就有1人从事旅行和旅游业。2016年,中国已成为世界上最大的国际游客输出国,超过1.2亿人次。去过顶级旅游目的地之后,他们就越来越喜欢冒险。继续开发这些客源,这还不明显吗?然而,村庄或小城镇准备好了吗?有多少地方有中文标识,更不用说中文社交媒体网站了。即便中国游客带来了收入增长,也很少有人关注这个主要的新兴市场。酒店、家庭住宿、咖啡馆、茶馆、酒吧、餐馆、商店、交通、旅游和娱乐等工作将成倍增加,就像在国家首都和其他主要目的地一样。旅游(和教育)带来了熟悉度,进一步带来更多的贸易、投资和支出,直到久远的未来。

银行业:"越简单越好"——原中国银监会主席 刘明康 2006年
启示:广泛研究,避免重蹈西方2008年金融危机的覆辙

中国的做法:苏联解体后,中国彻底审视了苏联瓦解的原因以防类似问题影响中国。继续沿用相同或类似的系统只会得到相似的结局,所以需要新的途径。中国发现了近70个导致苏共崩溃的原因并对其进行了长达10年的研究。正如沈大伟(David Shambaugh)在《中国共产党:收缩与调适》中所指出的:"这不是马克思主义理论家学术研究中无所谓的练习。"这是一种非意识形态的探究,用现实主义、实用主义和研究来解决关系共产党生死存亡的问题。(参见本书第三章"研究和调研")

应用:中国提出重大的基本问题,然后进行深入的研究。问题的根

源是什么？银行有什么用？中国，即使在 1949 年之前，也认为银行是为国家服务的。银行业应该有助于实体经济；银行本身并不是目的。早在 2008 年后针对那贪婪和腐败的 1% 的"占领华尔街"运动发生之前，中国传统思想认为如果只有一小部分人繁荣，社会就不会稳定。因此，银行应该是一种保护储蓄、促进支付和为借贷者融资的公用设施，而不是以牺牲他人为代价、高风险的利润最大化行业。对银行有利的不一定对社会有利，更不一定符合银行的长远利益，2008 年的金融危机表明可能只对那些高管有利。风险应该被理解和控制。时任中国银监会主席刘明康在 2008 年金融危机之前就说过衍生品的方式越简单越好。世界无法承受另一场重大的银行危机，但 2008 年以来的全球金融改革依然无法确保银行系统能够可持续发展。

银行不是制造商，它们是两个完全不同的概念。如果汽车制造商的车型不断损毁，市场将迅速迫使其停业。银行不会这样，2008 年之后的危机以及其他金融危机都说明了这一点。研究必须找出问题的根源：股权太少、债务太多、风险评估不良、糟糕的管理层或是系统性的传染病。银行业既是本地的又是全球的。这两个层面需要协调和合作，以重塑世界的金融架构，否则将面临更加严重的银行危机，而要想摆脱困境将更加艰难。

融合："和为贵"——孔子（前 551—前 479）

启示：和谐是最高目标，融合是重中之重

中国的做法：中国从和谐和稳定开始思考长期目标。孔子说："礼之用，和为贵；先王之道，斯为美。小大由之，有所不行。"社会和经济不和谐威胁着中国的另一个重要目标——稳定。中国遭遇的乱世比享受的盛世更多，因此对危险非常敏感。

应用：要达到和谐与融合就得解决严重的经济差距问题。贫穷落

后无论是在农村还是老工业区、内陆城市还是边远地区始终存在。中国的发展不平衡。因此,自 2000 年以来,更多的预算流向较贫困的地区和省份,特别是中国中西部地区。

除了认识到地区之间、个人之间应该更加平等之外,中国还优先考虑经济增长以改善财富分配。这就是为什么中国在 2008 年全球金融危机之后选择了经济刺激而非紧缩政策的原因。经济增长是有助于调整的溶剂,紧缩只会让复苏和变革更加困难。

社会凝聚力取决于社会是否公平。自 1995 年以来,中国的教育支出占 GDP 的比例翻了一番,医疗保健支出也一样。房地产市场的干预调整了供需状况,因此人们开始买得起房,这是一个包括中国最富裕的城市在内的全球问题。在其他地方,从宗教宽容度到社会对同性恋群体的包容以及对于种族、阶级和性别的定义问题,新加坡的何光平(Ho Kwon Ping)主张"有凝聚力的多样性",这对西方和亚洲同样适用。在中国,它被解释为和谐和融合。

中国可能会是怎样的

孔子不喜欢预测未来,曾说"未知生,焉知死"。然而,鉴于目前中国的重要性,人们不可避免地想知道中国 10 年、20 年或 30 年后会是什么样子。为了回答这个问题,我向新加坡和两位新加坡人寻求线索。

15 年前搬到上海之前,我在新加坡生活了 20 年,我常常不相信中国会像新加坡,因为它们的规模差异太大,新加坡的历史太短,中国太复杂。可是渐渐地我意识到中国有意识地从新加坡那里学了很多东西:从行政管理到公司治理,从公积金和国有企业改革到技能升级。中国只是拿回了新加坡从中国学到的东西:从 20 世纪 60 年代中国被割裂的儒家思想渊源中吸取教训。

两位分别从事技术和酒店国际业务的新加坡人对中国的变化和未来有着深刻的见解。两人都和中国打了30多年交道,非常了解中国。在新加坡电信和新加坡星展银行(DBS)任职之前,许文辉(Koh Boon Hwee)先在伦敦帝国理工学院获得机械工程专业学位,然后在哈佛商学院取得学位。他现在是尖端科技公司的成功投资者。当被问及中国技术的质量时,他回答说远比日本产品在20世纪70年代"日本制造"成为新标准时更可靠。

许文辉称:"中国的巨大差异与哪怕10年前相比都是'显而易见'的。"商业、技术和政府,三股力量确保了美好的未来。许多产品的市场渗透率仍然很低,中国中西部地区8亿多人口大多才刚刚加入中国的快速转型。在技术方面,两家世界领先的中国公司展示了这一趋势。深圳市大疆创新科技有限公司(DJI)是世界领先的无人机制造商,而瑞声声学科技控股有限公司(AAC)则生产手机部件。许文辉已投资瑞声,该公司拥有超过2000项专利,因其"为生产商尚未发现的问题设计下一个解决方案"而享有盛誉。他将中国技术的成功归功于努力工作和公司别无选择、没有退路、不能退缩的决心。也不存在什么光荣的过去让他们裹足不前。中国巨头腾讯公司现在可以提供免费服务,因为它没有需要保护的现有用户群。中国移动不需要担心固定电话基础设施中断。还会出现其他新的例子。用许文辉的话说,"中国政府非常务实,是推动经济开放的世界领导者"。

多年来,除了我的妻子杨慈爱之外,教给我最多亚洲知识的就属我的前同事——悦榕控股(Banyan Tree Resorts)创始人、执行主席和新加坡管理大学(SMU)的董事会主席何光平。第一次认识他是在1976年,我在伦敦读了《远东经济评论》的一篇关于逮捕两名记者的文章,据称他们在汇丰银行(HSBC)拥有的一个商业杂志上发表了一篇带有明显共产主义倾向的文章,根据新加坡《内部安全法案》未经审判而被拘留。何光平被单独监禁在地下,丧失自由约两个月。

在搬到亚洲之前,我不知道可能会遇到什么,虽然我安慰自己说我要去距离新加坡1000英里以外的中国香港,我只做经济、商业和金融新闻,而不是政治。我不知道这些与亚洲的政治关系有多紧密,也没预料到不到三年,我和何光平会面对面坐在《远东经济评论》湾仔办事处的经济和商业角落里,俯瞰香港港口,谈论亚洲,畅谈时事。之后三年,何光平在父亲中风之后放弃了新闻工作去打理在新加坡的家族生意。在现有的40多家悦榕庄和悦椿酒店中,近三分之一在中国,是世界上增长最快的豪华度假村、水疗和生态旅游场所。

我和何光平的友谊一直持续,因为我在1981年离职搬到了新加坡。在那里,通过他、他的妻子张齐娥(Claire Chiang)和许多其他朋友,我开始更多地了解亚洲和中国的内核,中国如何思考、与西方不同的地方。在香港,我就向妻子慈爱了解了中国及其思想、历史、艺术与音乐,但在中国文化主导的新加坡,生活第一次向我展现了新的一面:包括家庭的重要性,国家、政府和精英的角色。所有这些都涉及一系列关系和相互义务(仪式)。何光平强调他们并不像一些人在亚洲价值观辩论中所说的那样优越,但他们是不同的,有强项也有缺点。

本地语"kakis"指伙伴,是一系列关系的根源。我们四个人每个星期六都打壁球,我们在城里休闲后都有很多时间讨论新闻和时事。除了友谊、体育和共同利益之外,这是一个非正式的信息网络,何光平打理在新加坡和泰国的各种家族企业,金杨(Kim Yong)20多年来在世界上最大的食品油集团新加坡丰益国际(Wilmar)进行交易,白铭(Ming Peck)是《商业时报》的资深记者,我提供外国人的视角。除此之外,还有各自的家庭成员,大家都成了朋友,孩子们也成了好朋友。在新加坡没有任何亲戚的我们,把这当成了我们的大家庭。

家庭是大多数亚洲人,即使是那些生活在功能失调家庭的人生活的核心。家庭还有重要的友谊纽带。当何光平在印度尼西亚举行长期服务颁奖仪式时,他邀请我的妹妹一起去,并在对悦榕集团的工作人员发表讲话时介绍她,说他已经认识她的父母超过 30 年。长期关系很重要,并得到高度重视。2014 年他在新加坡国立大学李光耀公共政策学院纳丹讲座做了题为《沧海一珠》(The Ocean In A Drop)的关于新加坡 50 年发展的演讲,献给包括父母、妻子、子女和孙辈四代人在内的“我的家庭”,而没有一一说出每个人的名字。当我问何光平时,他很惊讶我会大惊小怪。反思之后,他特别强调了他们在生活中的重要性。我不知道西方人是否会这样想或这样做,在西方我们会说出每个要感谢的人的名字。

何光平出生于泰国,在曼谷、美国和中国台湾接受教育,然后去了新加坡——他父亲出生的地方,成了新加坡公民。他是第四代广东移民。新加坡是一个非常年轻的小国,20 世纪 70 年代只有 200 万人,要在四个不同的种族群体和几大宗教中建立自己的文化身份、发展并不景气的经济。国家建设是一个刻意的决定。儒家思想通过相互尊重的仪式强调忠诚和义务,从而加强国家治理。

儒家的另一种主张与精英的角色有关。新加坡独立初期,政府工作岗位的声望最高。11 世纪宋代学者范仲淹关于精英的话“先天下之忧而忧,后天下之乐而乐”余音绕梁(参见本书第三章“精英”)。随着 20 世纪 80 年代和 90 年代涌现出新机遇,越来越少的顶尖毕业生进入政府工作,但对国家的责任感并没有改变,也没有丢失最好和最聪明的人才。新加坡保持了“国民服务”的传统,私营部门在需要时通常也会免费为政府提供建议。中国也存在类似的制度。

尽管 1976 年何光平曾被拘役,新加坡还是很欢迎他进入精英阶层,何光平曾担任多个职务。起初他纠结究竟如何参与和参与的程度。毫无疑问,新加坡首任总理李光耀也努力想充分使用他的知识和能力。何光平毫不犹豫地为国家工作,而没有像一般被拘留过的西方人那样。除了主持新加坡管理大学董事会以外,他还与李光耀一起担任政府投资公司的董事,他还曾担任政府控股的新加坡航空公司董事和新加坡主要媒体集团新传媒(Mediacorp)的董事长。在海外,他曾担任渣打银行的重要董事长达10年,现在是英国洋酒公司帝亚吉欧(Diageo)的董事会成员。

关于中国是否能像新加坡一样,何光平提出了几点意见:两个国家都有相同的像家庭、民族、国家和精英的角色这样的观念;都是儒教国家,但也并非完全如此。他认为,其他像愿景、长期思考和优先事项等共同的想法可能与儒家思想关系不大,而是更多源自新加坡和现代中国的初始问题——贫穷。两国都需要快速摆脱贫穷。这些都是中国传统哲学工具箱中关于逃避的工具,非常实用。

"从第三世界到第一世界"是李光耀给新加坡故事起的名字。新加坡的人均GDP超过5万美元,已达到美国的水平,领先于"亚洲四小龙"中的韩国、中国台湾和中国香港,在世界上最清廉国家排名中仅次于新西兰和北欧国家。这些是半个世纪以来新加坡的独特成就,因其成功而受到钦佩,并不是因为儒家思想、意识形态或任何其他"主义"。唯一的意识形态是至高无上的实用主义,这是儒家思想;接受改变并与之相伴,而不是抗拒变革,这是道家思想。

像中国一样,新加坡从挫折中学习。1985年电子业危机之后,失控的股票市场不得不关闭三天,新加坡经历了全国性的重组。1997年亚洲金融危机之后,约有200名私营部门人士在几个月内与各个工作组的政府官员会面,就新加坡的经济方向提出建议。每次重新组合后,新加坡都会迈向更高的经济发展阶段,变得更加富裕。

自 1965 年完全独立以来,新加坡人民行动党执政了半个多世纪,新加坡人民行动党的合法性来自履行发展经济的承诺、照顾好所有有工作和退休的人民。除了拥有重要的战略位置外,新加坡并无特别之处,有的只是政治意愿、领导力和对两者的普遍接受。另一个特点就是理解和接受变革。许多经济政策直接来自西方经济发展思想。1961 年至 1984 年的首席顾问是荷兰籍联合国经济学家阿尔伯特·魏森梅斯(Albert Winsemius)。哈佛大学,尤其是其下属的肯尼迪政府管理学院,近年来一直影响着新加坡,正如它也影响着中国一样。

中国可以效仿新加坡吗？何光平认为,如果中国能像新加坡很久以前那样消除腐败,那就能赶超新加坡。如果确实如此,中国可能会有很长一段时间的经济繁荣。一切都可归结为一个词——反腐败。新加坡建立了一种廉洁的政府文化,高薪养廉、高额罚款,以大幅减少贿赂的吸引力。私营部门很乐意参与"国民服务",但政府也得履行自己的承诺:发展经济和保持廉洁。

习近平看到了廉洁政府、发展与长治久安之间的联系。腐败是一种存在的威胁。如果中国能消除腐败,到本世纪中叶,部分地区将是世界上人均收入最高的地区,就像新加坡和中国香港这两个中式社会成就的那样。如果不能消除腐败,中国可能会停滞不前甚至崩溃,两种结果有天壤之别。

观察中国变革

在距离中国最近的有利位置路环岛(Coloane Island)的岸边,我极目远眺,对面灰色浩瀚的珠江上偶尔会看到船只。然后出现一艘中式木帆船,船尾有一面五星红旗迎风翻飞。我可能远远地看到有人在甲板走动,在古老的木帆船的方形帆下,就像旧的棕褐色印花。这是1977年的夏天,澳门的海滩上演着《周六夜狂热》,但附近的中国却是沉默、安静且遥远的。

40年前,一位26岁的记者第一次看到真实的中国人的兴奋今天可能很难想象。25年来,中国一直自我封闭、与世隔绝。中国充满神秘气息。竹帘的背后是人类五分之一的人口,但人们对它却知之甚少,甚至有很多误解。这似乎是我最好的、也许是唯一的机会去看真正住在中华人民共和国的中国人。很快,我从破旧的背包里取出相机和1974年的远摄镜头,当年中国帮助建造从坦桑尼亚到赞比亚的坦赞铁路时,中国人甚至拒绝拍照,这次的机会不容错过。

1977年依然残留着"文革"时期的影响。经济即使没有衰退也处于不确定状态。改革无人提及,中国已经触底。不仅是一个社会模型宣告失败,很多人的生活也崩塌了,摧毁了整整一代人的希望。中国人属于地球上最贫穷的一类人了。朝鲜人还更富有一些。许多中国人仍然穿着打着补丁的、褪色的中山装,颜色单调,只有深蓝色、橄榄绿或容易被误认为淡蓝色的浅灰色,仅此而已。根本无从预测未来的消费热潮。中国购买世界30%奢侈品的日子还是20多年以后的事,到那时,中国人拥有自己的房屋的比例比美国人和欧洲人多。贫穷这一负担被分担了。

当东亚和东南亚的其他地区的产品充斥着西方的货架和汽车展示厅时,中国的出口却很少。中国那时不仅没有真正意义上的银行,连温饱都没法保证。南京的年轻人比赛看谁可以让腰带在腰部缠两圈,有些人真的那么瘦!必和必拓中国区总裁戴坚定(Dines Clinton)1979年观察到每个人每年配给5米布。灯泡这样普通的东西都需要工业票券才能买到。在"短缺经济"中,配给使得需求下降,以此运作下去。

这些是最基本的需求。那时基本系统也没有到位。所有交易都是现金,没有支票账户,更不用说信用卡了。许多银行和企业仍然使用算盘,账目都是手写在账本上。工作中人们经常面临电力短缺和基础设施缺乏。戴维·博纳维亚(David Bonavia)在 1980 年写道,工厂"人员冗杂、游手好闲,吞云吐雾和充斥没有成效的政治会议"。简直没法想象后来中国会成为世界工厂。工作机构——单位是城市生活的核心,控制着从分配工作到主持婚姻和旅行的一切事务。当地的街道委员会成员,通常是老阿姨和大妈,观望着所有出入住宅区门口的男女老少。

发布的数据一片混沌。博纳维亚指出粮食收成"含糊不清",甚至没有说明哪种作物占总量的多少。钢铁数据更加毫无价值。1978 年湖北的钢铁产量精确到高达 1949 年的 10264.67 倍,1949 年却没有给出数值。绝对是虚假精确,精确到小数点后两位但没有比较基数,凯恩斯没准会喜欢。从那以后,中国出现了根本性的变化,而不再是粉饰或肤浅的变革。

1977 年我几乎不知道中国变革的速度和程度。15 个月内,我发现自己是中国旅行社的一只小白鼠,因为来自香港的小道消息称中国已经开始试行为普通外国人开放中国之旅,而不仅仅是为贵宾和中国之友。中国开的这个小口子是一个试点计划,明确地表明将进行更广泛的变革。旅行行程表安排得很紧凑。考虑到我们花的钱多,中国旅行社推测我们希望尽可能多地看到中国全貌,因此,那个旅行假期更像是一个中国新兵训练营。

每天的行程通常在凌晨 5 点开始,很晚才回来。参观的地方有村庄,但没有村民集社;有工厂车间,但没有真正的大型工厂;有一个学校,还写着"打倒四人帮"的口号,黑板上用粉笔画着江青的形象,我们的导游面带惭愧、有点紧张地笑着承认当年做红卫兵也砸过科学实验室。我们还参观了一家医院，但只是临时的急救站，非常简陋和肮脏。我们还参观了那时刚刚重新开放的广州音乐学院，昔日的"颓废的资产阶级音乐家"已经从农村的"向大众学习"中归来。

不过毕竟我们还参观了桂林的石灰岩喀斯特仙境。在传说中的美丽漓江上游览，黑鸬鹚为河岸边白发苍苍的主人捕鱼。灰色的云朵在崎岖的石灰岩山脉间肆意舒展，就像一幅喜怒无常的宋代画作，笼罩在薄雾中。然而，最让我关注的是人，他们的生活和生产方式，我有满脑子的问题想问，有些至今还萦绕在我的脑海中。

不到5年后的1984年初，我去福建乡村我妻子的家乡探亲，那不是对外国人正式开放的19个城市之一，但似乎没有人在意这个小细节。中国正式开放了，也以其无可比拟的方式非正式地开放了。经历了漫长而失落的20年后，没有人愿意错过这个机会。正如获得诺贝尔文学奖的莫言所说的"正是中国现代史上一个古怪而狂热的时代……直到80年代中国实行改革开放政策，我们才最终开始面对现实，仿佛大梦初醒。"

实用主义长盛不衰，信心也是如此。尽管产权不明确，但还是兴起了一个建筑热潮。福建的稻农们开发了普通犁的新用途，把拖车连接在道路上蹒跚而行的机器上，拖着粗糙的花岗岩长石来建造新的房屋。中国由此有了干劲和创新。世界上第一个发明这么多东西的国家正在觉醒，看看那无穷无尽的世界第一发明：帮助启动欧洲农业革命的铁犁；知识的印刷术比古登堡（Johannes Gutenberg）和卡克斯顿（William Caxton）的"发明"早了几个世纪的印刷术；悬索桥；"西门子"钢铁工艺；漆；棋；十进制；指南针；第一运动定律；纸币；毒气和火药。

我们越往北走，看到的路边私人集市就越少，到杭州就只有一两个孤零零的农民了。1978年"四个现代化"重新启动之后5年多，改革开放进展缓慢。诗人苏东坡早在 900 多年前就在杭州留下了著名的赞美西湖不朽的诗词,但我看到的西湖却了无生气。抒情的柳树和传说中的一湖碧水在哪里? 更不用说缱绻的恋人了。1984 年的寒冷春天没有浪漫或空灵的气氛,也没有热情款待。

情况越来越糟。杭州知名酒店的"礼宾"们斩钉截铁地告知我们:上海宾馆"满员",也不管自己口口声声喊着"为人民服务"的口号。据说,所有上海酒店的外宾客房都被美国总统罗纳德·里根(Ronald Reagan)与其国际新闻团队包了。这里物资匮乏,所有东西都供不应求,包括酒店的外宾房间。我们无视官方信息,乘火车到了上海。35 年前这还是一个全球主要大都市,经过日本侵袭和内战的破坏正在努力重新站起来。

到了上海,许多商店几乎空空如也,想买的东西都没有,这就是短缺经济。最难忘的是南京路,所谓上海的第五大道、牛津街或乌节路的两家商店。一家店出售几本英文和其他外文版的马克思、恩格斯、列宁和毛泽东的译著,随意散落在商店周围。另一家店的橱窗里极不协调地展示一些大型工业机械部件。时尚的服装? 那是另一个时代的事吧! 在繁忙的上海街头,除了一个好奇的外国人、他的妻子和襁褓中的儿子外,这些丝毫不令人惊讶。只有第一号百货商店四楼挤得水泄不通,这个 14 个月大的欧亚混血儿导致了交通堵塞,导致"交警"不得不前来干涉让人们不再围观。好奇的人成为别人好奇的对象:开放给了中国人就算不是第一次,也是一个难得的外国人特写镜头。改革开放是一条双行道。

曾经伟大的城市现在却充斥着一片沉闷肮脏的建筑物,空气凝重、污染严重。1949 年以来没有什么明显的变化。时间似乎停滞不前。15 年后的 1999 年,我进入位于政府建造的全新金茂大厦 54 层的六星级的君悦酒店大堂,装潢艺术风格有 20 世纪 20 年代和 30 年代上海光辉岁月的特点。这说明：上海回来了！再也不会离开了！即使新浦东办公大楼的空置率高达80%。

中国的变革一旦发生，就突如其来、势不可当，正如最近移动支付的比例所示：中国是美国的50倍。现在每个人似乎都互联互通，愿意从任何地方在线购买，而且规模远远大于美国和欧洲。20世纪90年代初，我开始定期访问中国进行经济和投资研究，我自己的工作开始反映中国的变化。

2002年，我离开住了20年的新加坡前往上海。事实上，我们在还比较初级的市场中成了业主。许多人怀疑外国人会被允许拥有资产，但我们却用现金买房，事后确实有让人不舒服的信息。事实上，法律已经改变，就在2001年我们买房之前一个月。改变突如其来、无法预料；也可能与过度谨慎和充满意识形态的"中国专家"的预测正相反。

对我来说最大的问题是试图弄清楚中国经济快车20年来不脱轨的秘密。当代经济学中几乎没有比这更大的问题。是因为中国实施的一套务实的经济政策吗？是一种新的"前所未有的经济狂热主义"，驱使超过10亿的贫困消费者追求更好的物质生活？还是莫言的基本概念：饥饿与寂寞？所有这些都促使一个国家急剧地扭转了相对衰落的趋势。据经济史学家安格斯·麦迪森（Angus Maddison）称，1800年的中国是世界领先的经济体。然而到1913年，中国经济在65个国家中排名第64位；1975年，排名第65位，倒数第一。这种衰退在中国从未被遗忘，尽管在其他地方经常被忽视或不为人知。

2002年初我被问及为什么要搬到上海时，我回答说，对于那些对经济、商业和社会发展感兴趣的人来说，中国变革是世界上最伟大的演出。上海提供前排座位，可以更清晰地观看中国的变化：这部剧的结局没有人知道，我也不例外。

地球上最伟大的演出

我们平时安静不张扬的侄女秀云惊叹一声"哇哦——",深吸一口气后她沉默了。突然之间、出人意料地,她已经面对面地看着她脚下的奇景了。上海历史悠久的外滩从百老汇大厦 30 层望去就像一个巨大的缩影模型,苏州河和雄伟曲折的黄浦江,途中汇入长江、流入东海,然后融入太平洋。世界变小了吗? 栖息在边缘,有危险吗?

秀云刚刚有了一次惊人的新体验,挤进一座像古墓一样的古老电梯里向天空冲去。以前秀云去过最高的地方就是她叔叔村里的三层屋顶平台。现在,她站在离地面数百英尺的落地玻璃窗前。我们从没想过要提前告诉她。我很兴奋能在这个标志性的 20 世纪 30 年代建筑里,从这样一个高度看到上海令人叹为观止的外滩,我想秀云也这么认为。我对秀云关于世界的看法一无所知,也无从了解她对上海的见解。拥有与纽约一样的摩天大楼和令人难以置信的景色,这些是她在村里恐怕难以想象的。一旦她平静下来,消化吸收眼前的现实并考虑其意味,这显然是地球上最伟大的演出。即便是福建省会福州那对她来说偌大的火车站,或是杭州著名的西湖的美丽和规模也没法与上海看到的相媲美。

我常常想起外国人第一次与中国面对面的这个"哇哦"时刻。他们常常被误导:信息错误、缺失或是负面的。所以真正面对后常常会错愕不已或惊奇地"哇哦",之后是长时间的沉默。这太令人难以置信了。我从 1984 年在百老汇大厦顶层的秀云那里了解了这一点。她不知道中国会改变多少,更别说多快了。我也不知道。

哲学家和理念

孔 子

这座上海孔庙表明孔子永远为数千代人所尊奉。他强调美德的道德哲学与道教和佛教一起成为中国传统思想的三大支柱。

贾 谊

贾谊(前200—前168)是学者也是官员,其著作两千年后仍被视为重要的经典。在中国,历史是哲学的原材料。11世纪司马光的《资治通鉴》,共294卷,300多万字,跨越近1400年历史。毛泽东曾用现代文字和语言阐述过它。

孟　子

孟子（约前 372 — 前 289）与孔子一样，也是一位学者。他更加注重仁义，发展了儒家思想，并进一步帮助确立儒家思想为中国千年治理的核心。

老　子

老子（约前 571—前 471）在公元前 6 世纪创立了道家思想，自然及其力量是其哲学的根源。尤其周期的概念是其对《易经》解释的中心。闵福德称之为"中国之书"。

商　鞅

商鞅（约前 395 — 前 338）是法家学派的代表人物，他强调需要制定详细的法律并严格执法，对中国统治者的影响极大。

第二章

历史、哲学、战略和治理

"以史为镜,可以知兴替。"

——唐太宗(598—649)

"思想源于环境。"

——亚瑟·威利　1938 年译《论语》

　　尽管论坛的主题主要是经济和金融,但习近平在 2017 年"一带一路"国际合作高峰论坛上的讲话主要是关于历史和哲学。历史及其衍生出的哲学是中国政治和生活语言中不可分割的一部分。正如传统的中国谚语所说,"前事不忘,后事之师",或者如唐太宗所说的,历史应该成为学习如何进行管理的一面镜子。

　　亚瑟·威利开始翻译孔子的经典《论语》时就参透了中国思想源自环境,无论是胜利还是灾难。中国早期的动荡与 2000 多年看似无休止的战争和人类苦难之间的联系仍然存在。中国的"5000 年历史",近

3000 年的历史记录,频繁援引的外交战略和军事战略,除了激发自豪感以外,还给近现代中国带来了启发和教益,例如源于 2000 年前将中国与欧洲联系在一起的丝绸之路。同样,治理的理念也可以以史为鉴。

历史:哲学、治国方略和治理的珍贵来源

早在公元前 174 年,26 岁的汉代学者贾谊就写了《治安策》。今天,他的进步主张仍然被我们阅读、讨论,并带给我们启示。贾谊的建议涵盖了关于内政、外交、社会、法律和教育等诸多问题,而且非常实用。

如果皇帝的亲属不遵守法律或指示怎么办?"众建诸侯而少其力,地尽而止。""淫侈之俗,日日以长",如果奢侈或对权力的欲望削弱了国力怎么办?"遇之有礼,故群臣自憙;婴以廉耻,故人矜节行。"要设立道德榜样,"太子乃生,固举以礼,使士负之"。要减少刑罚,"刑罚积而民怨背"。在外交事务中,"德可远施,威可远加,而直数百里外威令不信,可为流涕者此也。"要对匈奴采取强硬态度,不必害怕几个世纪以来一直从草原到中原来劫掠的匈奴骑兵。

贾谊是众多向朝廷建言的策士之一,他的思想主张现在还依然受到重视,《习近平谈治国理政》中也有提及。中国还特别关注西方人认为古老而无用的古代历史。3000 年甚至 4000 年前的一些事件可能和中国最近发生的事件一样重要,有时甚至更重要。除了中国历史之外,中国人还非常认真地考虑了修昔底德(Thucydides)公元前 5 世纪写的关于旧势力和新兴力量之间冲突的内容。历史是一个冗长的连续体,从中可以汲取想法、教训、警告和灵感,正如中国人所说的"历史长河"。当"中央研究院"于 1949 年迁至台湾时,历史语言研究所是首先重建的两个部门之一,今天有 31 个部门。历史就是这么重要。

　　成书于公元 11 世纪的《资治通鉴》分 294 卷、长达 300 多万字,耗时 19 年,跨越了从公元前 403 年到公元 959 年的历史,涵盖了 1362 年的治理和战略。宋神宗盛赞了御史司马光的作品,特地赐名为《资治通鉴》。了解历史人物和历代王朝的治乱兴衰,政府就可以采取良好的政策、结构和战略,放弃和避免不好的策略。1956 年,毛泽东说他已经读了 17 遍《资治通鉴》,并下令出版了一个新版本,一个由 21 位专家组成的团队用简化字和现代汉语重写的版本,以便普及阅读。这进一步说明中国悠久历史的重要性,在 1949 年以后也很重要。

　　中国历史一直是并仍然是哲学和战略的珍贵来源。它不仅仅是关于一个民族的故事。中国有着 3000 年不间断记载的历史,可追溯日食记录,书写语言仍然易于理解,对人性、愚蠢、失败和伟大成就有着深刻的见解。历史的潮起潮落,周期的性质和长期的观点都聚焦于 21 世纪的中国,人民和政府在日常生活和治国理政中都有意无意地接受着历史的引导,比如回顾和讨论皇帝、宰相、谏臣和将军的重要行动,很多战略都是经过数千年的考验的。

　　西方很少回顾历史(宗教除外),政府是绝对不肯回顾过去的。事实上,如果有人说现在的事和几个世纪前,更不用说几千年前的事件有所关联,那么他可能会被嘲笑。更有可能的是,根本没有人会提及。西方国家基本上与工业化前的历史失去了联系,更不用说追溯古希腊、古罗马和美索不达米亚了。我在 1959 年学习的第一本历史教科书题为《从混沌到罗马》,要了解英国的历史,有必要了解它的根源是在伊拉克的底格里斯河和幼发拉底河流域。19 世纪末 20 世纪初英国的精英教育包括学习希腊语和拉丁语,部分原因是这些语言教授如何管理复杂的帝国和生活。现在没有这些课程了。

　　罗马帝国的 5 个世纪与中国几千年的历史比起来相形见绌(中国的历史是连续的)。费子智(C.P.Fitzgerald)在 1935 年具有里程碑意义的著作《中国文化简史》中指出,"这个文明从未有一片领土真正完全丧失过(与西方殖民地不同),也没有一片整合过来的领土抵抗过中国文化的渗透,尽管吸收过程有时很慢,但最终总是完整的。边界的流动性可以解释为:与其说是一个民族还不如说是一个由共同文化联合起来的共同体。"

费子智总结说,中国历史记载的是不断扩展的文化,而不是一个从北部大草原到中南半岛(印度支那)的帝国征服的过程。在确定归属时,关键的依据是文化而不是种族。与罗马、西班牙和英国等主要西方帝国不同,扩张是通过定居而不是征服来实现的。

斗转星移,朝代更迭,英雄和恶棍、战争与和平、正义与邪恶此消彼长:每个人都有历史。与其他国家的唯一区别在于中国体量大、持续时间长以及中国采取的措施。它们无论如何都是史诗级的。这是中国巨变的起点。美国前财政部长汉克·保尔森(Hank Paulson)把当时负责金融问题的王岐山形容为"一位执著的历史学家,喜欢哲学辩论"。然而,不只是一些政治家是狂热的历史学家和哲学家。大多数受过良好教育的中国人都认为这是完全正常的。

历史在中国一直是一项非常严肃的事业。"史学不是一种学术上的消遣,而是政府的重要功能",约翰·基伊(John Keay)在他的《中国历史》中写道:"除了记录和组织过去……历史的功能还在于总结经验教训、纠正错误、修复声誉以及伸张正义。"据说,自西周(前1046—前771)以来,史书就记录了每一个皇帝(即便是一个孩子)说过的话。"天子无戏言"这句话,起源于周成王不得不履行童年的承诺,封弟弟为唐国(山西的一个地区)诸侯,因为天子的一言一行都会被载入史册。在3000年前,中国就拥有了相当于英国议会国会议事录或美国国会记录的权威记录了。

什么都逃不过官方记录。日记、文集和百科全书都是历史。在动物骨头、龟壳和青铜器上书写的文字可以追溯到商代(前 1600 — 前 1046)。近 4000 年前就已经有 365.25 天的年历,根据农业事件编制的二十四节气。在这段历史记录之前还有传说,就像英国的亚瑟王或北欧神话,其中包括中华"人文初祖"黄帝以及他公元前 2700 年至前 2600 年在南方的对手。今天的伟大建筑热潮揭示了中国的早期细节。

西周系统地记录历史、法令和政策的做法传播到了其他国家。记录从日食到洪水、联盟到战争的事件以及仪式、诗歌、颂歌和歌曲。众所周知,孔子编撰了家乡鲁国(今山东)的编年史《春秋》,并分析了其他主要国家的历史。就像随后的战国时期(前 475 — 前 221),这是一个充满动荡的时代,文明本身也处于崩溃的边缘。

暴力和痛苦

中国封建制度垂死挣扎带来了极大的暴力和痛苦,但这是最伟大的哲学传统所依赖的土壤。如果没有从公元前 771 年到前 221 年的无情破坏,就不可能诞生伟大的哲学。百家争鸣是对所有这些动荡和死亡的心智反应。

动荡中出现了像孔子那样的流浪学者,他们千方百计地向统治者们提出建议(参见本章"儒家思想")。在过去 2500 年的大部分时间里,儒家思想长盛不衰。习近平不吝将孔子置于敦促党和国家学习的哲学家的殿堂之中。孔子学院于 2004 年在胡锦涛的领导下兴建,是中国的对外文化传播中心。

中国从伟大的历史中吸取了许多教训,特别是政治、行政和经济方面的教训。汉代(前 206 — 公元 220)的贾谊就为奠定强大的政府基础提供了积极的建议。在向平民开放的同时,汉朝选官制度改革遏制了任人唯亲的官僚主义裙带关系,还启发了隋朝的科举考试,为唐朝强国富民奠定了改善官僚制度的基础。唐朝在很多中国人眼里是最具国际化和最伟大的时代,艺术蓬勃发展、外国使节和商人走在首都长安(今西安)的街道上。思想沿着连接欧亚大陆的丝绸之路传播,一直到印度和欧洲。

负面的教训有公元前 3 世纪"焚书坑儒"的秦始皇,屠杀了那个时期的儒生术士。暴力禁锢了历史和思想。他粗暴地磨灭了将口头传统升级为文件证据的媒介——书,这是文人眼中令人震惊的异端和犯罪。这不仅仅发生过一次。典籍曾被战争、国内骚乱和外族入侵所摧毁,更不用说火灾和洪水,甚至直到 20 世纪的内战、日本入侵和 20 世纪 60 年代还有这样的破坏性事件。寻找记得历史的人来恢复知识的努力已经持续了 2000 多年。

警告来自既得利益者的威胁,无论是明清时期的太监,还是对宋代王安石新法的保守抵抗。习近平和他的同事,包括美国前财政部长汉克·保尔森的对手、从历史系毕业的王岐山,无疑将深入研究这些问题,以便了解唐朝在 132 年的持续和平之后民众支持下降的原因。最近的一个教训是儒家思想僵化带来的智力萎缩,这是 1911 年中国最后一个王朝崩溃的主要原因。

历史串联着中国的思想和规范。字词和短语本身经常提及或暗示着历史并赋予其深邃的意义。妈妈、外婆所传授的日常生活的智慧也植根于历史,她们通过讲述历史事件或历史人物的故事,教导幼儿什么是良好的行为。

战略:达成目标

战略和历史一样,几千年来一直受到中国文人阶层的喜爱。事实上,与哲学一样,两者交织在一起,相互启发。战略旨在以最佳、最快、最安全和最具成本效益的方式实现目标。用于政府、农业、商业、经济、政治、外交和武术等各个方面,战略必须切实可行。

历史、哲学和战略的结合催生了一整套操作手册。官员、商界人士和公众仍在阅读《三十六计》和《百战奇略》。中国古代有七部军事经典。公元3世纪时期近乎传奇但真有其人的战略家、蜀汉丞相诸葛亮,在《三国演义》中被演绎为不朽之神。更早一些的还有韬略家姜子牙,他是西周创始人周武王之父周文王的"军师"。今天,他们和其他许多人通过电影和电视成为家喻户晓的历史人物。

1949年以来的中国领导人都是战略迷。毛泽东就是个战略家,他写道:"孙子的规律,知彼知己,百战不殆,仍是科学的真理。"朱德总司令和邓小平也研究了这部经典。习近平正试图通过中国梦重新唤起人们对战略的兴趣,为现代中国提供相关的知识和战略框架。

战略不仅包括战争或蛮力。正如闵福德评论公元前5世纪的《孙子兵法》时所说:"它提供的战略建议远不止战争的行为。这是一本古老的智慧谚语书,一本生命之书……强调在人类冲突中的伎俩、聪明才智和常识的重要性,而不是蛮力。"一开始,《孙子兵法》强调了避免战争的重要性。足智多谋的战略家可以"不战而胜"。太极大师杨澄甫(1883—1936)主张"用意不用力"。《三国志》说:"用兵之道,攻心为上,攻城为下。"《道德经》认为,"善为士者,不武;善战者,不怒;善胜敌者,不与"。

正如战后美国的中国研究者费正清(John Fairbank)在1974年《中国的战争行为》一书的引言中写道:"战争的目的是制服一个对手……改变他的态度……诱导他的服从。最经济的手段是最好的,通过欺骗、惊吓,以及让他追求不切实际的目标的手段让他自惭形秽,最终偃旗息鼓、不战而败。"

所有这一切都来自对自然和宇宙的传统观察。战略的核心是势,"位置或情境能量……某个场合或时刻的内在力量或动力",闵福德指出,"这是道家自然和生活观的核心,它教导我们不应盲目地对抗障碍,而应该了解情况的真实动态……并采取相应行动,与之相协调。"对于今天的中国领导人来说,他们行动的方法和时间还有形式就是这样形成的:顺其自然,但首先了解流程。

政府:强大的中央集权国家

早在公元前 1600 年,政治组织创造了东亚的"第一大文明",就像罗伯特·巴格利(Robert Bagley)在费正清主编的《剑桥中国史》中描述的二里岗一样。二里岗位于河南郑州的黄河沿岸,以巨大的青铜器和玉器闻名于世。这种财富并非来自武力征服、技术突破或农业进步;经济增长完全来自更有效地利用土地和劳动力。

从那时起,有效的管理和强有力的政府就成为中国治理的目标。改革往往意味着加强中央权威,就像今天一样,自由主义、更不用说无政府主义,在中国从来没有得到太多的支持,因为人们一直都笃定地认为必须有人负责,否则就会大乱,这是中国历史上最大的恐惧。直到今天,这种恐惧仍然推动人们对现状的接受。

秦始皇扫灭六国,在公元前 221 年首先将中国统一为强大的中央集权国家,结束了数百年不断的战争和动乱。除了统一中国之外,秦还采用了非常创新的方式改变了中国的历史进程。统一度量衡、统一文字、币制和车轴等行政措施的变革力量不容小觑,统一和标准化带来了更多便利:统一的语言、货币和度量衡极大地促进了贸易,克服了距离的障碍。所有这些都加强了经济,使政府更加强大,并使其官僚机构更加有效,尽管只是在一段时间内。

秦始皇去世后,秦朝很快毁于残暴和专制。但中央集权国家的第一次行政改革在长达四个世纪的汉朝继续进行,尤其是在汉武帝时期

（前141—前87），他在位54年，支持严格执法和严惩违法者，还在政府和教育方面强力推行儒家思想作为道德的源泉。到公元前5年，中央和地方政府中有13万名官员，按等级和部门组织，由审查、审计和监察系统进行监督检查，不仅报告官员的不良表现和渎职行为，还会报告官员的良好业绩。

官僚的命运随着王朝的兴衰而起伏，但仍然是中国发展所倚靠的基石。官僚制是无政府状态的解毒剂，是反对极端暴政的堡垒。无论焚书还是坑儒，统治者和官僚都可以反观历史和历史中的哲学，历史遗留或恢复的东西足以维持一个国家超过2000年。

公元220年至589年，中国经历又一次分裂和动荡。之后，唐朝进行了第二次行政变革，将省作为政府的基本单位，皇帝由一个高官内阁辅佐理政。内阁下设负责特定事务的部门，如现代政府一样。一共有六个部门：吏部负责行政管理；户部负责农业、运输粮食，这是当时主要的纳税形式，以及人口普查；兵部负责军事事务；刑部负责执法；礼部负责仪式（道德教育）；工部负责修路、灌溉和防洪。早在电话、电报、铁路和飞机发明之前，公元754年中国就估计有5200万人口，这是世界上人口最多的国家。政令通达，人口普查的范围广泛而细致，不仅包括家庭成员和仆人，还有他们的牲畜、农作物、土地和财产，使国家能够广泛征税并为公共工程募集劳动力。

政府重组的第三次浪潮不是结构上的，而是关于国家本身的作用和政策。宋朝（960—1279）通过政策建设了一个更积极的政府。在经济方面，宰相王安石制定了法律增加农民收入、削减经济负担。在外交事务方面，对战争持谨慎态度。宋朝是通过被统治者的同意而非武力加强了国家统治。人人都厌倦战争。通过恢复官僚主义的优势，降低军队的力量，有助于避免摧毁唐朝和汉朝的叛乱的发生。然而，宋朝确实在中国东北地区失去了领土，使一些中国人蒙羞。

费子智认为，宋朝的皇帝是"中国最开明的君主……是宽容、人性化、有艺术禀赋的知识分子，没有那些使东方君主蒙羞的恶习"。中国知识分子认为宋代是中国治理和文化的高峰之一。宋代统治者大力发展艺术，第八位皇帝宋徽宗就是一位著名的书画家。宋代瓷器出类拔萃。到公元 1124 年，宋朝已有 1 亿人口，充分证明有效管理、经济政策和良政善政带来的繁荣。现代中国关注的最近的历史是最后一个王朝——清朝（1616—1911），它一度使中国到达了领土面积和声誉的顶峰，然后是谷底。在 17 世纪和 18 世纪，耶稣会传教士把中国与法国相提并论，甚至有过之而无不及，除了宗教。但在 1911 年，有超过 2000 年历史的中央集权政府土崩瓦解。

清朝皇帝高度发扬了中国原有文化。这个从中国的北部边界而来的域外满族王朝全盘采用了中国原有文化和行政制度。清朝分两个阶段。康熙帝（1654—1722）是第一个在中原出生的清朝皇帝。康熙年间，清朝重新征服了在蒙古、西藏和新疆的领土，同时扩张到缅甸、朝鲜和安南（越南的一部分）。在国内，中国享有了 120 年的和平。在清朝的第二个阶段，清朝 19 世纪的命运出现彻底的逆转。用费子智的话来说，中国不再是西方钦慕的对象，相反"被视为一种破旧而落后的绝对主义，注定要被六个帝国主义国家的掠夺所摧毁"。

技术和科学将欧洲推向了新的高度，但中国却停滞不前，尤其是在科技和治理方面。中国严格遵从儒家传统，将欧洲的科学进步视为雕虫小技。它腐败泛滥，抵制变革。叛乱威胁并削弱了朝廷。慈禧太后死后，用费子智的话说，清朝"在图谋私利的将军支持下的革命党人起义中迅速土崩瓦解"。这种不彻底的革命和衰败的军阀主义促使中国共产党挺身而出并于 1949 年赢得政权，另一位军事战略家兼哲学家毛泽东开始掌舵了。

儒家思想

尽管很少被大多数统治者提及,但中国的理想准则是源于公元前1046年的西周王朝的儒家思想。当其他国家挑战西周,破坏春秋战国时期(前770—前221)的和平时,哲学家们寻求通过建立道德原则和谐地团结人民,以熄灭纷飞的战火。

大多数统治者把儒家思想作为信条只是因为他们认为它奏效,这是纯粹的实用主义。很少有人对儒家思想中的仁(仁慈或仁爱)感兴趣。他们看到一个思想体系先后五次为汉、唐、宋、明、清朝维持了平均长达300年的良好秩序。强调忠诚,君臣、父子、夫妻、上下关系尊卑有序,构建了忠诚和服从的金字塔。

儒家思想将中国从神文文化转变为人文主义文化。虽然皇帝贵为天子,但政府是由格局高的人而不是出身高贵的人来管理的。精英统治下的智者取代了圣人,大卫·辛顿(David Hinton)在《中国四大名著》中写道:道教使神圣世俗化,也让世俗带上了神圣的色彩。如果尊卑有序,礼仪正常,即"将社会联系在一起的社会责任网"得到农业(经济基础)、军事(安全基础)、法律(控制违法)的良好支持,那么统治者就会成功。但为什么遵循这些主张的朝代会灭亡呢? 王朝的统治者要么没有全面实施这些措施,要么太弱或者皇帝年龄太小而无法统治,从而成为宗室、外戚和太监们阴谋和腐败的受害者。

有一个关于中国的令人惊异的事实,孔子不是儒家思想的创始人,而是儒家思想的大圣人。与孔子有关的儒家哲学的先行者和真正的创始人是周公,他比孔子早出生5个世纪,是一位军事战略家、政治家、教育家和哲学家,他确立了礼仪(规范人民行为的社会准则)的重要性。周王朝比其他任何王朝持续的时间都更长的原因归功于周公摄政时提供的智慧。

孔子进一步发扬了西周传统,但他已经受到道家思想创始人老子的挑战,老子可能比孔子年长 30—50 岁。老子对宇宙和自然以及人类在自然中的地位更感兴趣,而不是礼仪和其他。孔子强调了美德和教育的重要性,对他而言,这些是优秀统治者和良政的基础。

对于儒家来说,重要的是四书、五经和六艺:四书是指《论语》《孟子》《大学》《中庸》;五经是指《诗经》《尚书》《礼记》《周易》《春秋》;六艺指六种本领:礼(礼节)、乐(音乐)、射(射击)、御(驾车)、书(写字)、数(算术)。所有这些都教导统治者如何为人处世和如何管理人。在春秋时期(前 770—前 476),孔子选择典范的统治者,并对其他人进行了道德判断。据说他有大约 3000 名学生,他们在孔子去世后汇编了他的想法,大多数都言简意赅,直截了当,也易于理解。

公元前 4 世纪,另一个周游列国的学者孟子贡献了自己的思想。他的哲学话语稍长但仍然浅显易懂,建立在孔子和周公思想的基础上并完善了他们的框架,许多理念都非常实用,强化了中国人务实的观念。孟子写道:"有为者辟若掘井,掘井九轫而不及泉,犹为弃井也。"这非常实用,用今天管理学的话来说就是以结果为导向。另外,他还说"诸侯之宝三:土地、人民、政事"。孟子将重要的想法简化为简单的基础知识,重点关注基本要素,避免陷入细节困境。

孟子建议任何问题都可以回归本源。统治者的合法性除了结果之外,还取决于他们的行为。"天视自我民视,天听自我民听。"这是习近平面临的一个关键问题。习近平在他的著作《习近平谈治国理政》中同时引用了两位汉代学者的名言。刘向(前 77—前 6)写道,"政之所兴,在顺民心;政之所废,在逆民心"。王充(27—约 97)说:"知屋漏者在宇下,知政失者在草野。"习近平的思路毫无疑问。当习近平还在福建担任领导职务时,他就能以倾听并征求别人的见解而闻名。他不会要求商人做事,他会提出问题并询问哪种方法奏效。

孔子更关注仪式(社会义务),孟子更关注道德、教育以及仁政。他不相信世袭统治者的原则,这会让孔子感到震惊。孟子说:"得其民有道,得其心,斯得民矣……天子不仁,不保四海。"

孔子和孟子之后,儒家学者们继续争论和讨论哲学和治理的细节。下一轮重大思想演变是在1000多年后的宋朝,距离周朝奠定儒教基础已过了2000多年。这时经典有点过时了。新儒家重新诠释了儒家的诗歌、文学和仪式。他们更关心宇宙和人性,包括心灵。孔子几乎没有谈过这些话题,但佛教徒(包括禅宗)以及道教徒都很重视这些问题。儒家思想正在失势。为了对抗佛教和道教,宋代新儒家将这两者和四书中的思想融合在一起,渴望和平而不是战争,他们"致广大而尽精微",同时将自我教育和道德视为个人美德的基础。这是儒学的最后一次重大发展,虽然仍在不断更新。在共和时代,蒋介石曾经试图重新唤起人们对儒学的兴趣。

共产主义

既然儒家思想在毛泽东时代幸存下来并被习近平所称道,那么共产主义对政策的制定和执行有何影响呢?就其经济思想而言,既不是马克思的也不是列宁的。中央计划肯定已经过去了,现在的五年计划被称为五年规划。

三件事情仍然存在:对强大国家的认同感、共产党历史的教训和变革的重要性,这些都能在传统哲学里找到启示。如何应对挫折和纠正错误是党史上最大的教训。从1930年中国共产党在上海几近夭折到江西苏区和1934年至1935年的长征,党不得不反复重新思考战略——为了生存。

以游击战起家,在内战快结束时,共产党开展了大规模的激烈战斗,动员了大量资源,协调多条战线并扩大供应线。让100多万军队带着缴获敌人的枪弹辎重渡过长江,占领国民政府的首都南京,绝非易事,这是邓小平最著名的军事成就。共产党从这些战斗中吸取教训,并从其自身和中国历史中汲取战略经验。

决策中有刻骨铭心的战斗经历,面临挫折后要做的第一件事就是重新分组。之后就有了流程:首先,评估情况、收集信息或战时情报,通过研究和实地考察进一步探讨情况;然后通过无数次的讨论来处理和吸收知识。这种原材料可以通过适合当地条件的计划进行试点,对现实充分了解会带来创新,完成试点后就可以大规模应用这些经验。今天仍然遵循这一流程,但主要是在危机或非常有必要的时候,因为只有这样才能成为重要的优先事项,从而得到解决。

久经考验的多元思想

多元方法和思想滋养着中国。就在明清皇帝居住的地方以北,有座齐政楼。这是元朝皇帝忽必烈1272年给北京新钟楼起的名字,表达了政府的理想治理目标。"齐政"(有序政府)是一个热切的愿望,也是所有统治者的崇高愿望。

与基督教、伊斯兰教、印度教、佛教、犹太教等单一信仰体系占主导地位的国家不同,中国传统哲学建立在儒教、道教和佛教的混合体基础之上。与大多数信仰体系不同的是孔子没有时间思考宗教、超自然或来世。他说他还没有想明白生活的道理。事实上,儒家思想不是涉及上帝或神谕经文的宗教,而是人为的。

今天,中国哲学是几个久经考验的本土哲学的混合体,包罗万象的其他本土思想随着儒家和道教占主导地位而消亡。公元1世纪佛教自印度传入中国,为中国传统思想提供了第三支柱。费子智认为两个主要本土哲学成为主导是"中国人倾向于妥协和中庸的明证"。成为主流的两个哲学体系也各有不同,由此进一步丰富了中国哲学。道家强调有为政府的"无为",顺应自然。孔子和孟子相信人民的善良,而商鞅和韩非(约前280—前233)这样的法家则相反,主张严格执法以遏制人的邪恶本性。这进一步丰富了中国哲学的内涵。

和不理解中国哲学的人的观点相反的是,孔子和孟子的观点表达得非常明确,他们不像其他哲学那样艰涩、深奥。不可否认,对于那些学习笛卡尔和西方逻辑的人来说,道家思想更为隐晦、不好理解。道家思想的创始人老子认为"道可道,非常道;名可名,非常名",因此道虽然可以被感知和观察,但是不能被完全描述出来,所以人们应该服从于它。布鲁金斯学会的李侃如(Kenneth Lieberthal)称"天"的概念是历史与命运的结合,这样才容易为人理解。

道,即大路,是"开放和通畅"的,但不幸的是,人们喜欢"曲折的道路"。因此,哲学必须面对真实的人类:难缠的生物。它的世界观看到了"化繁为简、以小见大"。这在中国处理和实施政府政策的方式中变得非常明显。就在新手认为他们已经明白的时候,道家又警告说"大难至易、大繁至简"。

"知不知,尚矣;不知知,病也。"这听起来像是美国前国防部长唐纳德·拉姆斯菲尔德(Donald Rumsfeld)关于已知的未知和未知的未知的言论,但事实上,它可能来自公元前编撰的《道德经》。道家的庄子帮助我们正确认识世界。一切都是相对的。再大的事在宇宙中可能很小,道家置身于宇宙中,他们强调自然世界和宇宙。

西方政治哲学主要关注做什么,从让-雅克·卢梭(Jean-Jacques Rousseau)的《社会契约论》到托马斯·潘恩(Thomas Paine)的《人的权利》和弗拉基米尔·伊里奇·列宁(Vladimir Ilyich Lenin)的《怎么办?》

都很少关注如何做到这一点,暗示"只管去行动"。英国脱欧公投就是这样。在中国,实施是哲学不可或缺的一部分。与哲学相关的战略是中国历史的另一个副产品。在政策实施的有效战略指导下,务实是贯穿始终的重要因素。

儒家思想的一些传统理念与 21 世纪毫不相关或不可接受。在这个平等主义时代,用孔子的话说是"在其位谋其政",这是精英主义。同样地,孟子说"劳心者治人,劳力者治于人",不平等是自然的,如果你想事事平等,就会天下大乱。如果优雅的鞋子和工作用鞋同样定价,谁会去制作优雅的鞋子?孔子关于"女子和小人"的评论同样是不可取的。

如果要用一个词来指导人生,孔子选择"恕"。这意味着"己所不欲,勿施于人",这完全是现代思想,与 2000 年前的基督教不谋而合。

传统哲学今天还重要吗

中国人是不是来来回回地都引用儒家思想呢?几乎不。大家都知道诸葛亮的战略细节和《孙子兵法》吗?不。大多数人信佛教吗?不完全是。那么传统哲学的重要性及其背后历史的重要性何在?

中国人有着共同的思想体系:胡锦涛 2006 年所强调的中国传统文化源于儒家思想、佛教和道教。儒家思想强调谦卑、温和,尊重老人、教师和权威。2000 年前产生于印度的佛教传入中国后开始本土化,不断调整以适应中国文化,但保留其接受论和宿命论的本质。道教重视和谐,同时也提供宇宙观和从中衍生出来的策略。

这三种传统的传承如何?那些受过经典教育的人通常会尊重儒家思想,孝顺、努力和节俭,但是 1949 年以后,传统经典教育不再进行。因此,今天几乎所有的中国人都只是粗略了解儒学知识,这就是为什么学校重新开始教《论语》的原因。也许只有三分之一到一半的中国人认为自己是佛教徒，信道教的人数则更少。有多少人会对这三种哲学有深入地了解并加以运用？路透社中国特约记者林洗耀（Benjamin Lim）的答案是 100—200 个。这在一个拥有近 14 亿人口的国家怎么可能呢？

许多人只知道他们自己的信仰，虽然也不是非常详细。他们很少会熟悉其他传统。佛教徒甚至可能不知道所有的佛经和教义，也不能区分佛陀和其他相关的神灵，更不用说道教的细节了。信道教的人很可能知道像诸葛亮这样的历史人物，但不一定知道他的一些策略受到了道教的启发。许多学者甚至对这三种传统都没有广泛而深刻的认识。就像各地的学者一样，视野狭隘是一种常见病。根据林洗耀的分析，很少有人能够全面了解。

权力是一个拼图游戏。许多人可以看到部分，很少看到整体，更不用说体会完成拼图的乐趣了。所以"在其位谋其政"。儒家认为，有些人比其他人知道得更多，但很少有人需要全面了解。

在整个中国历史中，传统文化提供了一套共同的信念，使统治者便于统治。儒家控制官员和军队，强调对统治者的忠诚，以免违抗。佛教是针对劳苦大众的，它的宿命论可能安慰他们，这是他们的命，不要抗争，不幸的原因在于前世，无能为力。道教主要面向学者精英，提供管理战争或和平的策略，如孙子的《孙子兵法》。

因此，传统思想在中国仍然非常重要，即使在 21 世纪共产党领导下依然如此。如果不了解它就不能理解政治、经济、外交和战争。下一章将探讨中国思想和变革背后的 20 条基本思想。

第三章

生活、家庭、企业和政府的 20 条基本思想

> "中国基本上是一个由哲学家管理的国家,尽管他们的作用往往被执政者所忽视或颠覆。"
>
> ——大卫·辛顿《中国四大名著》 2014 年

历史上哲学家们统治或影响着中国,尽管时有断续或偏差。他们不是一般的哲学家,而是非常务实的哲学家。根据费子智的观点,那些在商业、政府和政治中的哲学家"基本上都是世界上最务实的人",实用主义基本上是中国思想。

"他们的文明建立在人类历史上最直观的唯物主义价值体系之上……关键在于找到事物的运作方式并操纵它们,为自己、家庭或社会群体创造更美好的生活。"戴维·博纳维亚(David Bonavia)在 1980 年出版的《中国人的肖像》一书中如此断言。中国人仍然同意这种描述,特别是考虑到中国城市居民对事物和生活的敏锐认知。许多人是功利主义者,其他人则更具哲学性。

思想框架和变革

要彻底现代化,中国需要巨变。这一巨变过程复杂、范围广泛、耗时漫长。只有在一个思维框架内采用恰当的方法才能成功应对众多挑战。从来没有"十诫",也没有什么范本,更没有变革宝典,只有散落在汗牛充栋的古籍中的点滴思想,虽然不是都来自传统的儒家思想,但大部分都与之相容。

这种智慧几乎是神圣的。孔子说:"其或继周者,虽百世,可知也。"因为这些是永恒的真理。在建立"齐政楼"的过程中,不仅仅有道德真理,还有实践真理。

中国没有像西方一样用严密的思维层次来组织思想,一切都在三维空间中相互关联。然而,他们确实有三个主题:目标、手段和人。目标是传统思想的起点;手段是构思和实践思想的使用方法;最后是使用手段的人。

中国巨变的流程:"怎么变"而不是"变什么"

目标	和谐　稳定　适度
手段	亮点 　长线思维　360度全方位视角　愿景　周期　优先事项　研究和调研 实施政策 　试点计划　排序　务实　灵活　渐进主义　克制　不断更新
人	精英　教育　品格　自我批评

目　标

有了明确的目标,就更容易看到优先事项和路径。当需求最大时,比如英国脱欧后的欧洲和因文化战争分崩离析的美国,变革似乎是不可能的,但那恰恰是最需要新目标的时候。问题不同,应对方法也会不同,但设定目标不管在哪儿都是寻找解决方案的开始。

20 世纪 30 年代经济大萧条、第二次世界大战结束后,英国选民将充分就业、教育、医疗保健和充足的福利作为维持国家统一的目标。人们想要改变的情绪如此强烈,他们甚至在 1945 年大选中抛弃了战时领袖温斯顿·丘吉尔(Winston Churchill)。这是那 30 年中主要政党之间的共识,一直到出现新的挑战、需要不同的目标时才被放弃。在美国,重大变革也由二战时期"最伟大的一代"所推动。

和谐:"和为贵"

胡锦涛强调中国社会和谐的重要性。在 21 世纪初期,经济在 GDP 增长方面表现良好,但贫富差距扩大和城乡差距可能会削弱经济发展。这不仅不公平,还会威胁到社会稳定,因为和谐意味着对所有人的包容。

2003 年开始进行政策调整,调整 1978 年以来进行的大刀阔斧但十分必要的市场化改革。衡量收入分配的基尼系数进入政治词汇。中国在收入分配方面已成为世界上最不平等的国家之一,和 19 世纪的欧洲或美国差不多。

为促进和谐与包容,中国在健康和教育方面的支出大幅增加。1995 年以后,教育在国内生产总值中的占比几乎翻番,保险计划和政府资金共同编织起一张社会福利安全网。危及生命的医疗手术现在得到大量补贴,否则中国大多数家庭将面临财务紧张。还有一个经济理由:中国需要消费,而不是储蓄。如果人们担心退休或大额医疗账单,他们就会去储蓄攒钱;如果他们感到安全,不需要未雨绸缪,他们会更愿意消费。

稳定：经济强国不可或缺的要素

无论是战争、社会动荡、贫困还是失业，都会给整个社会带来不稳定的威胁。中国的历史就是生动的例证，因此稳定已成为数千年奉行的主要目标。忽视或未能实现这一目标可能会导致大规模的混乱。历史上混乱时期的人口在战争、疾病、外流和解体中缩小了三分之一甚至一半。

中国经历了很多不稳定因素，遭遇了全球十几场致命战争中的三分之二。这还不仅仅是两三千年前的事：从1850年至1864年的太平天国起义造成2000万—3000万人死亡，更多人背井离乡。在20世纪，1931年至1945年日本入侵期间有1200万—2000万平民死亡，另有200万—300万中国士兵死伤；超过8000万人成为难民，约占中国人口的15%—20%。除了战争之外，比如在20世纪60年代和70年代的政治动荡期间，死亡也很常见。中国历史上洪水和饥荒也经常造成人员伤亡。灾难性的不稳定不仅仅是古代历史的事实，在近现代也比比皆是。

稳定就是平稳、不摇晃。无论是在经济、政治还是国际事务中，都非常需要创造一个稳定的环境。这意味着和平与繁荣源自稳定，使中国得以进一步发展。邓小平提到有两个拳头：首先是经济；另一个就是稳定。有了第二个（稳定），中国就可以发展第一个（经济）。如果没有稳定，经济就不会像铁拳一样强大，中国也无法繁荣。两者相互关联。

适度："保持中庸之道"

"中者,天下之正道,庸者,天下之定理。"孔子建议,把自己牢牢地放在中间位置,而不是保守的边缘,毛泽东自己的定位就在这里。接着就是儒家优先考虑的和谐与稳定,两者都反映了适度的需要。

孔子可能会说,凡事都要适度。事实上,孟子确实说过"仲尼不为已甚者"。《道德经》记载,"圣人去甚"。《论语》说,"礼,与其奢也,宁俭;丧,与其易也,宁戚"。适当的行为才是正确的:还是说适度的问题。

手　段

实现目标需要了解所有可用的手段。首先,必须先明确思想然后实施,同时也要认识到可行的想法往往需要时间来设计和实践。

长线思维："不谋万世者,不足谋一时"

习近平说,"我们要坚持长远和战略眼光"。长期是政策思考的起点,是实现成功变革的唯一可行方法。然后向后追溯,填补不断增加的细节。只关注眼前的问题可能会导致更多更大的问题,因为中国的规模完全不适用缺乏长期思维的政策。

内维尔·麦克斯韦尔认为,现代中国政府的基本时间单位是十年:不是精确的十年,而是大概十年。他在 20 世纪 70 年代从中国的外交政策中得出了这一点,十年是一个国家所能控制的最长时间区段。鉴于中国的规模,政策制定和实施需要至少十年才能有效地应对挑战,有些则需要几十年的时间,如减贫和城市化是中国取得成功的两个最伟大的长期战略。

当可持续发展首次被纳入第十个五年计划(2001—2005 年)时,我问一位高级官员全面实施要多长时间?他告诉我,"这个计划中出现可持续发展是提醒领导干部们注意:可能会进行一些实验。如果效果不错,就可能成为下一个计划的优先事项。在此过程中,人们会知道即将开始认真实施。在第三个计划中,它可能成为一个高度优先事项,给干部们进一步施加压力,以执行法规"。我不相信需要这么长时间才能采取有效行动,尤其是那天下午我问这个问题时,北京一片漆黑。但流程确实如此。

要发展的优先事项多得需要相互竞争。2001 年的首要任务依然是快速的经济增长,以便为减贫和城市化等其他优先事项提供资金。我也没有考虑到问题的严重程度,为什么没有优先考虑技术或科学,尽管这些方面的挑战也很多。真正的问题是行政问题。从北京到省会城市再到最小的县城的干部都要了解这是首要任务。在充分实施政策之前,必须削弱或惩罚地方既得利益。这一切都需要时间,强力推行可能导致巨大的阻力,并危及许多其他领域的改革:非常复杂且充满风险。中国就像一个魔方——牵一发而动全身,这有可能是负面的,因为所有的一切都是联系在一起的。

孔子强调精心策划。这个生动的概念很久之前就有了。《论语》中记载了"暴虎冯河,死而无悔者,吾不与也。必也临事而惧,好谋而成者也。"毫无准备、鲁莽行事是会失败的,深谋远虑才可能成功。

中国非常重视长远发展,对未来的挑战和解决方案进行详细分析,2030 年中国将成为高收入经济体,2045 年将改造制造业(参见本书第十二章)。没有什么比为家庭的子子孙孙规划更长远的了,亚洲许多人仍然会做家族长远规划,不只是一代,而是好几代。因此,陈澹然说得对,不谋万世者,不足谋一时。当然这并不排除短期策略,但希望短期策略符合长期规划的利益。

360 度全方位视角:"全盘考虑"

习近平说,"全面深化改革是一项复杂的系统工程,需要加强顶层设计和整体谋划"。这说明制定政策受益于全面的 360 度视角。此外,全方位视角还能够防止既得利益集团扭曲政策或陷入狭隘的思想孤岛。中国传统哲学对这些问题有两个见解:认识到整体谋划的必要性,它"结合了所有元素"。同样,"海纳百川"意味着汇集不同来源的要素以扩大和加强整体,同时也稀释了既得利益。

中医也结合了身体内外的所有元素。它不能简单地分解为零碎的、毫不相关的部分。谈心脏或肝脏一定离不开谈神经系统、饮食或环境,所有这些就像哲学和政府一样相互关联。看待这些元素不能过于简单,否则就失去意义。西方思想往往需要易于管理的结构和格言警句。中国哲学更喜欢宏大的、包罗万象的体系。从中可以看出许多中国企业解决问题的方法——首先找出系统中的弱点。

这一章节从长线思维开始,但也可以从 360 度全方位视角、务实、优先事项、和谐、教育或精英的角色开始。所有这些都是同一思想体系的重要组成部分。和中医一样,它们都是互联互通的。

愿景:"不念蝇头小利"

风物长宜放眼量。中国长期以来一直有"愿景",美国前总统老布什曾经戏谑道"愿景这玩意儿"。中国的愿景是统治者、公司和家庭明确地传递信息的工具。在这个具有众多地区,不同宗教、传统和教育水平的多元文化并存的大陆尤为重要。愿景是沟通的关键。细节可以慢慢谈,但愿景的沟通必须首先依靠全员参与。

中国的高速铁路、2008 年北京奥运会开幕式和"一带一路"倡议引起了全世界的关注。这些都代表操作层面的中国愿景。他们的灵感和信心来自于上一个千年的中国长城、都江堰灌溉系统和大运河,证明了中国愿景和管理大规模事务的能力。

尽管中国的长城从太空看不到,也不能说是延绵不断,但引用美国前总统理查德·尼克松(Richard Nixon)的话说,"它肯定是一堵伟大的城墙"。长城为大规模项目提供了很多灵感,例如今天有可能改变世界的"一带一路"倡议。都江堰灌溉系统始于公元前 3 世纪,当时岷江水域被引入成都平原,使之形成了中国的鱼米之乡。都江堰灌溉系统现在仍然在使用,像大运河一样,以其杰出的土木工程而被联合国教科文组织认定为世界文化遗产。从战略上讲,它使秦始皇击败楚国,因此得以在公元前 221 年统一中国。

作为世界上最长的人工水道,大运河连接华东农业的商品交易中心杭州和北部的黄河。农产品和货物仍然从南到北流动。运河长达1794 千米,大部分河段是在隋朝大业六年间(605 — 611)连接起来的。据说有 500 万人参与其中,展现了中国快速调集资源诉诸行动的能力,这就是中国速度。

最新的宏伟愿景是中国北方的京津冀一体化计划,要打造一个拥有 1.5 亿人口的大都市圈。京津冀地区将强调新兴产业和可持续发展,还将大力治霾,因为中央政府以前并不直接控制污染源地区,尤其是该地区的燃煤炼钢厂。

这就是中国的规模和愿景。京津冀的人口比日本人口多 2000 万,是韩国人口的三倍,相当于德国和法国人口的总和。振兴武汉周边的长江中游地区将影响到的人口比生活在欧洲国家或美国的人还多。

周期:"居安思危"

中国最受欢迎的小说《三国演义》以中国人的基本理念开场:"天下大势,分久必合,合久必分。"稳定之后会是动荡,公元 14 世纪至 15 世纪的明初作家罗贯中在小说中写了在公元 2 世纪到 3 世纪汉代衰落和三国鼎立的不稳定时期。周期循环往复,周而复始。

经济、政治和社会趋势中,事物一旦达到峰值或接近谷底时,一般就可以预期会出现逆转:周而复始。从朝代更迭、帝国兴衰到球队胜负,不一而足。了解周期或节奏可以提醒人们注意危险和机遇。正如 1978 年中国所做的那样,灾难中可能孕育出繁荣,而 30 年后西方也发现繁荣之中潜伏着灾难。关键是要保持清醒和警惕,骄傲自满是大敌;但也不要绝望,永远不要放弃希望。

优先事项:"急先务也"

必须确定明确的优先事项。中国传统的方式是分清主次,否则会纷繁芜杂,使政策相互冲突、成效寥寥。

孟子建议"当务之为急"。明确在哪里集中注意力、时间、资源和能量。此外还有许多问题需要解决:历史遗留的问题和变革衍生的问题。在计划实施中需要严明的纪律,否则就没有明确的方向,就会造成精力浪费,带来层出不穷的问题。

五年计划,现在称为五年规划,指导中国实现重要的经济发展目标。五年发展规划涵盖内容丰富,包括重新平衡经济发展、促进消费、金融自由化、保护环境和开发西部。然后,地方政府可以依此明确优先投入的领域,进而公司才知道该在哪里花钱。

　　随着时间的推移,早期存在的问题得到解决,优先事项更加清晰,不再占用政府的时间和资源。在这个过程中,试验中得出了经验,由此可以提供更好的解决方案,这是纯粹的渐进主义。与西方实时解决问题的方式比起来,这似乎慢得令人抓狂。但是,由于缺乏充分准备、屡次试验、持续的关注或资源储备,西方的这些"解决方案"常常变得一无所获,反而带来"意料不到的后果"。中国速度慢、更审慎,但得以稳步前进。经过十年左右的时间(中国施政的基本时间单位),稳步、渐进的方法通常会解决问题。就像伊索寓言中的龟兔赛跑一样,缓慢的乌龟赢得了比赛,甚至可能是唯一的成功者。

研究和调研

　　中国教育始终敦促学生应该学习和不断学习。面对一项新的任务或问题,通过研究和实地调研深入研究这个问题成了第二天性。中国历史上可能会有一些启示,但国外的经验可能更为重要,特别是在技术问题上。中国人一直擅长吸收外国经验。最近的一个案例很有启发性。

　　在中国 1989 年的"政治风波"之后,苏联解体、东欧剧变,中国共产党面临着巨大威胁。因此,中共对其他共产主义政权崩溃的原因进行了深入研究。这不是粉饰,是一场长达十多年的广泛深入的研究和辩论。尽管涉及的时间很长,但紧迫感依旧很强。调查过程中明确了改革思路,有些改革是为了加强党的执政能力。而邓小平 1992 年南方谈话所引发的经济改革也源于对中国未来走向的强烈反思。

　　没有研究就不可能进行改革。研究找到了导致苏联解体的近 70 个原因。就像《易经》建议的那样,这些原因清晰地给中国列出了一个潜在的危险清单。在经济方面,研究也提出了许多问题。过度的军费开支耗尽了资源,使苏联停滞不前,消费者受到剥削,物资短缺则造成了黑市;苏联经济很难融入世界贸易、金融体系和国际市场;入境外国投资很少,因此市场效率低下;落后的农业和既得利益集团阻碍变革,导致通货膨胀。到 2008 年,中国在经济发展中取得了很好的成绩,甚至在某种程度上在政治发展上也业绩斐然。

最明显的警告在于中国与苏联最相似的地方:社会、文化、强制和国际领域。苏联解体的原因包括公民社会的崛起、零星的社会抗议、道德真空、对政府和意识形态的冷嘲热讽、全球化的影响、宗教日益增长的吸引力、非法征税、种族关系紧张和分裂势力,等等。党内的研究没有被所有这些问题吓倒,中国进行了深入研究后制定了相应的政策。

西方大多数对苏联解体的分析主要关注米哈伊尔·戈尔巴乔夫的角色(历史学派的传统是关注伟大的或有缺陷的领导,这与社会和经济力量相反),中国的研究采取了“更广泛和历史的观点,并提供了对崩溃原因的系统分析”。乔治·华盛顿大学的沈大伟教授写道:中国拥有冷静分析的能力。

> 有一点是肯定的:中共肯定不会坐以待毙……避免的方法是内省、调适、实施先发制人的改革和政策……这是对中共脆弱性的清醒提醒。然而,这恰恰是中共如此有意识认识并试图解决的问题。

这就是经典的研究,不是快速进行复制粘贴的操作手册,而是对中国可能面临的问题进行非常严格坦诚的分析。确定了主要目标、问对了正确的问题,中国就着手制定政策,避免像苏联一样崩溃。

试点计划:"摸着石头过河"

研究之后,中国变革方法最实用的特征之一就是政策实验。"摸着石头过河"这句话将实用主义与寻求现实和确定性的灵活性结合起来,准确描述了中国在未知领域的经济和政治旅程。

中国拥有近 14 亿人口,政府政策、商业和生活中都没有能以一概全的模式。所有地区和城市都处于不同的发展阶段,有着不同的历史、地理和文化。因此,政策首先需要在该国的不同地区进行测试。有限的试点计划可以揭示问题而不会造成太大的损失。规避风险的官员只有知道该政策已经过充分测试、主要问题都已解决,他们才更愿意采用新的政策。

尽管如此,即使错误也有其价值。正如孟子所说,"人恒过,然后能改;困于心,衡于虑,而后作"。因此,我们需要因势利导。官员和企业家都很清楚这一点。

中国变革中最著名的试点计划是四个经济特区,由习近平的父亲,时任广东省委书记的习仲勋首先提出。中国香港对面的深圳是最成功的,它原本只是一个被稻田包围的小渔村。深圳的巨大优势在于它就像一张白纸,可以尝试和实施新的想法,也没有任何历史负担或资深官员抑制新思维。而且深圳人民也是初来乍到、年轻有为。这个先锋移民城市已成为世界领先的电信设备制造商和许多其他科技公司的所在地。30 年后,深圳的人口超过了香港,创新排名中国第一,也超过了香港。

最新的重大实验始于 2013 年的上海自由贸易区,旨在进一步推动经济向全球市场力量和机遇开放,特别是在金融和贸易方面——自贸区试点利息和汇率的自由化。一旦发现并消除了各种漏洞,进一步的金融自由化就可以在全国范围内实施。自贸区也试行海关程序自由化,密切贸易往来和降低成本。这是非意识形态的,关键在于提高经济效率和扩大投资。

试点方案针对主要的长期基本政策变化,目的是在更大规模的推广政策之前发现错误。这种运作肯定能够避免灾难。

排序:"厘清顺序"

成熟经济体缺乏排序的概念。在西方,政府通过选举授权上台,大选后,在与立法机关和选民之间的蜜月结束之前,执政党就开始疯狂地尽可能多地开始实施新政。中国与众不同,强调长线思维,明确优先事项和一党执政。自 1978 年以来,无论大小几乎所有事情都不得不改变。危险不在于立法形成僵局,而在于超负荷实施可能导致瘫痪。这时的解决方案就是排序。

实施优先事项的问题通常在于其他政策、法规、制度甚至整个系统必须首先设定部署到位。否则,新想法不可能奏效。通常,在成熟经济体中,主要的基础设施一直存在;而发展中的中国却没有。在利率自由化之前,需要进行大量改革,包括从基本的银行审计和风险管理系统到新的部门和产品。如果没有这些改革,利率自由化就会失败。如果中国想要"让市场发挥决定性作用",正如 2013 年十八届三中全会所说的,许多事情首先必须改变,尤其是建立法治并确定依法治国。同样,如果要控制腐败,不仅要建立制度,而且要确立法治文化,而不是人治。文化需要很长时间才能发展。通过新法律相对容易但仅有法律还不够。一个想法可能很好,但成功实施这个想法取决于其他因素的良好运作。这就是排序如此重要的原因。

正如孟子所说,"虽有镃基,不如待时"。习近平引用过这样的谚语:人生的选择如同穿衣,青年时期就等于系上了第一颗纽扣,每一个目标、每一个理想、每一份事业都是从这一颗纽扣开始。它是一块基石,也是命运的闸门。有了最好的想法还应该以正确的顺序实施。最好等待必要的支持结构或合适的条件使之足够强大并获得一定经验再进行实施。

务实:"不管黑猫白猫,抓到老鼠就是好猫"

邓小平关于黑猫白猫的这句话是极其务实的。20 世纪 80 年代初首次使用时,人们立即明白是怎么回事、可能会发生什么。这种实用主义凸显了传统哲学的标志——适度和灵活,而不是 20 世纪 60 年代和70 年代初刻板的意识形态。中国正在寻找有效的方法:实用方法。

在 20 世纪 60 年代和 70 年代的意识形态风暴之后,政治又回到了俾斯麦(Bismarck)所谓的"可能性的艺术"。这释放了邓小平的黑猫白猫,他们不是在抓小老鼠,而是大变革。两个例子表明了这一点:1980 年,中国在深圳设立了境内第一个经济特区,这游离于社会主义计划经济体制之外;1997 年之前,它设计了"一国两制"的方案,使得香港回归中国成为现实。这个 50 年的过渡当然是新颖的、务实的,循序渐进,非常灵活。

长期以来,中国的实用主义一直被视为变革的主要原则之一。其根源在于教育,其最初目的是"学而优则仕",这使得受过良好教育的精英们面对政治和战争的动荡时,许多人采用实用主义来挽救他们的官职甚至保住性命。从那时起,强烈的实用主义一直为中国人的生活提供了生存和变革的润滑剂。

很快,经济改革就遇到了实用主义的问题。一群海外投资者想在中国投资,但只会通过他们熟悉和信任的人去这样做。为了解决这个问题,他们选择了毕业于上海圣约翰大学的老朋友荣毅仁。荣毅仁在中国被誉为"红色资本家",后来成为上海市副市长,是改革初期的关键顾问,后来成为中国国家副主席。令他们感到宽慰的是,为了解决初始信用的问题,荣毅仁获准成立中国国际信托投资公司(CITIC),这是中国第一个信用信托公司。

然而,各方都意识到面临的更大的问题在于,当时民营企业在中国不被容许存在。因此,海外投资者通过与可信赖的个人合作来资助新的中国企业是不可能的。但外国投资者仍然热衷于投资,他们提出了一种围绕信托建立的结构,这种结构在英国发明并在美国得到进一步发展。这翻译成中文就是信托,意思是有人将资金委托给另一个人用于特定目的。这种实用主义在改革初期被证明是非常合适的,当然不是通过意识形态或规划蓝图,而是通过"摸着石头过河"取得进步的。

灵活:"学则不固"

实用主义自然具有灵活性。《论语》开篇首先说:"学则不固……过则勿惮改。"西汉(前 206—公元 25)的桓宽在《盐铁论》中写道:"明者因时而变,知者随事而制。"20 世纪初期凯恩斯也应和了这两种观点,他说:"当事实发生了变化,我的想法也就发生了变化。那您呢,先生?"

孔子在《论语》中详细阐述:"君子坦荡荡,小人长戚戚。"强调需要灵活性和宽容,而不是坚持僵化的教条。一句传统的谚语说"百炼成钢"。宽容和耐心终有回报。

要灵活,不要僵化。周恩来总理被喻为一株随风弯而不折的竹子,这是中国值得赞颂的品质。

渐进主义:"循序渐进"

遵循道家思想,中国不会做"大爆炸"。用力不当以及规模巨大会大大增加混乱和失败的可能性。"循序渐进"是中国人的方式。一步一步、渐进式增量变化,更易于管理。一旦出错危害也较小,更容易纠正,累积小收益是获得更大收益的基础。

孔子建议说:"无欲速,无见小利,欲速则不达,见小利则大事不成",这再次反映了中国规模的现实,以及治理和实施变革的经验。渐进主义是西方政治改革的标志。1832 年,只有 3% 的英国成年男子有投票权,在英国全面实施普选权花了 97 年时间。美国的有效投票权就更长了,从 1820 年开始,直到 1965 年《选民权利法案》才赋予非洲裔美国人选举权。

最近美国的"大爆炸"概念可能在成熟的系统中起作用,例如 20 世纪 80 年代的英国金融(虽然这是有争议的),但在欠发达的转型经济体和社会中却不管用;例如 20 世纪 90 年代的东欧和俄罗斯,缺乏足够的减震器。即使实现了"大爆炸",社会凝聚力和长期稳定性方面的代价也可能很高。从长远来看,渐进主义应该更有效,成本更低。

在为期三年的政治生活和内部监管新规范的起草过程中,习近平采取了谨慎、渐进的方法。《中国政治周刊》将其描述为"一个高度结构化的、反复征求各利益相关方的意见的过程。习近平并没有强迫进行改变,而是确保将变革纳入党员参与的过程中。总之,他确保新规则得到全党的支持"。

克制："驷不及舌"

人应该克制自己的行为,包括言语。孔子认为三件事是无法收回的——射出的箭、错过的机会和愤怒的话语。这种克制伴随着温和、渐进和灵活。

不断更新:维新;"苟日新,日日新,又日新"

4000 年来,中国统治者一直被警告不要满足于现状,通过维新的思想,不断更新,他们被告诫要更新自己的思想,政府和人民也是如此。

这个概念至少可以追溯到公元前 17 世纪,商朝的成汤在他的青铜器上刻上了"苟日新,日日新,又日新"。周朝(前 1046 —前 256)以维新为座右铭。《诗经》记载"周虽旧邦,其命维新"。《大学》力荐商汤的话,劝君子们"做新民",这一直是儒家教育的核心。

人

传统的管理制度是精英主义,进入该体系应该是择优录取的。精英应该是社会的良知。人的脆弱是任何制度的致命弱点,所以孔子和孟子非常重视人的素质、教育、正直和自我批评。

精英:"有如时雨化之者"

中国传统哲学坦白来说是精英主义。"士"是知识分子的精英,他们对社会负责。这一切都有欧洲贵族的要素。然而在中国,执政的精英并不是那些贵族出身的人,而是那些受过最高教育的人,他们被称为"士"。孔子说:"君子喻于义,小人喻于利。"

11世纪的宋代学者范仲淹在《岳阳楼记》中对精英君子说:"先天下之忧而忧,后天下之乐而乐。"在20世纪后期的亚洲,没有人比新加坡的李光耀更能体现这一点。即使在经过一年几乎两位数的GDP增长时,他的新年演讲也充满忧郁的预测和励志的劝告。他似乎从来没有休息过,也不希望其他同事停下来。这是他们的命运。精英生活是一个持续不断的磨炼,就像今天的中国一样。

那些海外学成归来、决定在政府工作的海归们也有类似的社会责任感。尽管开始时工资不高、住房不大,不能与民营部门相比,而且工作时间很长,然而,为国家服务的士大夫理想仍然存在。一位年轻的国际货币基金组织工作人员证实,有些人拒绝了华尔街或外国大学的丰厚条件,重新回归这一生活。20年至25年后,他们可能成为中国的金融领袖,就像刘鹤和易纲那样,为技术专家治国提供了内核。

孟子说:"使先知觉后知,使先觉觉后觉。"这是孟子思想指导下的强烈的民族责任感。责任感不仅局限于执政精英,商业精英也有强烈的责任感(参见本书第十一章)。

孟子很好地总结了孔子提出的中国精英的主题:"君子之所以教者五:有如时雨化之者,有成德者,有达财者,有答问者,有私淑艾者。此五者,君子之所以教也。"他们是教师和推动者。

中国非常关注精英的质量和差异。当我计划在华中地区进行研究时,一位北京高级官员评论说:"安徽和江西正在迎头赶上,因为新的领导班子曾经在上海和江苏有良好的改革记录。"银行非常看好领导有方的地区的项目。高层人士的确可以像及时雨一样带来奇效。

教育："学然后知不足，教然后知困"

孔子仁政的基础在于人，通过知识、道德和行为教育进行自我修养。孔子说，"学而不厌"，暗示学习永远不会结束。知识可以在任何地方获得。"三人行必有我师焉"提出了持续学习的概念，无论是积极的还是消极的。

一个常见的成语是"知者不惑"。如果不学习、没有知识，你将无法处理现实生活。很少有人敢于听任命运的安排。中国非常重视教育，"博学而笃志，切问而近思，仁在其中矣"，孔子谈到了学习的目的。

今天的教育更多的是关于职业而不是自我修养，但是一旦上到一定的台阶，人们就越来越关注后者。正如孔子所说，"修己以敬，修己以安人"。有关的讲座很多，涵盖从战略、历史和哲学到经济学和投资的方方面面。这个蓬勃发展的行业填补了正规教育的空白。人们可以通过数字媒体在开销不小的会议上听到这样的课程，从这个最新的中国热潮中受益良多。

终身学习是领导干部生活的一部分。麦肯锡的华强森主要与政府官员共事，他认为中国政府对学习的承诺令人瞩目。学习系统的最高点是几个国家级的学院，包括农业、科学、社会科学、工程、医学和管理学院。它们都设有研究生院，就像牛津大学的万灵学院，集中了学者，他们主要从事特定领域的问题研究，然后是大学，下设有无数的单科学院。

高级官员在中国和海外进行调研考察，以了解实际情况、问题和政策选择。然后是与类似机构建立多边联系。例如，中国人民银行和财政部与国际货币基金组织和世界银行有联系；负责能源以及其他事项的国家发展和改革委员会与总部设在巴黎的国际能源署有联系；上海这样的先进和繁荣的城市与经济较落后的新疆，或者是与利物浦的港口有联系；等等。

以中国的规模来看，中国已经建立了一个统一而有凝聚力的政府体系，培养了官员们的高度熟悉和相应的信任。党领导一切，但非党员也可以上升到政府的高级职位，有的甚至可以晋升为部长，特别是在科学、技术和医疗保健等技术领域。所有官员都有类似的成长经历，使用共同语言和思维方式。学习考察和人员调动都很方便，因为未曾谋面的官员认为他们彼此了解彼此的思维方式。他们的工作内容都是帮助建设自己的城市、处理共同的问题、寻求投资并遵循类似的制度。

品格："蠹众而木折"

儒家认为良好政府的基础是好人。因此，腐败在整个历史中都与人有关。诗人苏东坡（1037—1101）写道，"物必先腐也，而后虫生之"。商鞅警告说："蠹众而木折，隙大而墙坏。"习近平提醒人们反对"蛀虫"，以及"老虎"和"苍蝇"，意思是贪官无论大小都威胁着社会的公平正义。

孔子说："为政以德，譬如北辰，居其所而众星共之。"君子是高尚的，是良好政府的基础。他们谦虚、安静、一身正气。智者寡言，行胜于言。

《论语》还记载："君子怀德，小人怀土；君子怀刑，小人怀惠……君子和而不同，小人同而不和……君子泰而不骄，小人骄而不泰。"孟子将理想的君子或士大夫描述为："富贵不能淫，贫贱不能移，威武不能屈。"英国在1855年公务员入职改革和2009年国会议员补贴门丑闻曝光之后,希望达到同样的高标准。

自我批评:"防微杜渐"

尽管西方经常将自我批评视为极权主义的武器,但在中国却是君子改进和纠正自我的方式。"正衣冠"这个古老的表达方式指的是在错误日益严重之前就加以纠正,一种为某些人获得宽恕的策略,但却是进行改变的真正手段。

统治者公开进行自我批评,据中国政法大学一位教授介绍,这种做法可以追溯到公元前 2200 年左右的夏朝。周成王的摄政周公是儒家思想的最初来源,周成王在叔叔的影响下做出了 260 次自我批评。模范皇帝唐太宗自我批评 28 次。汉武帝年老时,为过度征税以支撑军事扩张而道歉,后来改弦更张。

这 20 个基本思想构成了中国哲学的主要部分,与个人、企业和政府的变革息息相关。接下来的四章将讨论如何将变革概念化,以及理论如何在经济、社会政策和政治中付诸实践。

第四章

变革的重点

> "读兵书要知变,但知常而不知变,犹刻舟而求剑,何益于事?"
>
> ——明朝学者　刘寅(1532—?)

> "你想学习什么呢?""什么都想学!"
>
> ——宁夏盐池的惠民借款养羊受益者　2014 年

　　"改变"是英语中非常普通的单词,它直白、无趣、平淡无奇。人们认为"改变"理所当然。"改变"是灰色调的。这个单词几乎可以等同为时间带来的不同,这种变化越来越小,逐渐模糊,没什么新奇有趣之处。

　　这个词在中文里的含义却大为不同。"改变"在中国是深刻的,复杂而充满活力的。汉字"易"看似只有一个单字,实际并不简单。相反,"易"的含义十分复杂,包含许多相关语义和细微差别。"易"说明了生活中深刻的含义,比起它的英文翻译,这个汉字蕴含着更强烈的感情色彩。

理解改变就会知道如何安排生活,能够很好处理家庭、商贸以及治理问题。正如孔子所言,"加我数年,五十以学《易》,可以无大过矣"。这句话一语中的。人一生经历改变、懂得应变,便会知晓世间所有重要的事情。这种思想已经深深植根于个人、企业和官员的思想中。尽管不一定会常常这样认为,但"变革"确实是一种动力。

谈及"改变",不得不提到战国时期的苏秦(?—前284),他以不顾各诸侯的反对、力倡改革而闻名。苏秦指出:滔滔三千年历史,"变"字无所不在。无论战争、社会变迁、外交权谋还是商贸,所有的起伏跌宕、风云变幻,都是"变"。万物皆有"变化"。为了证明自己的论断,苏秦举例道:"夫徒处而致利,安坐而广地,虽古五帝三王五伯,明主贤君,常欲坐而致之,其势不能。"王朝衰败,就会有贤明之人取而代之:"舜伐三苗,禹伐共工,汤伐有夏,文王伐崇,武王伐纣,齐桓任战而伯天下。"

《周易》成书于西周时期,是儒家五经之一。《周易》中记录的大量哲学和历史观点,依靠之前2000多年的口口相传和石器、青铜器以及龟壳上的记录流传下来。这部书又历经900多年的发展,从一部占卜用书演化为一部指导人生的哲学经典。它也就是今天我们看到的公元前136年的《易经》,教导人们变化之理并告诉我们导致变化的原因。

"易"的含义

"易"是改变的名词形式,其动词是"变"。"易"蕴含许多意义:突变、增加、离经叛道、起伏跌宕、风云变幻。它重新组合、转换变化,像是水的形态流动,可以是液体、水汽,也可以是天上的云。"易"带来了挑战和不确定性。这个过程会破坏平衡亦会恢复平衡。如若不能达到新的平衡,"易"将最终造成灾难。

习近平描述当前经济状况时,提到我们现在应该适应新常态。人、市场和社会都必须适应这个变化。它会带来新的机遇,也会带来僵局;它会带来灿烂的未来,也暗藏着危机。"易"拥有丰富的含义和形式,在中国它有一个重要的含义:它是社会、人类和企业进化的过程。

人生命途多舛。14世纪明朝的开国皇帝曾是个为了生计去当和尚的乞丐。与之相反,中国最受人敬仰的诗人李白在8世纪因进谏获罪而流放边疆。人们铭记这些例子来重塑人生观,这正是问题的关键,多么巨大的变化都有可能。不需要向遥远的过去寻找例子。薄熙来和周永康分别在2013年和2015年因腐败、受贿和滥用职权等被判处无期徒刑,他们的命运令人警醒。西方权贵命运的改变即便在小报上也是风云巨变,但不像在中国那样有天壤之别。

在中国人看来,西方变革的概念不够深刻。它没有在历史的时间隧道里连点成线,把经济政治社会因素与背景结合在一起。工业革命在西方是独立的,很大程度上与今天关系不大,也不会是今天可资借鉴的直接教训,更不必说将来了。他们那些英雄被局限于遥远的过去甚至被遗忘,走马灯一样的名人取而代之成为榜样。西方的直线发展理念认为一切都可以自动改进,过去的就会被遗忘。

许多西方人认为他们在改变,事实并非如此,起码并不明显。政治上,左翼总是坚持固有的对于工人阶级代表、国家重要作用和必然进步的过时的看法;而右翼怀念简单的过去,却忽略了高效管理的需要和不平等的现状及其带来的威胁。很少有人把握当今颠覆性的变革趋势,更没有人看到对于管理变革所需新方法的迫切需求。

关于根本的改变更是雷声大雨点小。实施这些改变可能极其缓慢、痛苦且无力,甚至会深陷于冲突观念的泥潭。在最终的细节显露前没人知道英国脱欧意味着什么,这仅仅是个单词。速度已经不是西方的长处了。英国政府首先提议在伦敦地区拟建第四个机场,可半个世纪后还没决定,虽然现在伦敦地区已经有六个机场了。在纽约,建造第二大道地铁线这个决定也足足等了30年。更严重的是,经历了2008年全球金融危机的震荡和代价后,政府还未实施任何长期有效的措施以应对金融不稳定性和低速经济增长。2016年,美国最大的银行富国银行在金融危机中似乎什么也没学到,仍然我行我素,因此受到参议院的强烈质疑。

变革对于西方不再像19世纪和20世纪那样是主要动力了,变革却是中国的发展动力。七国集团变得不再有影响力,这正是为什么中国致力于在二十国集团主导的全球治理中努力争取发挥更大作用和更大的影响力。2016年杭州峰会是在这一方向迈出的正式的第一步。

中国之书

《易经》不是一本通俗易懂的书。相反,它是需要阐释深思的书,其主要作用是教导人们如何生活、决策以及应对变化。英国汉学家闵福德在他2014年的翻译著作《易经》中提到,"这是一本集谚语、意象和象征于一体的百科全书……虽然看起来令人生畏,但这就是中国之书。"

正如维新思想所提倡的,社会和人类需要不断地自我更新。更新必须是持续不断的,才能创造新生活。各种变革在适应、程度、速度或目标上有所不同,但应不设限。一切皆有可能。消费者、企业家和技术专家在追求无止境的成就,不仅是被利益驱使,还有骄傲和意志。

《易经》起初是用来占卜未来,但后来经过进一步的阐述分析,它蕴藏的智慧比预测未来的能力更加宝贵。通过阴阳,人类懂得了月满则亏,反之亦然,学会了如何应对和理解自然的变化。阴阳互通、互补,以此相互加强。理想情况下,它们应保持平衡。当它们严重失去平衡时,则会逆转,危机随之而来。万事万物应得到全方位审视,以实现和谐统一。从这些基本原则来看,《易经》是一本智慧之书。

《易经》的核心之一是未来是可预见的,从广义上来说,就是消除生活的不确定性。闵福德在《孙子兵法》的"引言"中写道:"我们有可能预测事物潜在的变化,掌握阴阳微妙的配置,由此使自身和周围世界的能量相协调。"孔子认为:"知几其神乎?君子上交不谄,下交不渎,其知几乎!几者,动之微,吉之先见者也。君子见几而作,不俟终日。"

最初的想法接近于大约公元前5世纪早期道家的世界观,但是它的经典表述是由11世纪的宋朝新儒家总结的。正如闵福德在《易经》的介绍中说的,宋代学者程颐写道:"易,变易也。随时变易以从道也。其为书也,广大悉备。将以顺性命之理、通幽明之故、尽事物之情,而示开物成务之道也……吉凶消长之理、进退存亡之道,备于辞。"

《易经》考虑的是决定福祸的因素,尤其是危险、谨慎、时机和周期。它考察了变化的本质、机制和动力,以便人们能够冷静地、深思熟虑地适应变化。有些是常识,但常常不是那么普遍。处理危机是当务之急。正如《易经》所说的"涉大川",要走出自己的舒适区,迎接挑战。制订计划时要谨慎、耐心和克制;面对出乎意料的困境时要小心,顺应自然。一旦卷入危机,应沉着镇定、不屈不挠,并保持积极乐观。鲁莽轻率只会让事情更糟。最好耐心等待条件朝有利的方向改变。然而,不要过于乐观,因为仍存潜在危险。

应直面危险,用毅力和信仰克服它。危险不仅存在于森林、旷野、天气和敌人之中,也来自我们内在的骄傲、自大、吹嘘和狡诈。在生活中,有很多危险需要处理和克服。无论是为了避免危险还是防止自满,谨慎至关重要。

战战兢兢，

如临深渊，

如履薄冰。

一切都取决于时机。事情应该及时完成,这一点被反复提及。要等待时机,平静地等待时机以采取行动;知道何时停止同样重要。不稳定时期是一种转变。在行动之前,仔细确定什么是真或假。当"小人"占上风时,最好退却。当反对派出现时,解决轻微而非重大的问题。在逆境中,找到行动和不作为的正确组合。

行动有自己的规则和机制。减缓行动可以克制愤怒和抑制欲望、恢复平衡、克服障碍或促成变革。不过反过来说,增加行动也可能在不景气的时候加速有益变革的到来。理想情况下,任何上升都应该是稳定的而不要太快。经济或企业发展也是如此。进步应该温和而缓慢,这样它可以被吸收,并生根发芽。应根据现实认真作出决定。运动应分阶段逐步进行。改变不应该一蹴而就,否则可能是不可持续的。

排序很重要。只有通过一系列措施或行动才能实现目标,必须遵循正确的顺序,逐步进行。任何其他东西都会颠覆甚至可能导致失败。进步的理想形态是一群大雁在顺利下降之前以完美的顺序穿越天空的飞行。这就是另一个研究《易经》的国家——日本使用的方法,从 20 世纪 50 年代到 70 年代,亚洲经济发展良好,日本是领头雁,紧随其后的是韩国和东南亚国家。

周期是《易经》的基本概念。形势持续久了可能会突然改变。《易经》警告说:"上下无常,刚柔相易,不可为典要,唯变所适。"这些周期可以是日、月、季或年,甚至可以持续一生。

《易经》可以作为商业策略的基础,或者正如香港中文大学的闵建蜀教授所说的那样,"中国领导力智慧"。他定义了公司发展的六个阶段,同时建议如何使其规则适应变化。他从《易经》中汲取了 10 项与商业相关的诤言,对商界人士来说耳熟能详,并通过闵福德的《易经》英译本获得了广泛的关注。

企业十鉴

初 始	谦虚谨慎、循序渐进,考虑所有风险
建 议	征求并采纳意见
目 标	避免过度、保持低调,不可冒进,知道适时而动
错 觉	万事不长久,扩展有极限、收缩也有极限,警惕狂妄自大
激 进	不要过度自信,尤其不要在可能予以反击的强大对手面前过于自信
人	善于用人,让他们发挥才干
价 值	分享成果、建立互信
危 险	让公司灵活应变,未雨绸缪、做好防范
平 衡	在自由和纪律中间找到平衡点,平衡公司利益和社会责任
领 导	冷静别冲动,平静如水、行动似雷,最后,参见第一条

此外,领导者应该记住:

——低调克制,把能量用在恰当的时间。

——宽容和开放。

——放手,让人们遵循自己的想法。强迫他们遵循是徒劳的。

——接受他人的意见。放低自我,灵活变通。

——行动应该比言辞更响亮。

——不要与他人竞争。没有必要炫耀力量或能力。

——关心他人的问题,而不是一个人的愿望。

——行为应该是平衡的,既不奢侈也不限制。

——承认一个人的局限性。

——了解勇气和愚蠢之间的区别,不要踩到老虎的尾巴。

克制、过度、忍耐——三个反复出现的《易经》主题吸收了儒家和道家思想。保持克制,将力量控制在合理范围内。借助自然之力,培养内在之力。运用个人力量之前须经过慎重考虑。危险隐藏在缺乏克制之时。

过度,无论是炫耀力量还是财富,都是不合适的,甚至代价高昂。正如闵福德所说:"进步的到来不是激烈的,是如微风一般,是和谐、缓慢的,点到为止。过度傲慢和冲动,就会疏远了他人而隔绝了自己……任何的过度都是有害的。"

忍耐是困境的解药。费子智于1935年强调这是中国人的一个显著特质。这前前后后的事例都证实了他的话。的确,儒学曾遭受毛泽东的批判,近几十年再次获得官方的认可,这体现了这一悠久的中国哲学本身的忍耐力。

中国变革的实践

当我向一位认识了20多年的高级官员提到这本书的原标题是《中国变革管理》时,她愣了几秒,深思熟虑了一会儿,然后用普通话轻描淡写地表达了对这个标题的认可,似乎从这三个词中她看到,总结一位官员毕生工作的方式如此出人意料。

变革在中国总是受人欢迎的。根据2016年世界银行的排名,中国人均GDP排在第66位。数亿人靠微薄的收入生活,约4000万人生活在官方贫困线以下。对于变革保持积极态度是有意义的,这解释了中国经济发展的耐力、弹性和破纪录增长。这有别于变革缓慢甚至畏惧变革的西方发达经济体。与中国相比,西方损失得更多,没有快速增长的经济带来的利益,无法抵消变革的不确定性、考验与磨难。

中国的发展有巨大的速度和规模。中国习惯于作出重大、通常也是艰难的决定。仅仅是为了扭转近两百年的相对衰退局面,也还有很多事情要做:考虑到对高收入水平的追求,无所作为并不可取。中国政府,现在还有企业家们,已经习惯了应对大规模、快节奏和迅速资源调动,这些为这个以长城为标志性符号的国家带来了变革。整条街道可以在数日之内消失、重建,为缓解过度拥挤和贫困提供更多生活空间、室内卫生设施和一切西方认为理所当然的现代方便设施。30 多年前,中国的情况并非如此。当时,中国正面临着城市衰落、经济停滞、极大的不稳定和普遍贫困。

每当被问及中国的变革时,我脑海里都会闪过许多画面:那些从1978 年开始,尤其是 2002 年搬到上海之后,我在中国各地的旅行和会议中所看到的情景。这变革的程度、速度和深度,以及一些人、地区和企业的巨大活力、韧性和耐力,是如此的惊人。

这些画面更多的是关于个人,而不仅仅是关于中国或一个体制。他们对于变革的能力、决心、勇气和锲而不舍的精神,成为推动中国前进的动力。这些个人包括从农民工到政府政策的制定者,从国有企业经历改革变成全球参与者,到那些 1992 年邓小平南方谈话之前都不存在的民营企业。中国传统思想包含了华裔美籍心理学家安吉拉·李·杜克沃斯(Angela Lee Duckworth)所认为的成功的基本要素:毅力。这需要长远的思考和愿景。成功的关键是设定一个长期目标并坚持下去,即坚持不懈。生活是一场马拉松,而不是短跑。有些人经历困难、逆境和挫折却愈挫愈勇,有些人则生性乐观。近几十年来,中国从不缺少这两种人。

公　司

2008 年,当我们走访一家深圳工厂时,一位衣着光鲜的香港投资顾问正用手机查看正在暴跌的股价,他说投资者唯一需要了解的就是,我们参观的这家工厂什么时候破产。但事实并非如此。

正相反,它变成了中国国内最大的汽车制造商。2013 年,这家公司累计销售了超过 50 万辆汽车。2015 年,成为世界最大的轻型插电式汽车制造商。2016 年,韩国三星参股该公司,标志着该公司技术发展的里程碑,它致力于在汽车行业竞争中,在电动汽车和无人驾驶领域独占鳌头。而在十年前,走在该领域技术最前沿的很有可能是一家韩国公司。

参观公司两天后,那位投资顾问发来一份传真,告知美国著名投资者沃伦·巴菲特(Warren Buffett)的伯克希尔·哈撒韦公司(Berkshire Hathaway)刚刚购入了这家深圳公司超过 10% 的股份。9 年后,美国公司依然保持股东身份。从那时起,比亚迪回击了对其持否定态度的人们,对巴菲特看长线的投资判断给予了回报。BYD(比亚迪的英文名称)是英文"成就梦想"(Build Your Dreams)的首字母缩写。比亚迪于 1995 年成立,它的发展历程就是中国企业家和消费者的希望和梦想的缩影。比亚迪几乎白手起家,一路历经坎坷,到达了成功之巅,拥有广阔的全球市场份额、知名度和广泛声誉。

前体制内化学研究员王传福创立了比亚迪公司,领导其成为世界第二大电池制造商。从 2003 年开始,比亚迪才进入汽车行业,瞄准前景广阔的中国市场,致力于发展电动汽车,那可是未来 10 年到 20 年的发展愿景啊。按照自身设计的经营模式,比亚迪尽可能地使用低廉的劳动力、分散工作职能来减少对昂贵设备的不必要依赖。后来,我看到六个人在对一辆车进行作业。其中三个人是在空中作业,一个人蹲在车前部,一个跪在车尾,还有一个站在车顶。考虑到中国潜在的劳动力短缺和工资上涨,我有点不以为然,但没人向我解释企业的创新模式和资本节约方式。总之,中国汽车工业还有其他选择,比如发展汽车产业的多样性和远离一味照抄的经营模式。

2004年,我第一次走访吉利汽车,当时吉利的生产车间已经使用自动化机械生产了。不是普通机器人,而是ABB型机器人——拥有世界级的质量,而不是廉价的仿制品。2010年收购沃尔沃(Volvo)集团之后,吉利现在向美国出口中国制造的S90系列沃尔沃汽车,而美国市场是世界上标准最严苛的市场之一。拥有了世界领先的排放标准技术,吉利计划在英国生产新一代标志性的吉利伦敦出租车。沃尔沃宣布,将在2019年只生产混合动力或电动汽车,不再生产纯内燃引擎汽车。这一消息占据了全世界媒体的头条版面。沃尔沃的中国所有者以他们的远见卓识,迎来了工业制造历史上转折性的一刻。

吉利已经在生产沃尔沃,发展引擎和新生产平台方面投资了90亿美元。这不仅使吉利遥遥领先于其他中国汽车制造商,还让它拥有了走在亚洲前沿的生产平台。只有大众、奥迪、宝马和戴姆勒拥有能与之抗衡的精密制造平台。在纳入吉利旗下后,第一辆新沃尔沃模型车就收获了好评,扭转了亏损局面。目前,沃尔沃的生产利润已接近其主要的德国竞争者。

当我2002年第一次到中国来生活时,我无法想象比亚迪或吉利能作出这样的成就,特别是能够达到美国的工程制造标准。吉利的创始人李书福的独到视角带着20世纪60年代出生的人的特殊烙印,这些成就对于他而言似乎并不算惊奇。那个年代的人,有野心和抱负的人并不罕见。1986年他创立吉利生产冰箱压缩机时,他的前途未明,在很大程度上算是"摸着石头过河"。

我第一次接触到宝钢集团是在2003年上海的一个民营企业研讨

会上。宝钢集团作为上海领头的国有企业,与我们所邀请的其他民营企业形成鲜明对比。它并不是年轻的高科技公司,反倒是旧秩序的代表。然而经过两天半的主要是年轻民营企业参与的会议后,最终脱颖而出的反而是国企巨头宝钢集团。尽管一屋子的人用的都是最新型手机,但率先透露美国对巴格达发起可怕的轰炸行动的却是宝钢的执行官。我们竟是在上海从一个国有企业领导的口中得到了美国入侵伊拉克的消息,显然它比我们所想象的大多数企业要更加熟悉这个世界,并且更能适应新型科技要求。

没有人预想到这种现代感会出自一家国有钢铁集团。不到 15 年前,我的同事,一位美国顶尖的钢铁分析师布拉德福德(Chuck Bradford)还在跟我说,他刚刚造访了亚洲最好的和最差的钢铁企业,其中最好的是拥有最新设施的韩国浦项钢铁集团,那里的一切都有条不紊,高自动化的工厂运转维持着超高效率,一眼望去几乎没有工人;最差的就是宝钢集团,劳动力闲置、管理不善、垃圾存量是容量的三倍,就是那时一家典型国企的样子。30 年的时间竟发生了如此巨变。当今全球工业界将宝钢视作世界上排名第二或第三的钢铁制造商,韩国浦项位列第一。

让人印象深刻的往往不是高层的执行官。2003 年在万科集团,是那些部门主管们对于房地产市场运作的独到见解给我们留下了深刻的印象。其他的开发商们极少留心市场,他们大多数都认为与官方的"关系"才是成功的关键。而万科集团的想法不同,创始人王石曾两次登顶珠峰,会有这样的视野也就不难理解了。万科从 20 世纪 90 年代海南房地产崩盘中得到了深刻教训。2016 年,其年销售额超过 520 亿美元,现已成为世界上第二大房地产开发商。

三一集团是中国领先的工程机械制造商,是三一的"活力"吸引了我的同事安娜·卡雅克(Anna Kieryk)。她当时正在造访湖南省。三一与其相邻的国企竞争者昏沉倦怠的"绿茶文化"形成了鲜明对比：当时的典型国企节奏缓慢的工人在工作时间竟然只是看看报、聊聊天、喝喝茶。我的同事认为三一给人的感觉就像在硅谷。这一点也没有逃过世界第二大工程机械制造商小松集团的眼睛，小松保持每月更新一次三一的数据已经超过 10 年。

湖南还拥有许多其他创新者，其中就包括中国"杂交水稻之父"袁隆平，以及革新的国有电视台湖南卫视。2004 年，湖南卫视打造的中国版的《超级女声》，创下了最高 4 亿观看人数的收视纪录。比起快速崛起的沿海一带，湖南开始能为中国带来更多。铁路在过去未能给中国带来全球性声誉。然而即使在中国开发高铁之前，湖南株洲电力机车研究所也已小露身手。在其市场化之前，株洲所是中国两家国家机车制造商之一南车集团的分支研究所。我们第一次会谈时，发现它已经历了商业化的显著转型，我们谈话的主旨不仅仅局限于产量，还包括应用研究与管理，这对于一家国有企业是很大的转型。

华为和中兴通讯于 2002 年在深圳新城中脱颖而出，25 年前这片土地上还有人弯着腰、绑着犁，像牛马一样进行收割，这是千真万确的事实。思科的一个顾问说华为就是中国的思科，这吸引我造访华为。虽然中国还没有在电信领域占有一席之地，但显然在 21 世纪初期，这里已具备实力和激情。仅仅十年之后，华为在 2014 年超越爱立信成为全球最大的电信设备制造商。到 2016 年，华为和中兴通讯在北美、欧洲和日本的专利数量超过其他任何公司。所有这些都证明了中国不断增长的研发能力，并预示了未来在尖端技术发展领域的地位。

中国各地

有的时候，一个地方本身就是一个奇迹。重庆、浙江及其省会杭州就是很好的例子。我常受邀带投资者去一些具备"哇"元素的地方。我曾经不以为然,"情人眼里出西施"、萝卜白菜各有所爱,我不知道究竟是什么会立即让那些我不认识的人感叹而"哇"。对我来说,中国之变源远而又内敛——一片古老的土地,通常在朦胧烟雾和重重山岭之间才显其真谛,就像千年前的宋代古画所描绘的那般。

2010年,我把一群投资者带到了中国抗战时的陪都重庆。这个城市发展的脚步要快于中国其他地方。得益于新道路和隧道的开通,我们只用了短短30分钟便到了宾馆。一位平日里一本正经的经理不由自主地喊道:"哇!"的确如此。自20世纪90年代以来,在长江三峡大坝开始供给全中国7%的电力之前,我便多次访问重庆。自那时起,我就不像初来乍到的人那样,对中国的每一次壮举连连惊叹。我的兴趣在软件上:人们在说什么、做什么和想什么? 和我上次来时有什么不同?

在前往机场的返程巴士上,也就是我们离开酒店仅15分钟后,一位南非经济学家站起来说,我们刚刚在路上看到的起重机比南非所有起重机数量的总和都要多。这个数字还在增长,因为接下来的40分钟里,重庆的天际线依然被更多的起重机装点着。这只不过是中国的一个城市而已,不过按照中国的标准来看,重庆已属卓越城市。哇!

邻近上海的浙江省是中国民营经济最发达的省份和第三大出口省。2008年全球金融危机后,我的公司花了很多精力跟踪研究浙江省的经济。在许多人看来,中国是世界上最大的出口国,因此很容易受到金融危机影响而崩溃。然而,现实却与大家的预测背道而驰。中国采取了刺激措施规避了危机,还促进了经济复苏。2009年和2010年的充裕资金使得浙江中小城镇的公司和家庭受益;接着,又渗透到了该省的民间资本市场,因此得不到银行贷款的民营企业能够以更高的利率进行借贷。

民间信贷市场没什么不好,它在很长一段时间里起了非常大的作用。然而,它并不适用于大企业,尤其不适用于那些既不了解也不关心其延续数百年的微妙机制、信息网络或运作的圈外人。他们所感兴趣的只是短期收益而不是可持续的长期借贷。当货币政策收紧以及流动性突然逆转后,导向错误的流动资金会突然激增,这会不可避免地造成难以挽回的后果。温州的发展时机没有最糟、只有更糟,高利贷到期要还钱的时候正碰上货币紧缩政策。这仿佛一场屠戮。频发的商人自杀给地方经济蒙上了一层阴影。大量的公司面临破产,他们无力偿还利率达20%的借债,甚至是20%以上的高利贷。而其他人则暗暗感谢幸运之神,若非上帝的恩典,他们的结局也将难以想象……

浙江大学教授何嗣江说:在浙江飞速发展的头20年里,勇气是许多企业家们共同拥有的品质——往往是那种敢于比竞争对手承担更多风险的勇气。2008年全球金融危机爆发后,商业基础法则重新发挥作用,企业家们被迫在令人恐慌、充满未知的波动中开辟道路。尽管一些人失败了,但是自2011年至今,我们也看到了令人震惊的事实,甚至远比那些破产的故事更富有戏剧性。

尽管负面新闻不断,中国企业还是存活下来了。它们运用传统哲学知识改造公司,比如不可避免的周期、灵活应变、高瞻远瞩和采取短期战略。的确,一些企业在经历了痛苦的成长之后,变得更加强大。在过去的10年中,从汽车到钢铁、从住房到铁路,我们已经发现和见证了各大行业中产生了新的领头羊;而现在,我们正看着在各个子行业中产生新的领头羊。虽然他们平凡得多也小得多——泵、轮毂、庭院家具、按钮、拉链,甚至港口(尽管世界最大的港口是唐代时于公元738年建成的)——但是这些都展示了在民营中小企业占主要地位的省份正在发生怎样的变化:中小企业将成为中国经济的新支柱。

当我们谈到充满前景的浙江企业时,那个不断出现的名字就是省会城市的"阿里巴巴"。4年后的2014年,阿里巴巴在纽约股票市场首次公开募股218亿美元,人们带着嫉妒和羡慕述说着这个电子巨头令人震惊的成长和成功。人们还格外关注两大浙江民营银行巨头台州银行和泰隆银行,他们的低坏账率、传统信贷评估方法和良好的服务远胜过国有银行。一些人还提到阿里巴巴最初在线上融资失败,不久之后又见证了它的第二次尝试,最终导致中国金融服务各环节的全面洗牌。在北京我们见到了变革先锋阿里巴巴和其他撼动大型国有银行的非金融IT精英公司。但是,这并不是一个大卫对战歌利亚的故事。阿里巴巴新产业园可以建在硅谷或台湾新竹科技园,而并非我1984年初首次到达的毫无生气的杭州。到2017年,杭州已经有了独特的21世纪投资生态文化。这个中国版大卫拥有技术、必要的工作文化,以及成功所需的日益增长的资金,并且用足够的勇气将这些打造成中国版歌利亚。

颠覆性的科技吸引了北京改革者的想象力,不论是本土的阿里巴巴还是国外的汽车制造商特斯拉,他们希望激发中国效率、重塑经济、开辟新市场。中国能够大大提升旧科技,迅速跻身世界领先地位。这可能有点异想天开,但中国手中确实有不少好牌,市场规模是最明显的一个,这可以弥补很多东西。中国如今是世界上越来越多的产品的最大市场。其他新兴产业也不远了。

研发是第二个优势(参见本书第十一章)。20年来政府持续鼓励研发,这一政策开始得到回报。深圳的腾讯结合这两方面优势,打造出了拥有10亿用户(数量还在上升)的国内微信服务市场,同时还革新了移动电子商务。这可以在海外充分利用。阿里巴巴也在新经济中作出了类似的贡献,通过买进大件家电零售商领导品牌苏宁和上海最大百货公司的股票,它还在美国站稳了脚跟,使外国顾客能够接触中国的制造商和商人。现在,阿里巴巴向特朗普承诺将增加美国就业。改变似乎永不停息。

在大约 700 年前惊艳了马可·波罗（Marco Polo）后，浙江的省会杭州，将成为下一个主要的全球投资目的地。历史学家迈克尔·伍德（Michael Wood）将宋朝的杭州称为世界上最文明的地方，领先于文艺复兴时的欧洲 4 个世纪。作为 2016 年二十国集团领导人峰会的东道主，杭州展示了其日益活跃的投资生态文化，阿里巴巴就是这一文化的缩影。第一代现代中国企业家正在为下一代提供资本、管理技能和指导。就像 20 世纪 70 年代的日本和 21 世纪前 10 年的韩国一样，杭州正同深圳、北京一起创造中国的小型硅谷和企业。尽管有些企业获得了越来越多的认可，但目前还没有一个名字在全球是家喻户晓的。

群　众

而在这些地方和公司的背后，是数以亿计的普通人，正是他们让改变和发展成为可能。只要了解他们个人的故事，就能懂得中国的改变。

"两年前我刚刚加入的时候，我所在的部门有 80% 的人离开了"，当描述改变在实际生活中意味着什么时，吴先生回答道，"他们选择离开，要么是因为不够适应（大部分人是这样）；要么是因为工作性质发生了变化，不再需要他们，他们的技能不再适用。"这位 30 多岁的上海高级私企高管平静地解释。

"每年，我都能看到变化。事实上，每年都和过去大不相同。从在这里工作的人到工作本身，关键绩效指标（KPI）、老板的追求、我们的工作重点都在改变。为了继续前进，公司的战略发生了改变。这也改变了我们的商业模式，甚至改变了企业文化。我每天都能感觉到这些。"吴先生说。他意识到，事情并不是一年一年地变化，毫不夸张地说，是每天都能感受到改变。"在过去的两年里，不仅我所做的工作发生了数次改变，甚至我工作的地点也发生了变化，地理位置也发生了变化。因为国内较容易的机会耗尽了，所以我们不得不把目光投向海外。我去了一些我从未想过要去的地方和国家，还在那里谋生了——巴西、欧洲、俄罗斯和中东。"他解释道，并列举了一些企业要如同勇士一样去征战的地方，让人回想起他那不断的旅行计划。

吴先生拿出智能手机说："我把这张欧洲小镇的照片给 7 年前去过那里的一个朋友看，他说一点都没变，我照片里的样子和他之前见过的样子完全一样。"在停顿片刻之后，吴先生一边沉思一边提出了一个问题："欧洲不会改变，是吗？"他可能在想，在中国的任何地方，至少在他所居住的中国城市，几乎没有不会改变的。整个街道可能在 7 年内消失，甚至整个街区都消失了，因为新建筑拔地而起，整个地区也发生了变化，人们的生活也随之改变。

当我起身离开的时候，吴先生又以问代答地说："我们上一次年会的主题是进化。我们公司成立于 20 世纪 90 年代初，现在已经 20 多岁了。当时经济正在向企业家们开放，我们为此庆祝。我认为进化就是改变，不是吗？"查尔斯·达尔文当然是这么认为的。停顿了片刻之后，吴先生补充道："事实上，一切都将改变。"他本可以说，"如今中国的一切都在变"，但这是理所当然的。世界上任何其他地方、任何时间，包括他出生的 20 世纪 80 年代，都没有像现在中国这样的变化。

"中国人民适应变化，他们也必须这样做，并且他们已经相当擅长了"，吴先生坚信，"并非所有人都欢迎改变。出租车司机正受到滴滴出行等新竞争对手的伤害。那些灵活的人可以加入这些新公司来赚更多的钱。那些留在传统出租车行业的人收入下降了 20%—30%。新公司可能很快就会遭遇现实打击，但加入'滴滴'的司机们都有很强的适应能力。他们会预料到进一步的变化，早已经睁大眼睛。""我们也一样"，他也可以补上这一句。

有些出租车司机甚至一直没有合法牌照。改革到来时,王先生已经做"无证"出租车司机长达十年。中国进入转型期,他和其他许多人一样被抓了起来。这被称为"过渡期陷阱"。长期被忽视的规则和新规定开始频繁实施,人们发现自己已经站在法律的对立面,这其中也包括企业和全球跨国公司。

王先生来自安徽省一个非常贫穷的地方,后来他在一个大城市里工作。城里通常只有有户口的人才能拿到出租车牌照,只有出生在本地的人才享有完全居住权。在 20 世纪 90 年代的改革中,大批职工从国有企业下岗,当地政府便给予了他们优先于外省移民的就业权。而王先生从未拿到过合法出租车牌照,在新一轮打击非法出租车的行动中,他被查了,车子也被扣了。王先生早就预料到这一切,也做好了准备。他在一位富裕的实业家那里找到了另一份工作,负责接送他的女儿上学放学,这份工作十分稳定,且工资是王先生原先平均收入的两倍。收入有了保障,工作时间也不长,也没有原本非法经营的不安全感。

王先生能给这位年轻的小公主和她的家人当多久司机呢?并不清楚。凭着长期在外地工作所得的积蓄,王先生已经在安徽老家"村子"里盖了房,"村子"如今也已是一个不小的城镇。搬回老家住是王先生自己的想法。他的儿子是村里第一个上大学的,还在大学里拿到了奖学金。30 多年来,王先生和他的家人一直经历变革,但他们从未抱怨过,因为此前的政治动荡和缺少有效改变才是问题所在。王先生的父亲是他们村子里第一个下海的。20 世纪 80 年代,他放弃了国家电力公司的工作,开了村子里第一家销售电器的商店,各类电器应有尽有:从台扇——提供给在酷暑里生活的中国中部地区人家,到电饭煲——提供给那些开始致富、用得起电器的农民。王先生的父亲很清楚改革会带来的巨大力量。在他为政府工作期间,他还帮忙向村子里供电。

然而,在他看来,给那个贫穷村庄供应电力的并不仅是他和他的同事们。因此他一直都想去北京看看,想去向给村子带来电力的人致敬。所以几年前,王先生带着他年迈的父亲去瞻仰了毛主席遗容,他们参观了在天安门广场上的毛主席纪念堂,看到了广场另一端天安门城楼上挂着的毛泽东巨幅画像。王先生的父亲可能是 1949 年之后他们村子里的第一位企业家,但他并不是空想家。他清楚地看到了改革背后的推动因素和他认为必须要感谢的人。他在这场改革中担任的角色也得到了回报,民营企业给了他和他的家人们很多的机遇,改善了他们的生活。总的来说,改革的确是好的。

再向西去,在宁夏盐池,一位拥有 500 只山羊的阿姨领导着当地的惠民信贷组织。这家独特的单位是一个始于 1996 年的非政府组织,而后在 2008 年转为小额信贷公司,主要给农村妇女提供贷款。

永远不要接受一个拥有 500 只山羊的女士发出的饮酒挑战,这是在对中国最贫困的两个县的小额信贷研究中最令我吃惊的发现。多年的橄榄球训练并不足以让我从容应对这种挑战。饮酒挑战选用的酒,客气地讲是白酒,更准确地说是私酿的烈酒,酒精浓度在 60% 左右。晚餐时的纯米酒是温暖的,借款妇女们拥挤在一起,叽叽喳喳、大快朵颐地享用着当地的肉类和蔬菜。这是 9 月末的宁夏,夜晚已经变得冷冽。

我的挑战者流露出必胜的自信和决心。为了御寒,她把自己裹在一件蓝色羽绒服里面,绕着桌子转来转去,比女主人还活跃。这是她欢迎我的方式,同时也吸引了房间里每个人的注意。她成功了。这个场景可能存在于托马斯·哈代(Thomas Hardy)小说描绘的 19 世纪中期的英格兰,除了之后的队列舞,这是晚会的高潮,就像是多塞特郡(Dorset)集市上喧闹舞蹈的现代版和外来版。不过,有一件事非常不同,那就是每周两次定期参加社交晚会的四十多名女性,她们的生活已经发生了改变。

在惠民信贷组织出现之前,盐池县妇女们不敢借钱,她们也无处借钱。当男人们迁移到城镇或其他省份去工作时,她们常常自己谋生,勉强维持生计。在宁夏沙漠的边缘,深入茫茫戈壁滩,她们是中国最穷的穷人,完全被排除在信贷体系和现代经济之外。如今,除去各项支出,富人的年收入在 3 万—5 万元人民币之间(约合 4545—7575 美元),平均水平大约是 2 万—3 万元人民币(约合 3030—4545 美元)。以全球标准衡量,这一数字并不庞大,但远远高于 10 年前的水平——如果他们能赚到钱的话——也高于如今中国其他地区大多数农民的收入。正如一位女士所说,"以前我们一年吃两次肉,现在我们想什么时候吃就什么时候吃"。

然而,这不仅仅关乎食物和舞蹈。惠民信贷还提供了教育课程,尤其在金融和商务领域:从预算到议价,再到动物养殖。拥有 500 只山羊的阿姨紧张而腼腆地笑着谈起,自己是如何通过这些课程学会使用自动取款机的。我又问起另一位更年轻的女士,她是队列舞明星舞者,她希望从信贷组织那里学到什么。她挥舞双臂,面带骄傲地说:"什么都想学!"

这 40 多位女性以及盐池县其他 5000 多位女性的生活由于惠民信贷和草地的结合发生了巨大改变。更确切地说,惠民采用了诺贝尔奖得主穆罕默德·尤努斯(Muhammad Yunus)为中国设计并改进的格莱珉(Grameen)银行模式。意识到农民最需要的是资金以后,曾是农业官员的龙治普创办了惠民。截至 2016 年,惠民已有 1.7 万名借款人。当地动物吃的宁夏草有一百多个品种,用两种天然药草调味,再辅以富含矿物质的天然优质矿泉水,这就赋予了肉质极佳的风味和品质。

位于宁夏贫困地区的同心县有 38 万人口,他们生活在分散的村庄里。县里许多四五十岁的妇女是文盲。而现在他们所有的孩子都完成了中学教育,其中 30% 选择继续上大学或接受技术教育。在同心县,村庄的萎缩不是问题,但在盐池却是。在某些情况下,随着无情的中国城市化进程的发展,村庄已经完全消失了。当地惠民信贷的创始人也反映了这一点。她的抱负已不再局限于农村。在惠民贷款的帮助下,她在城里开了一家汽车修理店,为老年人开发了一些房产,许多老年人的孩子已经离开了这一地区。

正如西方所经历的那样,乡村中国正马不停蹄地发展为城市中国。女性的机遇和很多人的生活也发生了改变。当南丰纺织厂从香港搬迁至南安市官桥镇西庄村时,当地妇女也获得了第一份制造业工作。20 世纪 80 年代以前,当地女性仅有的付酬工作是每天有 50 美分酬劳的采茶工,但这是季节性工作,并不固定。南丰纺织厂一天付给工人两美元,全年工作。在福建南丰纺织厂这些工人中就有我的侄女——秀琳。

秀琳立志摆脱年轻时乡下无趣而贫困的生活。她也可以借鉴很多良好的传统。村子的创立者杨氏家族来自北方,他们随着因 874 年黄巢起义而流离失所的唐人逃散到了南方的偏远省份。杨家人称自己是公正清廉的汉朝名臣杨震的后代。汉朝正史记载,当时有人试图贿赂杨震,并保证不被外人知晓,杨震却反驳道:"天知、地知、我知、子知,何谓无知?"这一典故也让杨氏家族得到了"四知堂"的赞誉。

在该村早期杨氏族人中,一位名叫杨肃公的中药师也是声名显赫。他曾因治愈唐朝皇后的乳腺肿瘤而被誉为太乙真人。而后,他回到南方的新家,他的名字也和其他自 9 世纪末迁居至此的杨氏祖辈一同被奉于祠堂之中。和秀琳关系更紧密的是,很多辈分较近的祖辈都移居到中国各地乃至海外,其中大多数都在 19 世纪和 20 世纪上半叶去往东南亚。在那里,福建人是居住在印度尼西亚、菲律宾、新加坡和马来西亚部分地区的华人中的佼佼者。很多人都功成名就,不少人发家致富,激励着其他人去那儿试试运气。

王村是官桥镇西庄村的邻村。马尼拉唐人街的主街王彬街,便是以王村人士命名的。菲律宾前总统科拉松·阿基诺的家族便来自于王村附近的村庄。同安区是南安市的邻近市区,郭芳枫(Kwek Hong Png)便出生于该地。16 岁时,郭芳枫前往南洋寻找出路。在那里,他和三个兄弟一同创办了丰隆集团(Hong Leong)。该集团也成为新加坡最大的房地产和酒店业集团。20 世纪 30 年代,年轻的郭芳枫初到新加坡时,来自厦门的陈嘉庚(Tan Kah Kee)已成为东南亚首富。他们便是榜样,是那个时代的马云,激励无数人勇于冒险,敢拼运气。

秀琳的移居之路起始于学习基本的纺织技术。她凭借自己的精力、才智和抱负,逐渐成为工厂主管。做这份工作的多年积蓄也换来了一辆崭新的铃木摩托车。她强调说,这不是本地品牌,本地品牌往往用不长久。她坚持认为,为买到外国品牌而等待更长的时间是完全值得的。十几岁时,她坚持做个假小子,穿着蓝色牛仔裤,这在 20 世纪 90 年代略显保守的农村里总显得有些格格不入。因此,她在一家远在上海的纺织厂找到了工作,这家工厂缺少劳动力,支付的工资高于福建,吸引了很多颇有抱负、渴望离开农村工作的年轻女性。

然而,漫长的工时和巨大的压力终究还是耗尽了秀琳的精力。曾经红润的面颊变得灰暗,她面色憔悴,体重减轻。经年累月的漫长工时、巨大压力、不良雇主的压迫,拖垮了她的身体。她最终还是返回了农村。也许她曾经期待自己可以嫁给上海人,拿到上海户口,获得一个非常宝贵的城市居住身份,但这并没有发生。希望随着身体衰弱而破灭。无论如何,上海令她疲惫不堪,无比失望。

秀琳回家的时候,原来的小村现在更像一个小镇了。相比 10 年前,镇上的工作机会要多得多。上海让她大开眼界,无论是技术技能、外面的世界、城市的生活节奏还是城市人的品位和生活方式,都让秀琳受益匪浅。她很容易地就找到一份在工厂做会计的工作,很快又结了婚,还有了孩子。生活的压力减轻了不少,她也有更多的时间留给自己和家人。正如所有意气风发的年轻人一样,秀琳原有的理想并未实现,但这不见得是坏事。她的父母还在农田里劳作,而她却好得多。她有一份坐办公室的工作,有空调、有孩子,而这个孩子的前途将会比她毕业时更好。

在中国历史上,移居一直是一个永恒的主题与事实。1949 年以来,户口管理虽然很严格,但移居现象仍在慢慢继续,尽管速度相比1978 年改革开放后要慢得多。在 20 世纪 50 年代到 60 年代,技术型人才十分短缺,政府在全国各地搜罗这些稀有人才。在这种情况下,丈夫与妻子常常数年相隔百里甚至千里。只有在春节,他们才能跋山涉水回家与家人团聚。秀琳的叔叔是个 100 米短跑选手。他很幸运被选中代表福建去上海比赛,并创造了一个新纪录。每每回想起来,他总是很自豪地说这个纪录七年都没被打破。这份荣誉让他成为上海的头牌教练,20 世纪 70 年代,他还去沙特阿拉伯做了两年签约教练训练运动员。而他也的确成功拿到了备受珍视的上海户口。

秀琳的姐姐秀云曾在上海外滩上惊叹地"哇!"。她嫁给了邻省江西的一名士兵,而他真的经历过历史上穷乡僻壤的贫穷和水旱灾害不断导致的饥饿。所以雨水丰饶而又沿海的福建省对他来说有着很大的吸引力;他的亲家却很欣赏他的这份干劲儿和直率,因为随着沿海城市脱贫致富,人们越来越"拜金",干劲儿和直率已经开始慢慢稀缺。此外,他父母确信他会定居福建,他也确实做到了,因为当地的男人可能会像过去几代人一样,到更远的地方娶妻落户。

这周边最近的城市是泉州,相距大约有 45 分钟的路程。泉州是 7个世纪中继亚历山大港之后世界上最大的港口。阿拉伯船只和商人随着季风来这里买茶叶、瓷器和丝绸,运往中东和更远的地方。泉州的墓地中林立的穆斯林、基督教徒和印度教徒的墓碑都记载着泉州过去的繁荣昌盛和与外界的广泛联系。福建人说,在全盛时期,居住在泉州的阿拉伯人多达4万人。过去,泉州也是南方丝绸之路的主要港口;而现在又是21世纪新海上丝绸之路的起点,旨在恢复中国、中东和欧洲之间的交流(参见本书第十三章)。贸易与人口流动的车轮仍在转动。

当19世纪产生的一些老工业(比如煤矿业)衰落时,诺曼·特比特(Norman Tebbit)曾告诫20世纪80年代英格兰北部的失业者"骑上自行车"去找工作。而这在中国从来没有必要。在20世纪90年代和21世纪初,数亿贫困地区的年轻人离开家乡,来到中国沿海工厂和新兴城镇追寻自己的梦想。并不是所有人都有这个觉悟,但至少这些经验教会了他们一些技能,尤其对于那些渴望摆脱家庭、孩子和村庄单调生活的女性。许多人积累了足够的资本来创业或组建家庭,这也赋予她们全新的社会地位,比传统社会里她们的母亲、祖母都要好太多。数亿人不仅仅带着技能返回家乡,更带着一分憧憬,这不仅仅是对他们自己的憧憬,更是对他们的孩子的希冀,而孩子是他们最大的成就。

我们到村子时,金口阿姨通常第一个进院子来迎接,她是早期移民,懂得人情世故和"变化的核心"。她结实而行动迅速的身板透着极热情的欢迎,笑容灿烂,露出四五颗精致的金牙,这就是为什么我喜欢称她为金口阿姨的原因,当然只是用英语的时候。

金口阿姨随时面带微笑,流露出她强势的个性和威严的仪态。她一进入房间,就引起所有人的注意,未见其人、先闻其声。她明亮的眼睛总会环视一周,将每个变化尽收眼底,同时专注于所讲内容。能够快速向众人问候或回应提问的人,对周遭的世界感到无比适应和舒坦,比起节奏慢的村庄,他们更习惯于快节奏的生活。金口阿姨富有智慧,情商也极高。她嫁给了我岳父大伯的儿子,因为是杨家人的姻亲,所以跟村里的其他人都有亲戚关系。在寺庄,杨家人有成百甚至上千。

　　到 20 世纪 80 年代末,她盖了座红砖大楼,饰以附近窑炉生产的绿色瓷砖,那是 1978 年中国新建筑热潮兴起时出现的材料。大楼的入口,就像金口阿姨自己,威风凛凛。连同花岗岩的罗马圆柱和上面的阳台,她的房子俯瞰着村子里正迅速缩小的稻田。这座红色豪宅是她毕生事业的顶点,是她的愿景,她的长期目标。为了建造她的乡村宅邸,她在香港把公寓划分出四块空间出租,赚足了钱。金口阿姨将三块空间租给其他三个家庭,给自己留了最小的一块,以实现收入最大化。但其实她不会读书也不会写字,更别说讲外语了。

　　20 世纪 50 年代末到香港后,金口阿姨与我后来的岳母吴茗芬、她的婆婆和女儿、我后来的妻子共用一个房间。我妻子在 1956 年离开大陆,比金口阿姨还早。30 年后,金口阿姨赚了足够的钱,回到村里,实现了愿望。她的丈夫已经到菲律宾南部的三宝颜(Zamboanga)再婚,并组建了另一个家庭。她作为一个留守妻子,自己养活自己,因此赢得了全村人的敬重。

　　对长期优先事项的清晰认知,使金口阿姨能够专注于真正重要的事:她的生存以及家庭的福利和繁荣。她将所有的精力投入到主要目标中,正如全世界的移民通常所做的那样,她抓紧所有时间和机会来推进她的目标。如果这意味着要去三宝颜,不会英语也不会塔加拉语(Tagalog),要和丈夫解决问题,同时恐吓他在菲律宾的第二任妻子,就像中国的原配经常做的,那就顺其自然去做,她会找到能处理官方文件并帮她达到目的的人。如果这意味着要把单独的房间出租给听不懂闽南语的香港或广东的租客,那她就会那样做。她的智慧完全集中在她的首要目标上,正如她应对人生的挑战和变化。金口阿姨有着勇敢、狡黠而灿烂的笑容。

管理变革

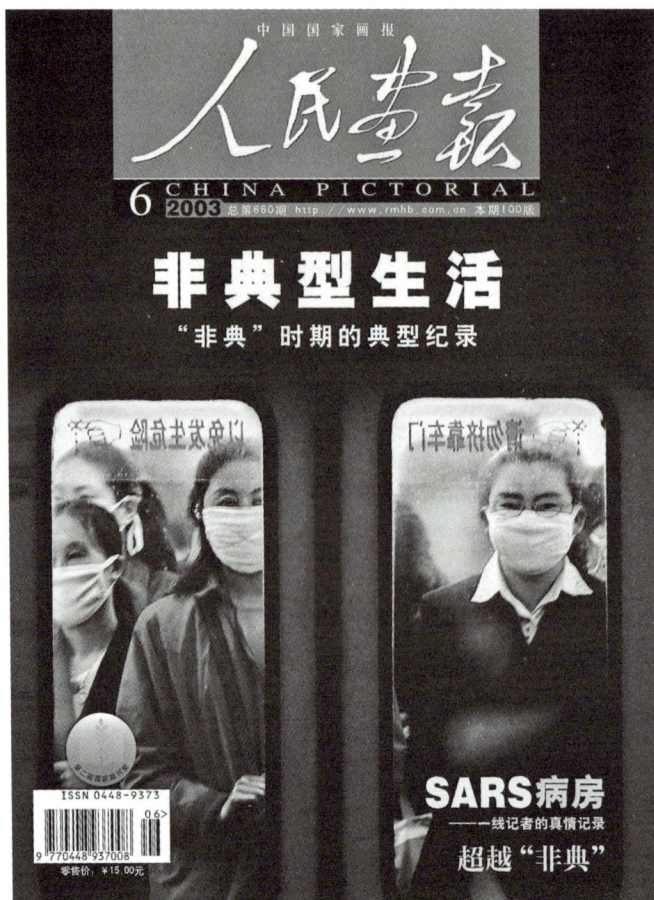

重　建

　　灾后重建以解决危机是中国共产党游击战争时期的一个宝贵的教训，今天它仍然非常有效。"非典"暴发导致中国 349 人死亡，中国自 2003 年以来一直在努力避免类似公共卫生事件的再次发生。灾难是改变的催化剂，从食品、运输到金融领域，不一而足。

长 城

长城象征着中国哲学的关键要素：长线思维、愿景、大规模管理、动员大量资源和耐力。

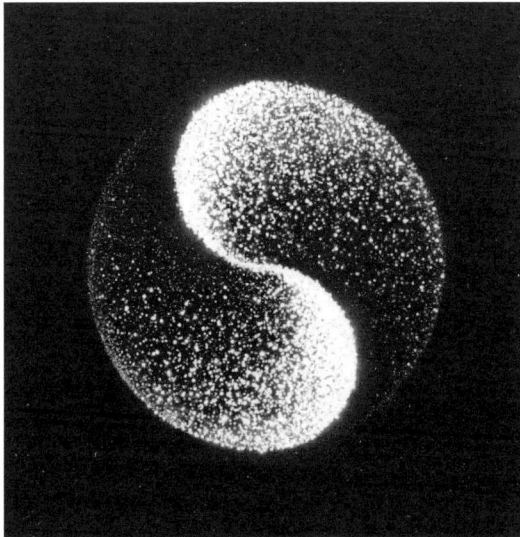

阴 阳

中国哲学可能会让一些西方人感到莫名其妙，但量子物理学的创始人尼尔斯·玻尔把阴阳符号放在了他的开创性论文的封面上。

中西通用的思想

进　化

"存活下来的物种不是那些最强壮的种群,也不是那些智力最高的种群,而是那些对变化做出最积极反应的物种。"

——查尔斯·达尔文

改变的重要性

"如果你总是做你一直做的事情,那么你得到的也总是你一直得到的。"

——阿尔伯特·爱因斯坦

愿　景

"中国……是世界上最大的技术专家治理之所……由科学家和工程师统治,他们相信新技术的力量可以带来社会和经济进步……这是自约翰·肯尼迪宣布登月以来最为雄心勃勃的研究投资计划。"

——2007 年英国皇家学会主任　詹姆斯·威尔逊

彻底蜕变

　　20 世纪 80 年代的上海天际线　20 世纪 80 年代位于上海黄浦江东岸的浦东,人口稀少,发展不足。

　　现在的上海天际线　30 多年来,上海已经发生了变化。超过 500 万人居住在浦东,拥有 21 世纪的天际线,曾经的沼泽地和小农场变成了世界上最繁忙的港口。上海再次成为全球大都市和商业中心,现拥有 2400 万人口。

第五章

管理变革——中国的神秘元素

"过去中国总是在必要时采取行动。你为什么认为中国不会再次采取行动呢?"

——香港大学教授　米高·恩莱特　2012 年

改革已经 40 多年,如果中国理解变革的重要性和动力,那么为什么许多问题仍悬而未决? 答案很简单。几乎所有事情都必须改变。不只是旧问题,还有由于快速增长和未竟的改革产生的新问题。

这一切都需要时间,没有精确的经济蓝图可供复制。中国必须找到自己的方式——"摸着石头过河"。虽然目的很明确(实现现代化),但并没有明确的路径。通常,实现现代化的路径很多人都不了解。在此过程中需要处理挫折、确定优先事项并对行动进行排序,所有这些都需要很长时间。

背　景

一旦有人说中国会遭受灾难,除非中国对特定问题采取措施,香港大学和前哈佛大学教授米高·恩莱特就会立即打断并插话说:"你看,过去中国总是在必要时采取行动。你为什么认为中国不会再次采取行动呢?"这就是正确的问题。

这不是"中国例外论"。中国的不同之处在于,19 世纪以来人们高度意识到需要采取一些措施来克服日益严峻的挑战和问题。几乎所有事情都必须改变,否则经济就会崩溃。考虑一下这个清单:解决温饱问题、消除文盲、实现充分就业、解决严重拥挤、提供更好的教育和医疗保障,并在一个拥有近 14 亿人口的国家做到这些。解决这些问题的同时会产生新的问题:污染、拥堵和工业事故。

中国被忽视的神秘元素,或者更确切地说,是现代儒家社会的元素,是与变革合作,组织和应对变革的能力。政府和个人必须能够预测、处理和维持它。正如道家所言,"为事逆之则败"。正如 2008 年全球金融危机和英国脱欧所示,变化往往发生在人们缺乏预期的时候。中国哲学家在数千年前已经发出警告。

东亚几个儒家文化圈内的国家共同的东西是一种主要源于中国历史和传统思想的文化。这些国家的"国家"概念过于简单化,但它指明了共同思想的本质。这源于对国家福利的认识,包括经济福利。如果国家经济长期不繁荣,人民就不会富裕,反之亦然。这是中国人的基本信仰。在西方,对一些人来说,即使这个国家不富裕,少数人极度富裕是没问题的。

这种传统思想并不意味着中国的经济一直是由国家主导的。只是在 1949 年之后,国家所有权才成为主流观念。儒家思想赞同私人所有权并建议可以征税,只占收入的九分之一或十分之一。他们曾经亲身经历过统治者掠夺性的沉重课税,以资助经年累月的战争。也就是说,东北亚发展的时代已经持续了 30 多年,国家的作用远未消亡,在西方也是如此。美国政府在 2008 年拯救了金融和汽车行业,而在英国,玛格丽特·撒切尔的自由市场派强调长期规划的必要性,而特雷莎·梅拥有商业、能源和工业战略部。这些想法不会让像半个世纪之前的约翰·肯尼迪这样的中间派政治家感到震惊,但在里根—撒切尔时代已经过时了。

管理变革:明确优先事项, 关注系统而不是意识形态

同时做很多事注定要失败,所以中国不会一窝蜂上演"大爆炸"。鉴于其规模,中国首先解决优先事项,通常是长期优先事项。在重要但不紧迫的领域,中国一般会在出现危机时再逐一处理。这大大缩短了无限的问题清单,使关键的优先事项更易于管理。否则只会陷入僵局,使政府无法应付。

当问题单独出现时,每个问题都需要北京的密切关注和地方政府的跟进,这样才能有效地处理问题。这就是许多国家取得进展的方式。美国机场在"9·11"事件之后加大安全措施;同样,克利夫兰的凯霍加河 1969 年不止一次发生油污起火,类似的起火 101 年前就发生过,于是 1970 年成立了美国环境保护局。我于 1978 年在韩国首都看到了汉江着火。灾难和死亡似乎是发展过程中不可避免的令人遗憾的仪式。避免类似事件重复发生才是真正的进步。

中国的大部分变化都是关于制度,而不是意识形态。正如 20 世纪 30 年代纽约市市长菲奥雷洛·亨利·拉瓜迪亚所说的那样,"街道清

洁方式不分民主党和共和党",只有好的制度和糟糕的制度。在经历了 20 世纪 60 年代和 70 年代的动荡之后,中国知道这是普遍真理。

中国的航空安全在 21 世纪初期成为优先事项,当时很多飞机,包括旧的苏联飞机似乎经常发生坠机事故。航空安全是一个新问题,至少其严重性理应得到重视。乘飞机出行的人越来越多,但安全性令人无法接受。当时的解决方案是到世界各地做研究和实地考察,正如中国官员几千年来所做的那样,首先要了解根本原因,然后再解决这些问题。新飞机不是唯一的解决方案。来自美国的空中交通管制专家用最新设备和思维对中国系统提出整改方案。自 2004 年引入新的空中交通管理系统以来,航空安全一直很好。

2003 年的"非典"(SARS,重症急性呼吸综合征)大暴发,一共报告了 8000 多例病例,349 人死亡。世界在很大程度上不想了解中国,哪怕它是一个主要出口国。这个国家关闭了将近三个月,夜间城市的街道空无一人,因为害怕感染未知的、迅速变异并且没有已知抗体的病毒。

当疫情完全结束后,中国便开始了深入研究"非典"和传染病、流行病,吸取教训并避免此类事件的再次发生。中国,特别是在"非典"最早暴发的亚热带地区仍然存在过度拥挤、卫生状况堪忧、人与动物密切接触的问题,这容易滋生病毒且迅速变异。无论如何,行动开始了。中国政府积极推荐香港卫生署署长陈冯富珍成为世界卫生组织(WHO)传染病部门助理主任总干事,进而当选世界卫生组织总干事,负责全球卫生事业。在这其中获得的知识有助于减轻 H1N2 禽流感疫情的严重性,并且无疑阻止了其他疫情。2015 年,中国开始与美国合作开展埃博拉疫苗研发,并研发了自己的抗病疫苗。流行病控制和预防已经取得进展。

2008 年中国奶制品污染事件暴发时,食品安全立即成为优先事项,6 名婴儿死亡,54000 名婴儿需要住院治疗,约 30 万名婴儿及其焦虑的家庭受到影响。一旦确认了所有事实,接下来的步骤之一就是邀请美国政府机构前来向中国海关官员介绍美国的食品进口规则、标准和检验。然而,真正的目的是根据世界最佳实践打造中国的食品安全系统。

虽然没有立竿见影的解决方案,但毕竟已经开始行动了。食品安全远不止出口一个方面。每次遇到重大危机时,政府的合法性就会受到影响。在过去的 10 年中,公众的批评声音越来越多、越来越大。事实上,北京似乎能够容忍一些公众示威,特别是在环境和安全方面,这样得以了解情势并督促寻找解决方案。这个过程会带来反馈,使中央政府能够密切关注地方官员,同时也让老百姓感受不良决策带来的影响,通常是对腐败表达他们的愤怒。这个目的不仅仅是解决问题,而是改革系统,以尽量减少问题再次发生的可能性。

2015 年天津发生爆炸事故,巨大的火球烧死了 160 多人。处理的方式还是先找到原因。鉴于中国的安全环境,只有预防事故成为政府的首要任务,才有可能解决问题。截至火灾当月底,已有近 1000 个地方政府部门向北京提交了升级或拆除化工厂的计划。包括上海最新的摩天大楼在内的新建筑都被延期,直到完成更加严格的消防安全许可程序。这是变革的真正开始。

等待灾难发生看起来可能是草菅人命,但这是中国唯一切实可行的方式,不然就等着政策实施陷入僵局。这种方法到目前为止行之有效,尽管导致伤亡的危机仍时有发生。这种疏忽不仅限于中国。1966年,英国南威尔士阿伯凡的一个煤矿废物堆坍塌,掩埋了附近一所小学的 116 名学童和 28 名成年人。官方调查指责国家煤炭委员会极度疏忽,议会随即通过了关于煤矿安全的法案,由此开始了英国的变革进程,就像"9·11"事件后全球机场安检的改善一样。

就在天津火灾发生前几周,据说一场怪异的飓风袭击了长江上的一艘渡轮,超过400人在灾难中丧生,许多是老年度假者,这是中国70年来最严重的水上灾难。虽然当时正在下大雨,但还有别的原因吗?关于安全系统的实施和监控、涉及的公司和人员,许多问题仍未得到解答。人们希望这个事件像"非典"一样提醒我们采用新系统来预防此类事故。

只要趋势有所改善,就不会挑战公众的容忍度。但2008年的汶川地震和2011年造成40人死亡的温州动车追尾事故表明,公众的容忍是有限度的。社交媒体称是腐败导致了事故。地震是不可避免的自然灾害,但可以控制伤亡人数和减少破坏。四川汶川地震中因为学校建筑达不到抗震安全标准,导致5000多名学童丧生,社会和媒体群情激愤。总共6.9万人在地震中丧生。通常,中国不缺乏法律、法规和规则,是执法不力导致的问题。据推测,在每次特定危机之后,法律都会得到更严格的执行。官员们知道再不执行就没有任何借口可以保住乌纱帽或不受惩罚了。

中国千百年来一直受洪灾之苦,因而也开发了不少预警、撤离和救援系统。尽管洪灾仍然频繁,但人员伤亡要少得多。中国现在向其他国家提供灾后救援和重建经验,其中包括2015年经历两次大地震的尼泊尔。

国家、政策和时机的作用

中国政府的所有目标都是打造强大的国家,而美国的开国元勋们完全相反。

"实事求是"和"摸着石头过河"可能听起来不那么深刻或精确,实际上却比象牙塔、智库或行业游说组织发明的许多西方方法更加现实和实用。这种务实的政策制定有许多要素、试点方案和排序（参见本书第三章）。

决策制定必须有条不紊。中国的决策制定过程有其"规划"体系和高级技术官员辅佐。这不是列宁主义自上而下、由党决定一切的制度，更不是像 20 世纪六七十年代的决策者强调"只红不专"。党的领导小组，国务院以及国家发展改革委、财政部、中国人民银行等机构，不断寻求解放思想，共同培养人才和发展共识。所以想法在实施之前就已被广泛接受。整合这些要素，政策成功的可能性就会提高。

所有国家都需要不断进行结构改革。西方许多人忘记了这一点，认为市场和政治多元化会自动完成。美国医疗成本占国内生产总值的比例翻倍，不得不降低医疗支出；欧盟不得不重新考虑其组织架构和移民政策。所有社会都必须意识到需要不断的机构改革，否则发展就不可持续或陷于停滞，同时带来经济衰退。单纯仅靠市场和民主是不足以确保无缝衔接的。

这种意识很容易在亚洲培养。几千年来，《易经》一直教导人们，除了生死和税收之外，生活中唯一不变的就是变化。我们需要长线思考，可能长达几十年。在实施之前，要进行大量的研究、咨询和讨论。然后当一个历程结束时，传统的中国思想认为另一个历程开始或初露端倪。建筑和改革都不可能像灯泡那样开启，一次"大爆炸"可以一劳永逸地立即改变一切。如果真的那么容易，中国的官员们倒很乐意。中国不是一个可以快速控制和执行的小型实验室。在铁路建设破纪录的发展之后，中国的铁路网仍然只有美国的一半，但中国的人口几乎是美国人口的四倍。中国拥有百万人口以上的 150 个城市中目前只有 22 个拥有地铁或快速公交系统。还有很多工作要做。

这让我想起周恩来总理在巴士底日（法国国庆日）招待会上对法国大使的回答。据说当时这位沽名钓誉的法国大使问周总理 1789 年法国大革命对中国政治发展的影响。周恩来为了不冒犯其他大使,很有技巧地回答"现在说还太早"。是啊,在这片近14亿人口的大陆上,做任何事都要花很长时间。

实施变革：五个案例

变革并不是只有一种方法,每种情况都不同。然而,从经济、股市、医疗、环境、孤儿和留守儿童五个公共政策领域来看,变革也有需要考虑的共性因素。

经济

变革管理的一个突出例子是中国应对2008年全球金融危机。2008年9月底,美国财政部长汉克·保尔森在华盛顿向来访的胡锦涛主席表示,美国和世界正跌入金融和经济深渊。胡锦涛和他的高级技术官员已开始工作。

首先,确定最高优先级。目标在于把危机对中国的损害降到最小,以维护国内稳定。怎么做? 推出强有力的经济刺激计划以扩大内需。这将有助于防止全球大萧条,否则将严重打击世界上最大的出口国。中国的最高目标已实现,刺激措施奏效了。中国2016年的国内生产总值比2007年翻了一番,增长了107%。而美国和形势严峻的英国在同一时期分别只增长了12%和9%。因此,适当放慢改革步伐以实现首要任务是值得的。

雷曼兄弟公司倒闭几周后,中国并不是像传言那样匆匆拼凑起一些刺激措施,而是早有准备。2008年初以来,中国的半年经济评估预计2009年中国两大出口市场之一的美国将出现经济大幅放缓甚至经济衰退。中国人民银行、财政部和发展改革委定期进行研究,看看中国的经济、财政和货币政策是否稳健,同时认真思考导致它们偏离正轨的可能原因。

然后可以对政策进行调整和沟通,首先是获得政治领导人的批准,然后是与主要的经济参与者,如与银行进行沟通。2008 年 5 月,资深经济顾问樊纲教授在上海举行的里昂证券中国论坛上表示,中国正在准备制定经济刺激计划,这时是在雷曼兄弟倒闭引发全球金融危机的四个月前。经济评估过程的背后有五年规划和可以调整的单项年度计划。许多刺激计划项目已经过筛选和批准,势在必行,将这些项目推进一两年不成问题。许多项目是下一个阶段要实施的,这些刺激计划都经过深思熟虑和测试,并非仓促而就、准备不足或浪费金钱之举。

北京迅速将中央和地方政府的资金与银行贷款整合起来支持经济。最初,主要面向最大的国有企业,后者又向其供应商提供贷款,国有企业通常比银行更了解这些企业的业务、现金流和偿还能力。当亚洲金融体系不发达时,这在流动性短缺的时候很常见,例如在韩国使用财阀或在印度使用塔塔和伯拉斯等私营经济巨头的力量。它并不完美,但它比什么都不做要好得多。

“万事俱备”通常是经过深思熟虑的、可行的活动。2009 年晚些时候,人们理解了金融危机带来的影响,资产恢复正在进行中,银行直接向公司现有或新项目提供资金。中国知道有一天将不得不关闭流动性的阀门,但应该是在经济大体恢复之后。果然,2011 年开始紧缩货币。

股市

本书的主要论点并非中国拥有世界上最好的体系。然而,中国做得非常好,在危机暴露出重大缺陷后重组,然后迅速理解问题并纠正缺陷,找到可持续的实际解决方案。

对于许多怀疑论者来说,2015 年和 2016 年初的中国股市似乎表明情况不妙。对于经验丰富的变革观察者来说,最令人赞叹的是中国对股市监管机构及其系统失灵的迅速应对。这在金融和政府体系中已是不争的事实,但只有在出现明显问题的时候才可能改变。在此之前,根深蒂固的谷仓效应使官员们僵化隔离,恪守各自严格界定的责任领域。

北京采取了熟悉的应对模式。首先,派一名关键技术专家和小组成员去问题区域进行评估,这次是股市监管机构。然后在负责主席的临时协助下列出解决方案。完成初步调查后就所需的变革达成一致意见,然后任命一位新的负责人,主管技术专家留下来监督详细解决方案的实施。这表明中国在受挫后没有失去重组的能力。从 2015 年 10 月下旬委任技术专家到证券监管机构任"二把手",到次年 2 月更换中国证券监督管理委员会主席,这一切都在五个月内完成,一旦问题更加明朗,变革体制和出台法规之后就是人事变动。紧接着各金融市场的法律监管都提上了日程。国务院的一个机构获得了部委地位并提升了整体权力,有效地结束了整个金融领域类似自治孤岛的状态。2017 年 7 月,中国还成立了一个强大的实体——国务院金融稳定发展委员会来改善金融监管,负责金融法律监管和地方政府金融发展。这不是形同虚设的协调机构。该机构由负责经济的副总理领导,级别超过了这个领域所有其他政府部门。之后会进行政策和相关实践的变革,就像在航空安全、食品安全和流行病领域一样,规避未来的灾难。金融也不例外,也需要几年的时间来证明这一切,到 2016 年初,股票市场整顿已经开始。到 2016 年底市场已趋于稳定。与 2008 年全球金融危机不同,2015 年上半年的股市暴涨暴跌更容易解决。这个变革过程得益于一开始挑选的那位备受北京改革者信赖的关键技术专家。

方星海的简历和声誉足以说明他资历不凡。他不是一个千锤百炼的老党员,也不是一个简单的老手。在获得斯坦福大学经济学博士学位后,方星海在世界银行工作,然后秉承悠久的传统报效祖国。

方星海被任命为中国证监会副主席,表明北京将股票市场改革放在首位,以防止其再次威胁中国经济或信誉。他是达沃斯世界经济论坛的代言人,他平静地传达出对经济问题的把握,这种方式曾经为中国金融技术官员赢得广泛赞誉,但在2015年也被一些人质疑过。方星海不仅是党内最高经济机构中的重要改革者,他还曾担任过上海证券交易所副总裁,有着管理中国最大经纪公司之一的直接经验。他的文章出现在改革者们最喜欢的《财新周刊》以及《华尔街日报》《金融时报》等外国媒体上。方星海的想法很受外媒青睐,他的媒体照片总是穿着开领休闲衬衫,这是来自加利福尼亚的评论,而不是中国。

但是,这个任命并不是关乎一个人,而是一个系统及其管理变革的能力。它表明中国有行之有效的流程。如果收效不佳则尝试替代方案,直到找到更好的解决方案。医疗保障就是一个例子。

医疗

快速的收入增长导致预期上升,特别是2003年"非典"暴发带来的巨大冲击,以及收入不平等日益扩大,人们对医疗保障的要求越来越高。从哲学上讲,中国笃信医学和生命科学的长效性。但事情需要时间。与股票市场一样,医疗改革也在进行中。

为医疗改革奠定基础首先需要建设基础设施。2009—2012年,政府花费大约1240亿美元用于建设社区卫生中心和医院。中国还对国家食品药品监督管理局进行了改革,使其监管符合全球安全和认证标准。当时情势之恶劣以至于政府曾考虑关闭中国的药品监管机构。负责人郑筱萸因十多年以批准药品和医疗器械的方式受贿,于2007年被判处死刑。

为近14亿人提供医疗服务需要的不仅仅是建设和监管,还必须编织一个合适的国家医疗安全网,但西方没有可以借鉴的模式,甚至在21世纪都没有真正新的医疗体系思想。中国无法等待逐步改变,因为人口正在老化,人们的期望越来越高,同时越来越多的人年纪轻轻就死于癌症和糖尿病等富贵病。

中国医改必须像其他许多领域一样,自己解决问题。中国像美国一样,也无法承担医疗费用飙升至国内生产总值的18%,它需要自己的模式。中国必须降低药物开发成本和零售价格,侧重疾病预防,降低严重长期疾病的治疗成本,研制突破性药物并开发新的治疗方法:这是一项艰巨的任务。至少中国没有顽固的历史包袱阻碍改革。此外,中国还可以利用自己的资源、规模和新技术来设计其卫生系统,这包括从招募海归科学家到患者筛查、组合化学和大数据。所有这些都是可以着手利用的优势资源。

2009年,估计有8万名拥有西方博士学位的中国人在国外从事生命科学研究。拥有美国生物科学硕士和博士学位的中国人超过美国毕业生人数。2010年,三分之二的人表示会考虑重返中国工作。政府一直对他们青睐有加。政府利用学术和科学猎头物色人才,为他们提供经济和物质奖励,吸引他们回国服务。生命科学园已经在中国各地萌芽,政府还制定了长期计划。

基因工程彻底改变了药物研究创新的步伐。之前人类对生物学的理解仅局限于300—400个"药物"靶点,即可以起到治疗作用的药物与机体生物大分子的结合部位。DNA 测序将潜在的靶点数量提高到 30000 多个。中国科学院北京基因组研究所收购了世界第二大设备制造商并在美国和欧洲建立了设施后,迅速拥有了世界上最强大的基因测序能力。仅在加州大学戴维斯分校就聘请了 5000 名数学毕业生和游戏程序员。其他任何地方都没有如此大的规模。

数千年来,中国擅长收集数据。大数据可以将患者的医疗记录联系起来,从而实现大规模的研究。北京基因组研究所研究了某一地区 12000 名抑郁症患者。这项工作可能已经确定了抑郁症的关键基因标志,证明了中国在创建投资生态系统以发展医疗集聚效应方面取得的进展,研究、风险资本和政府对药物和医疗设备的支持为建设更好的医疗卫生系统奠定了基础。

环境

许多城市居民最关心的问题是环境,特别是空气质量。人们也越来越关注水和土壤污染,这对健康来说可能更重要。任何与公众有关的事情现在对政治家都很重要。

北京并不是没有关注到这些问题。在 2009 年哥本哈根气候变化谈判失败的前几年,美国剑桥能源研究协会(CERA)的中国负责人吉姆·布罗克(Jim Brock)直言不讳地说,世界上没有任何一个首都像北京那样深刻体会到气候变化的严重性。认识问题和快速解决问题可能是两件截然不同的事情。

传统思维很清楚:人与自然是不可分割的。正如环保主义者杨富强博士所说的人与自然必须和谐相处。这就是 2000 多年前老子所教导的,也是人们传统上笃信不疑的理念。然而,1978 年以后,经济增长成为政府的首要任务。中国的生态环境恶化无处不在。环境和经济可持续性在2001年的五年计划中首次提出,但这仅仅是一个绿色符号。经济增长仍然至关重要。

到2009年,目标还不是那么清楚。相信中国可以通过重组来纠正问题,中国着手制定了新的环境政策,但相互冲突的目标限制了政策发挥效用。天空变得更暗,特别是在北京,空气更加污浊。在那时,政府已经开始意识到非政府组织的作用,面对日益严重的环境危机及其后果,不仅仅要在国内传播环保理念,更应通过国际交流取得协作。

在国内,2008年的汶川大地震凸显了个人的帮助意愿。成千上万的人带上紧急物资驱车前往四川救援,尽管这在技术上是不合适的。政府可能用得上他们的援助,但是太过微薄了。长期以来,我们都笃信国家可以照顾好每个人,这意味着没有必要采取个人行动,承认私人救援就可能完全推翻原来的理念。然而,这种可能性很小,特别是受过良好教育和更富裕的民众希望更多地参与国家的生活。最后,当西方一些人指责中国应为哥本哈根气候变化谈判失败负责时,北京意识到非政府组织可以帮助回应海外批评者。在国内,他们可以监督污染者和政策实施。公众可以成为监督者(参见本书第六章中的"马军")。这是一个充满希望的发展过程,但改变并非一蹴而就。

2014年,北京市政府未能对突然恶化的空气污染作出充分反应,引起公众愤怒,社交媒体一片哗然,变革这才真正发生。中央政府不得不进行干预,命令北京市政府改变政策。此后,北京2015年的PM2.5指数下降了27%,但仍远高于世界卫生组织建议的上限,这意味着还需要做大量工作。

政府与人民之间呈现出新的互动水平,因为消除污染是全国上下共同的目标。污染影响每个人:领导者和被领导者。在经济因素、

China's Change — The Greatest Show on Earth
中国巨变 地球上最伟大的变革

政治形势和化学污染并存的复杂情况下,北京要想获得蔚蓝的天空和清新的空气还有很长的路要走。事实上,环境可能是与经济相关的最后一个亟待解决的重大问题,但至少在社会和政治意愿方面,它已经被提上议事日程。

孤儿和留守儿童

中国官方机构中大约有 100 万孤儿,对他们的照顾多年来一直落后于世界平均水平。在 20 世纪 60 年代,社会工作者甚至遭到意识形态的抨击,使情况变得更糟。在 20 世纪 90 年代,外国媒体曝光了一些国办孤儿院的失职行为。

中国意识到有很多地方需要学习,于是开始接受一些建议。1998 年,一群收养中国孤儿的外国父母想把他们的博爱延伸到自己的家庭之外。他们联系了官方孤儿院,问他们是否可以帮助培训那里的儿童发展工作人员。这种毫无威胁、不带任何目的、没有宗教色彩、没有名人参与的团体还是受中国欢迎的。这个提议确实比较敏感,不仅仅因为任何由此可能产生的负面宣传,也因为 19 世纪和 20 世纪上半叶外国侵略中国的历史,北京对于是否让西方群体接触基层老百姓非常谨慎。19 世纪,法国天主教传教士在内地与当地官员争夺影响力,正如博纳维亚所说的那样,"像帝国官员一样"。

外国父母和中国开始非正式联系,逐渐培养熟悉和信任。一旦建立了信任,民政部就在安徽和江苏批准了两个试点项目,采用西方方法教育儿童保育员。从这些联系中发展出中国最大的外国非政府组织,成为首批在中国注册的 14 家外国非政府组织之一。到 2016 年,一片天(One Sky)非政府组织(原名半边天)帮助改变了超过 138000 名困境中的儿童的生活。

机构中所有工作人员,包括看护者和员工都是中国人,北京办公室的工作人员和 49 名培训师也是中国人。一片天雇用 829 名中国公民,在 44 个机构开展工作。有 19541 名经过培训的护理人员,其中 2900 名护理人员在线注册远程学习计划并互相学习。虽然一片天的灵感来自第二次世界大战后在意大利开发的雷焦艾米利亚(Reggio nell'Emilia)系统,当时没有家人照顾孩子是欧洲常见的战后问题,但它仍然适用于中国,甚至成为全球最佳实践。

从 1998 年到 2006 年,一片天开发了针对从婴儿到不同年龄段年轻人的计划,在政府机构中进行,符合北京的系统改革目标。后来发生的两次灾难改变了北京对一片天之类非政府组织的看法。这些灾害在第一时间提出了挑战,特别是 2008 年汶川地震发生时期。这表明中国在提供救灾和快速反应方面效率很高,但缺乏帮助孤儿的技能,儿童在自然灾害后丧失父母、情绪崩溃。一片天引入了美国专家,包括一些在中国出生、曾在类似的情况下工作的人,他们是为孤儿群体提供心理辅导,在创伤和混乱的海洋中重新营造正常生活的群体。

汶川地震是中国 2008 年暴发的第二场自然灾害。第一场是在中国原本温暖的南方出现创纪录的极寒和大雪,切断了一片天在那里的孤儿院的一切供应。一片天在这场冬灾中为这个脆弱的社区提供了急需的支持。看到这一切,北京希望一片天帮助在每个省建立模范儿童中心。一片天现在通过共同培训计划——"彩虹计划"向中国的每一位儿童福利工作者提供知识,帮助打造新一代专业的儿童保育员。

近 20 年来,中国找到了改善孤儿护理的方法,改善了硬件(设施),更重要的是提升了急需的软件(养育护理人员)。这些方法现在已经载入中国的五年规划以及更常见的经济改革项目。从本质上讲,这种方法与其他部门的方法并无二致。改革是一个漫长的过程,但一旦开始,就没有回头路,只有不断地探索和调适。

新的挑战不断涌现。以前,孤儿主要是被遗弃的女孩,现在有90%的孤儿有残疾。有些残疾可以矫正,有些严重的需要精心治疗和护理。一片天奉献得越多,收到的要求就越多。此前,由于国际非政府组织无法从中国公众筹集资金,所有筹款都必须在境外进行。2012年,一片天帮助建立了姐妹基金会——春晖儿童基金会,因此中国公民、基金会和企业可以支持最脆弱的儿童。春晖在北京注册,承诺财务透明。除了鼓励当地的慈善事业,北京还关注中国农村因为父母外出打工造成的6100万留守儿童。

一片天于2015年底从原名"半边天"变更为"一片天",因为它已准备好把培训孤儿看护者的知识扩展到更大的群体——孤儿院外的儿童,这样无论是脆弱的还是具有居所的儿童都能共享同一片天空。截至2016年底,约有46个试点项目已开始提供学前学习和家庭技能课程培训。如果运作良好,有望在三年后用于中国2300万7岁以下儿童的早期教育。他们是中国680个"贫困县"农村中没有父母养护、全靠祖父母和亲戚尽力养活的孩子们。

这套方法的核心是建立家庭中心。每周五天,中心配备了来自村庄的训练有素的导师或领导。孩子们在玩耍时祖父母就学习有效的养育方式。这些课程改变了成年人对孩子的看法,让他们了解孩子的能力,并重视他们。有些人每天都带着孩子来家庭中心参与活动。

这通常也会改变成年人对自己的看法,让他们意识到自己的重要性以及他们如何发挥作用,特别是在儿童生命最关键的前1000天。家庭中心在社交媒体上发布视频剪辑,将农民工父母和子女联系起来,向他们展示孩子们的舞蹈、学习和娱乐。中国已经找到了一种不仅向外国人学习,还让他们更直接地帮助最脆弱的孩子的渠道,既不会失去自己的文化特色也不会产生不良影响。像中国的大部分改革一样,它在很大程度上是借鉴外国的经验和思想在本地执行。

第六章

海外的联系

"故海不辞东流,大之至也。"

——庄子(约前369—约前286)

　　那些有时最能促进改革的人士,往往都有海外联系。他们通常在海外出生或接受过部分海外教育,他们是改革开放的安静的革命者。中国最初关于变革的外国知识大多源于东亚和东南亚儒家文化圈。但在某些领域,儒家思想却贡献甚微。

　　经济、商业和金融领域的知识通常来自那些在西方,尤其是在美国大学或商学院留过学的人,也有来自诸如世界银行和国际货币基金组织等多边机构或在那里工作过的中国人。同样,中国公司还从中国香港、中国台湾和东南亚雇用了一些在世界领先企业工作过的中国人。关于环境和社会福利的知识也来自学习借鉴外国人的倡议。像国家资源防御委员会和一片天这样的非政府组织,在帮助制定和交流政策方面是最成功的,因为它们会从中国视角出发去理解中国;即使缺乏对中国某些方面的了解,它们发现这方面问题的方式和修订、实行政策的方法也是中国式的。

海外华人和留学回国的中国人在中国经济和社会改革方面起到了重要的作用。每个人对中国变革都有着不同的经历,对中国变革的程度有着自己的体会。

1975 年,一个 25 岁的年轻美国人刘扬声做了一件不同寻常的事:他退回了他的两个护照,一个是中国台湾的,另一个是美国的。刘扬声出生在台湾,爸爸是国民党官员,爷爷是湖南将军,1961 年他 11 岁时移民美国。他选择了中国国籍,这在任何地方都是罕见的,更不用说在冷战时期的纽约了,当时美国甚至都不承认中华人民共和国是个合法国家。

在刘扬声考虑选择中国国籍时,中国文化尤其是中国文学和历史是个强有力的吸引因素。他在台湾时就开始读中国经典著作,开始寻根溯源。普林斯顿大学的文科课程让他了解了西方文学和历史,相比之下他发现中国文学和历史更有深度。精通两种文化的中国人常有这种感受。他们都认为西方艺术中唯一比中国更有深度的就是古典音乐。

中国人口众多,这意味着中国的人际关系、社会和经济关系也比其他地方复杂得多,这让刘扬声更感兴趣。中国人的行为自然反映了这种复杂性:中国历史上的宫斗、小说和戏剧亦是错综复杂;武侠小说和《孙子兵法》充满了老谋深算。在纽约唐人街做社区工作期间,刘扬声努力寻找一种方式,能够用他的法律学位和在普林斯顿大学接受的教育来"为第三世界做点什么"。这时,满足他"捍卫弱者理想"的机会来了,中国驻联合国代表团问他是否愿意作为中国代表成为联合国官员。这项改变人生轨迹的联合国规定要求,成员国驻联合国代表团雇员必须是该成员国的公民。这坚定了他成为中国公民的决心。担任联合国同声传译员两年后,刘扬声成为联合国秘书处的一员,负责处理商品及贸易的经济议题,之后他担任由第三世界国家组成的77国集团的秘书。

刘扬声第一次到中国内地旅行是在1977年休联合国的"返乡假"时。中国现在是他的家乡了,不仅仅是精神上的家园,而且是包括护照在内的各种意义上的家。他的感受如何呢?"很高兴回来了",他回忆道。是什么让他最为触动呢?"当时的中国和中国人民是那么贫穷",他说。

1978年,中国内地开始改革开放后,开始有零零星星的访客,到后来有大量来自香港地区和东南亚的华人来商务旅行。事实上中国曾经是双向关闭的,一方面中国对外关闭;另一方面,1949年后,尤其是在20世纪50年代到60年代东南亚共产主义运动时期,新加坡、马来西亚、印度尼西亚和泰国等国都禁止或限制海外华人回到中国。那时很少有人定居在中国,更不用说改变国籍这种关系身份认同和安全的事了。许多人来华经商,刺激并扩大了中国的出口贸易。产品通常在广东和邻近的香港制造,海外华人带来操作技能、专业管理经验和国际标准来经营工厂,尽管开始只是从事低端生产,但他们带来了全球信息、网络及最重要的资本。

刘扬声没有任何技术,也不是商人,对营利没有兴趣,他是一个有法律背景、在联合国工作的利他主义者。刘扬声一直在联合国工作到1990年,随后他决定在中国内地定居并学习经商,以促进投资和贸易。那时的中国与他1977年初到时的中国相比,已发生了很大变化。生活变得更"疯狂、生机勃勃、机会遍地"。在中国,人们把他看作观察外部世界的窗口,而对外国人来说,他是了解中国的渠道。1990年至1998年期间,刘扬声在中国领导拉扎德亚洲(Lazard Asia)投资银行,而后进入私募股权投资领域。2005年,他创立了浩然资本(Hao Capital),为初创公司融资。在中国经济早期快速增长期间,大多数投资都是投机性的,刘扬声更关心长期概念,如可替代性能源,中国正在迅速成为该领域的世界领导者。

刘扬声现在如何看待中国呢?他观察到"中国社会极其复杂,人们的思想观念来自不同的世纪"。北京的思维来自 21 世纪,甘肃的思维则近似于清朝时期,它们必须和谐相处,齐头并进。"中国的转型是完全与众不同的常态"他说。人们的主要目标是提高经济增长质量和生活质量。那与 1977 年相比呢?他说:"我的想法变了,有时每年会变,但往往是每月甚至每周都有所改变。这无法用语言形容。"

但很多中国人的人生轨迹却截然相反,很多人出生在中国却到海外求学。赵亚楠出生在中国北方与俄罗斯交界的呼伦贝尔大草原上的村庄里,那里冬天气温低至零下 35 摄氏度。赵亚楠前往位于赤道附近的新加坡求学深造。她在贸易咨询公司工作十几年存了些钱,自费去学国际商业管理,然后学成回国。每年大约有 55 万像赵亚楠这样求学海外的中国人,她代表的新一代中国人越来越适应留学并对此极感兴趣。

在这个互联网和社交媒体盛行的时代,直到赵亚楠回国我们才第一次见面,我们第一次见面就感觉好像认识多年了,因为她的故事真的太平常了。她是我同事安娜·卡雅克的朋友,她把亚楠最近的经历与不断变化的中国联系起来。通过电子邮件和聊天,我可以了解她的世界。安娜强调了两点:亚楠并不认为自己对技术特别感兴趣,35 岁的她也不再年轻,很难快速适应新技术或新系统。此外,安娜并不认为她特别富于冒险精神,尽管这种情况有所改变。她也不是来自更富裕、更开放的中国沿海地区,而是来自内蒙古。事实上,除了受过大学教育,她没有别的与众不同的地方。

然而,在过去的五年里,亚楠在假期里背着旅行包游览了东南亚和澳大利亚,甚至带她妈妈去印度玩了几周。最初她出国旅行的动力是对于新事物、新体验和整个过程的热爱。她想要参与。渐渐的,她注意到旅行和国外的见闻改变了她。然后,她看到了类似的经历改变了她和她周围的人,也改变了中国。

大约 40 年前,我在台湾的日月潭。当太阳下山、月亮升起时,妻子说,大陆的中国人都会喜欢来这样一个美丽宁静的地方。当然,当时听着有点遥不可及,这种情况发生的可能性似乎微乎其微。中国景点如此之多,我问她大陆人为什么会如此想参观这个景点?她回答说,所有中国人都从文学作品或历史中听说过日月潭,他们只要读到过、听到过或在电视上见过的世界著名景点,如果有可能的话,他们就都想去参观。走出封闭的世界,推古及今,满足无尽的好奇心,这些就是驱动人们游历世界的力量。

除了更宽松的签证和护照管理制度外,赵亚楠和其他数百万中国人能够独立旅行的原因,还在于技术和中国社交媒体的进步。比起传统的旅游指南,这些媒介以更快的速度传播更多的细节信息。最重要的是,还出现了便利游客的新商业模式,如共享经济和网上助手。备受欢迎的移动应用程序帮助中国人把信息和提示转换成中文,包括哪些场所对中国人特别友好,哪些场所不友好需要避开。现在,许多线上城市和国家导游指南会有图片和评论:"我是一个 40 岁的女职员,喜欢滑雪、看老电影。这是我在布拉格度过的完美一天。尝试一下吧。"尝试一下,分享经验,想做就做。

一项调查显示中国游客在豪华游网站上发表的评论占 42%。这么高的评论比例说明这也是旅行的一部分,体验增加了旅行的兴趣和兴奋感。游客们认为这么做可以帮助他人、提高标准。在国内也一样,这一代人不信任那些公司和机构,于是人人都贡献一点儿自己的力量。

赵亚楠对变化的反应有别于大多数和她同龄的西方人,这使得她能够通过技术,而又并非仅仅依靠技术本身的改变去应对变革。2015

年,安娜邀请亚楠在她家乡波兰度过 2015 年圣诞节,亚楠对于要轻松地规划 30 天的欧洲行,心情非常放松,这让安娜惊讶不已。亚楠确认要在波兰度过第一周后,提前一个月订了机票。然而,她一直等到要离开波兰的前夜,才安排去柏林的旅行,并只是到爱彼迎网站上寻找住宿地。她想在欧洲访问五六个城市,由于重视灵活性,为了方便调整行程,她每次仅在抵达前 12 — 24 小时预定,所有这些都通过手机完成。如果是预订酒店,亚楠可能没有这样的把握,但她认为爱彼迎质量控制要求很高(会自动禁止任何在 24 小时内没有回复询问的房东)。这再次表明了缺乏信任是怎样推动决策的,解决信任缺失问题才不会丢了生意、不会失败。

赵亚楠这种对技术和新系统的信任与拜访安娜的 40 岁的波兰客人形成了鲜明对比。他们让安娜去买一张纸质地图(在她发给我的电子邮件里,"纸质"这个词后面加了个感叹号),并要求她在一家业内领先的汽车租赁公司网站上确认一些信息,这必须由"一个真人"来确认。只有这样他们才愿意预定。安娜解释道,亚楠更加信任技术且行动迅速,因为技术给了她正面积极的体验。这种体验开辟了如此多的新世界。过去 40 年所有的积极变化使得包括赵亚楠在内的大多数中国人对未来持乐观态度。

安娜认为,亚楠的乐观来自于许多中国人已经迅速从相对贫困转向相对富裕,即使未来仍然未知,他们依旧乐观向上。因此,他们更愿意冒险尝试新技术与新体验。安娜感觉年轻的中国人甚至可能有一点变化上瘾综合征。"这个怎么样?那个怎么样?我们该试试这个吗?可能是个好主意,这有望帮我们省点钱。让我们试试吧!"想做就做。"如果事实证明这是个骗局,他们会继续前行,抓住下一个机会。"她总结道,不再对这种实用主义感到惊讶。

现代中国的安静的革命者包括一些顶尖的技术官僚。国务院副总理刘鹤和中国人民银行行长易纲用他们从国外学到的部分知识来帮助重塑经济。目前在其他领域,特别是科学领域,专业人士所起的作用相对不那么明显,但是他们仍对中国的变化作出了很大贡献。

环境就是一个例子。许多关注环境的人往往不在政府体制内工作,但与政府合作促进变革。10多年来,我注意到三个这样的例子,也看到在现有体制中已经取得的成就。现在体制有所变化,部分归功于他们的思想起到的一定作用。如果没有他们和像他们一样的人的工作,中国未来的环境将会非常糟糕。1977年,杨富强毕业于吉林大学物理系,随后进入中央经济规划机构,负责可再生能源和促进农村能源政策研究工作。1984年,他在美国康奈尔大学城市规划系做世界银行访问学者,之后在西弗吉尼亚大学获得能源和工业工程博士学位。这7年的美国教育和科学背景让他得以在加州劳伦斯伯克利国家实验室工作8年,研究能源和环境问题。

2000年,杨富强回到北京,凭借在中国政府的工作经验和美国的教育研究背景,他加入了当时很少有的非政府环保组织。之后他在一个美国能源基金会担任了8年中国区负责人。该基金会旨在推广可替代性能源和促进节约能源,由包括惠普公司在内的好几家公司共同资助。随后,他成为两个知名的全球性非政府组织——中国世界自然基金会和自然资源保护协会(NRDC)的高级顾问,工作涉及气候变化和可再生能源。

随着全球对气候变化、可替代能源、可持续发展和减少污染等问题的日益关注,杨富强的专业知识在国内外都很受欢迎。作为非政府组织的一员,他理解中国人对所有这些问题的看法,并发挥了一定作用。从德班到哥本哈根,从坎昆到巴黎,他定期参加全球气候变化会议。在国内,他经常与前同事沟通,非正式地为决策提供信息。

中国环保圈中的许多人都熟悉杨富强温暖的微笑,他的知识面和人脉也是人人称道。按照中国传统,他也指导了几个年轻的政策研究学者。其中有一位叫王涛,曾在英国约克大学学习环境经济学,现担任中国智库助理院长和北京清华—卡内基全球政策中心访问学者。

王涛说自己对环保的兴趣是从 17 岁开始的,当时他意识到,"家乡四川的青山碧水蓝天可能成为回忆"。现状促使他选择了在上海复旦大学学习环境科学,在那里,他发现解决方案更多在于政策方面而非技术层面。2002 年,他毕业时发现,虽然大家都在讨论这是个朝阳产业,但事业单位对他的技术需求甚少,民营企业根本没有需求。对于技术的需求可能还需要时间,可能是很长一段时间。环境保护并非热门行业。政府的环保局主要是官员们的饭碗,是职业而非事业。由于当时中国主要专注于经济增长,每个人都希望为国家提供更好的物质生活,更别提为他们自己了。"绿色中国"在当时并不是优先考虑的政策。

那时非政府组织很少,即使是1980 年在中国设立的世界自然基金会,也只是在政府感兴趣的领域运作。大熊猫、森林和水在其兴趣范围内,而污染这一经济增长带来的直接副产品却很少受关注。对于王涛而言,幸运的是,能源基金会开始研究能够解决问题的政策,并探索替代能源的适用性。如果外国非政府组织都不能做这项最艰巨的工作,又何况中国的个人呢? 看起来更不可能,但是情况就是这样一点一点地开始变化的。

我在2005 年前后第一次见到马军,我期待他关于中国水问题的知识能够给我留下深刻印象。关于这个主题,他写了一本权威书籍。果然,他并未令我失望。然而,令我印象最深刻的是,他对环境领域中国政治的掌握和分析。晚宴上还有一位国际知名咨询公司的负责人,该公司为大型跨国公司提供咨询服务,帮助他们了解如何渡过中国政治政策的浅水区和深水区。他谈到了环境,但经过 10 分钟的讨论后,就停止发表自己的意见了。相反,他只是倾听马军滔滔不绝地分析各环境机构、机构负责人以及影响因素。马军将去耶鲁大学做一年访问学者,我相信他的知识面外国学者也难以企及。

我后来一想,马军对政治的把握并不稀奇。在中国要生存,或要发展得更好,都必须在脑子里装一台私人电脑来记录并经常反思有关中国政治的相关信息,以维新求变。上至那些高层政治人物,下至普通农村村民都关心政治,这不仅仅是都市人的兴趣,而是全国普遍的现象。1990 年,我从一位大叔那里了解了这一点。当时我们正站在他那红砖和花岗岩建造的豪宅屋顶,欣赏着美丽宁静的福建,绿波翻滚、竹林婆娑的山丘和稻田。突然间,大叔问了一个问题,那时正是玛格丽特·撒切尔辞去英国首相之位后的第八天。

大叔问道:"推翻撒切尔对英国政治有什么影响?"我吃了一惊,自己从没想过这个问题。"推翻"这个词如此暴力,但用得完全正确。这个事件会影响英国的未来,但这样想又未免为时尚早。听到远在千里之外的中国农村有人提出这样的问题,我惊呆了。我不记得 1976 年英国赫里福德郡是否有人讨论过关于毛泽东去世的影响。

听了大叔的问题,我顿时膝盖一软。这个如此深刻和意外的话题,与这个三层小楼的屋顶栏杆,加在一起显得更加复杂。等我思想上甚至身体上缓过来,我就马上开始思考他的问题背后隐藏着什么、暗示着什么。据我所知,他在中国农村,从来没有离开过这个省,却对半个世界之外的国家不到一个星期前发生的事件提出了我从未思考过的问题。无论如何,老大叔以如此犀利的分析性术语来思考,而曾在英国大学学习政治学的我却没有,这样看来,中国"封闭"吗?

2006 年,马军成立公众环境研究中心(IPE),研究空气、水和土壤污染。中国缺乏的不仅仅是控制污染的规定,最重要的是政治意愿。GDP 的增长就算不是王道,也是国家的首要任务。即使有环境法规,没有执法也形同虚设。司法部门不作为,公众基本保持沉默,政府仍把增长、收入和就业作为首要任务。公众环境研究中心是第一个致力于通过公开的公众参与来解决这些环境问题的中国组织。其第一项重大举措是 2007 年的"绿色选择",旨在帮助形成绿色供应链,确保在中国负责制造和采购的公司至少会考虑一下环境问题。因为西方消费者对其所购商品的生产环境标准要求越来越高,跨国公司成为主要焦点。这使得跨国公司容易受到国内压力的影响,进而影响中国供应商。

这个时机很好。2008 年,在打造一个更加开放的政府行动的基础上,中国国家环境保护总局发布了相关信息和披露要求。这为所有非政府组织监测环境信息提供了所需的重要的原始数据。这不是一蹴而就的,而是循序渐进的。基于这些原始数据可创建一个环境质量数据库和环保指数。截至 2015 年,中国排名前 338 的城市都定期汇报数据;25 年来中国首次修订的《环境保护法》正式施行。到 2016 年,中国继"大气十条"与"水十条"之后,又发布了"土十条"。以前,土壤信息是国家机密。可见,不到十年的时间里发生了相当大的变化。

马军安静而执着,他从不大嗓门,像以前的学者,还带有政府官员常见的镇静。面对事实清晰的问题,他在考虑中国的规模、速度、理念和战略的同时,只用逻辑方案去解决。公众环境研究中心现有 30 多名员工,政府也听取他们的意见。最重要的是使用彩色在线地图能实时查明污染状况。所有人都明白其中的含义,有些确实令人震惊。微博将观察者与当地政府直接联系起来,以加强法规执行。根据公众环境研究中心的实时政府数据,他们可以立即举报违规者,其中包括向河流排放化学废物的造纸厂、排放污染物的发电厂以及排放危险气体的石化厂。污染地图查明问题,社交媒体传递信息,中央政府即可通过其权威和命令来强制执行整改。2014 年下半年及之后的两年内,500 多个环保案例得到了解决和纠正。如果没有这些地图,北京就没有能力采取行动。他们当然可以自己制作地图,但事实证明,后续整治行动将不会成功,因为只有公众参与才能发挥其作用(参见本书第五章)。

马军被英国《卫报》列为世界 50 大环保主义者之一,并获得 2012 年高盛环保奖。300 万人下载蔚蓝地图(Blue Map)应用程序来检查他们城市的空气质量,公众环境研究中心的数据库和地图正在彻底改变人们对公众事务的认知和参与。像中国其他技术人员一样,就如同杨富强、王涛这样的环保主义者,马军利用国内外的科技和方法用数十年而非在一夜之间改变了中国。

有时外国人也会直接帮助中国变革。1984 年,贺容雅(Jeronia Muntaner)离开她的家乡西班牙马略卡岛,在印度周围背包旅行了三个月。30 多年后,她说她还在旅途中,她从印度去往尼泊尔、泰国、中国香港,最后到了中国内地。她最喜欢中国,爱上了汉语、朴素的北京和小规模的外国人社区,这些都让她更易适应。

在生育了两个孩子后,贺容雅和丈夫克林顿·丹尼斯(Clinton Dines)决定收养玛丽亚。贺容雅研究了中国孤儿,注意到玛丽亚不像她预想的那样退缩,孩子感觉到爱并很快作出回应。贺容雅想知道其中的原因,她调查了玛丽亚的背景,发现她在安徽合肥曾参加过一个关爱儿童的一片天项目。不久,贺容雅与该项目的创始人珍妮·鲍文(Jenny Bowen)取得联系以便了解更多信息。

贺容雅和丈夫搬到了上海,她自告奋勇为一片天做了些工作。她曾做过蒙特梭利 0—3 岁幼教教师,基于这些经验,最初她评估了一片天的七八个项目中心,为其提出建议和指导。她还曾做过几年现场培训师,之后担任了婴儿计划的主任,她为 51 个中心的 1500 个保姆设计了培训手册。当我在克林顿的家乡布里斯班遇到贺容雅时,即使身在数千英里之外,她依然忙于为一片天最新和最具深远意义的项目设计另外两种培训材料。

中国农村地区有 6100 万留守儿童,他们的父母在遥远的城镇工作(参见本书第五章)。这是农民工为推动中国经济快速增长付出的沉重的代价。他们不是孤儿,他们也有爱的需求,这些儿童与外出打工的父母分开,留在村子里待在祖父母、亲属,甚至没有血缘关系的监护人身边。他们的情绪健康和长期发展都受到影响。

2013 年,瑞典资助的一份报告得出结论,认为这种分离导致了父母共同的失败和焦虑感,并且往往导致亲子关系破裂。80%的父母感到亲子分离不合适,70%的父母有强烈的内疚感和焦虑感。留守儿童往往不那么乐观,遭受焦虑、孤独、自卑和抑郁的心理,他们缺乏自我意识,行为失当,学习能力下降。留守常常意味着落后,给整个家庭带来了极大的痛苦和许多问题。

留守儿童像孤儿又不完全相同,他们常常有被抛弃的感觉,但是他们所处的环境与孤儿院非常不同。因为孤儿经常被其他孤儿所包围,很难获得充分的注意,所以孤儿院里没有任何隐私,没有私人空间,也没有私人时间。没有一个成年人有足够多的时间来陪伴每一个孩子,所以孤儿们不能把他们的情感寄托在任何一个人身上,他们非常没有安全感。而一片天项目为孤儿提供了可以寄托情感的成年人。

留守儿童可能看起来比孤儿幸运,但他们所处的迥然不同的环境造成了其他问题。在人口日益稀少的村庄,围着他们转的是许多老年人(通常是祖父母),他们不知道如何帮助孩子发展。他们生活方式老套,整天在田野里劳作,默不作声,回到家他们仍然是沉默的。他们不善沟通,因此孩子的情感成长受到阻碍。那些受过训练的孤儿院保姆至少都是精挑细选的善于学习的人,他们了解孩子的发展需求和沟通的重要性。祖父母和其他留守儿童的监护人可能不会认识到他们需要学习,直到一片天给他们提供"以外国方式学习中国精华"的机会。中国的一位顶尖工业家也获得类似的机会。

　　2004 年,吉利汽车的创始人李书福想了解上市公司的规范,为此,他到香港寻找答案。虽然中国公司通常是由创始人或创始家族成员统治,但李书福认识到,他不可能纯粹地依靠这种中国方式来实现自己创建一家全球领先公司的雄心壮志。要筹集实现其长期全球目标所需的资金,吉利就要学习并消化西方管理理念。为此,李书福找到了曾为三家全球巨头公司工作过 20 多年的劳伦斯·昂(Lawrence Ang)。

　　劳伦斯于 20 世纪 80 年代开始在 IBM 工作,当时 IBM 还是世界领先的计算机制造商,是技术和管理领域的尖端公司。一切都布局精确,责任分明,工作内容以及完成方式都清晰明了。之后,劳伦斯开始研究金融,首先是在后来发展为世界第二大银行的瑞士银行,然后在德意志银行工作。

　　2010 年,这些非常成功的国际公司都是基于规则和制度运营的,而不是老板说了算。在 20 世纪 80 年代的美林证券,我发现那些组织营利活动的每个人都在积极地相互竞争,以获取更多的资源来竞争。西方成功的上市公司可动用大量资源。而这些组织者通过运用最明智的想法参与竞争,谁的商业计划最成功谁就能获得更多资源。李书福意识到这就是自己所需要的东西,一个可以将他的小公司变成充满机遇和培养英雄的大平台的体制。劳伦斯的作用是让李书福成为英雄,也许是唯一的英雄,但肯定不会让他成为一个独裁者。

　　2010 年,李书福成为民族英雄。他收购了世界上最有特色的汽车品牌之一,瑞典的沃尔沃。沃尔沃以其质量和安全闻名,却坐吃山空。金融危机之后,福特因需要削减债务而拍卖沃尔沃资产,吉利以 18 亿美元的价格获得了世界一流的技术、研究成果和品牌。通过这一大胆举措,李书福成了少数权益股东。终于他开始不得不遵从他人意愿。他不再是山中之王,不得不倾听代表着从地方政府到工会权益的各个独立董事的建议,以及源自全球领先公司和学术界的制造知识,他的计划受到前所未有的审查。这是一个巨大的变化,但为了制造更物美价廉的汽车,他必须通过创新赢得客户的信任。他不能再单枪匹马了。

李书福知道包括他在内的大多数人都可以从中受益,但他需要主要的执行董事劳伦斯·昂确保公司遵循公司治理和相关法律,确保吉利管理层遵守相关原则。要想成为一家领先的汽车制造商,这是不可或缺的,所有具有全球发展目标的公司都必须学习这一点。

第三位成为中国高级财务顾问的外国人是沈联涛(Andrew Sheng)。他的工作简历中体现出广泛、丰富而深入的金融经验,经验正是中国缺乏的。他出生在上海,1951 年被带到英属北婆罗洲(今马来西亚沙巴州),之后他又从沙巴州的一个小镇山打根市出发,前往英国布里斯托大学学习经济学,并获得了伦敦特许会计师资格,然后返回马来西亚做央行经济学家。他的商人父亲是一位在法国和比利时受过工程师教育的重庆人。第一次世界大战后,为填补法国劳动力的缺口,他父亲曾与邓小平同乘一条船前往法国勤工俭学。1949 年新中国成立前,他没有留在台湾或香港,而是移居到了南洋。

沈联涛响应朱镕基总理的倡议加入了中国银行业监督管理委员会(CBRC)担任顾问。2008 年,该项目扩大规模成为"千人计划",以发挥来自亚洲和北美的海外华人的专业知识。这些专家前往不同的机构工作,包括中国的科学院和大学、政府机构,甚至国有企业。2006 年,沈联涛成为银监会的首席顾问。他曾领导香港证券及期货事务监察委员会,任香港金融管理局副局长,并在世界银行中担任经济学家,负责拉丁美洲、东欧、非洲、巴基斯坦和中国的金融重建工作。更重要的是,他与众不同。1980 年我第一次见到他是在马来西亚。那时,沈联涛对实体经济更感兴趣,对于那些基于模糊的不完整数据或是脱离现实的抽象理论并不感兴趣。房地产是经济波动的核心,商品价格和外国直接投资也息息相关,然而无论决策者是商人、家庭,还是政府官员,这些数据通常都无法达到决策者所要求的程度。

　　为了弥补数据的缺陷,每个人都通过关系来解决问题。我们与各行各业的人交流,通过马来西亚式高效的谈话、吃饭和喝酒的方式来交换所收集的信息,无论是在咖啡馆还是酒店,从大商人和小城镇的企业家到政客、官员和银行家,他们都想了解同样的消息。经济发展的方向如何? 其驱动力是什么? 政治怎么了? 这是马来西亚人最喜欢的话题,就像其他国家喜欢谈论体育话题一样,马来西亚人关注所有的跌宕起伏、阴谋诡计、斐然成就、胜利与失败。每个人都试图控制不确定性,预测下一步会发生什么,用长远目光看待每一件事情。有些人谋求利益,有些人渴望控制未来,有些人纯粹是因为有预知未来的乐趣,特别是在这个高度政治化的多民族国家。马来西亚的治国之策精细复杂,也有着困难时期的果决。中国商人带来了孔子的传统和《易经》对变化的理解,而艰苦经历更是加深了人们对这种理解的认识,而印度人通过辩论和讲故事带来了雄辩术。

　　沈联涛有他自己的"山打根指数"。某天当他回家时发现经济有所复苏,他非常有信心,即使这只是部分现实,但也是现实啊。他曾告诉我,至少应该用雷达来密切关注这种经济复苏的信号。令他高兴的是,几个月后,官方数据证实了这一新趋势。这个监测指标就是卡拉OK酒吧,5年来山打根市第一次出现卡拉OK酒吧开张数量比关门数量高。这个明显的信息反映了木材大亨们的财务和健康状况,他们的奢侈娱乐活动出了名的丰富,不仅仅在酒吧和酒店,而且在餐馆和珠宝店也是如此。现金流增加,消费需求反弹,这是一个非常早期的经济复苏指标。这次经历是一次很好的热身活动,接下来可以了解更复杂的中国了。

　　沈联涛带来了他的知识。更重要的是,他带来了中国所缺乏的现实世界的经验,包括对市场、法制、转型经济体和发展中国家,尤其是对马来西亚和东南亚的深刻理解。他经历过银行挤兑,整顿过马来西亚的储蓄合作社(在今天被称为"影子银行"),并解决了新兴保险业存在的问题。在香港,他处理了全球性的全面货币危机。

沈联涛在银监会工作时,他很快意识到自己对中国知之甚少,所以他开始阅读原版中国历史和经典著作。学术界的著名经济改革家和政府顾问吴敬琏建议他在读者众多的《财经》杂志上写专栏文章。于是他的经验传播给了政府之外更广大的读者群。他发现,将西方思想转化为中国概念是最难的,最好分阶段进行,这是经典的渐进主义。直接批判在中国通常不起作用,最好用类比的方式重述他的所见所闻。这让他能用中国的方式表达他的国际经验。

沈联涛写了两本很有深度的书,一本是关于亚洲金融危机和全球金融危机的,另一本是关于"影子银行"的。他还在编写另外两本关于金融监管和中国哲学的书籍,书中着重描述了在如何应对经济学和金融学上关键的不确定性方面,西方思维与中国思维的区别。他是报业辛迪加的亚洲声音。沈联涛绝不是普通的中央银行家,他是亚洲产生的越来越多的思路宽广的思想家之一。

中国顶级专家型领导人的高素质为全球称道。中国的精英技术专家在国际货币基金组织、世界银行、外国债券和贸易部门等都能游刃有余、应对自如。同样重要的是,外国同行也熟悉北京的技术专家。在实践中,这是双方都具有软实力的表现。自从邓小平和江泽民起用朱镕基领导经济改革,尤其是金融、银行和投资领域改革,就开始了由担任过该职位或至少做过相关准备的专家领导技术内行的进程。25年来,这个过程中培养了一批非常有能力的人,包括刘明康和周小川。沈联涛与他们密切合作多年,他认为两者都是新时期的人,能够在任何领域、任何体制和任何地方崛起。他们是中国传统精英的缩影。

刘明康是中国银行业监督管理委员会的第一任主席。因为"文革"没能接受正规教育,但通过不懈的努力和坚定的决心终于获得在中国银行工作的机会,自学英语并被派往中国银行伦敦办公室工作。他还在伦敦城市大学学习,41 岁获得工商管理学硕士学位。他是一位开朗而富有魅力的领导,能说一口流利的英语,不仅在国际银行业和监管方面备受推崇,还是一位才华横溢的摄影师和画家。

中国人民银行原行长周小川是另一位很早就崭露头角的金融领袖。他获得清华大学工程博士学位后,成为朱镕基身边的年轻改革家,主攻国际贸易、国内金融和结构改革。他极具个人魅力和外交技巧,从巴塞尔到华盛顿的中央银行大厅他沟通自如。他熟谙东西方古典音乐,喜欢百老汇音乐剧。此外,他还是一个狂热的网球和羽毛球运动爱好者。

这样的技术专家能够欣赏世界,对文学艺术都能信手拈来、乐在其中。我曾经邀请过北京的一位高级官员在考文特花园观看皇家芭蕾舞团的演出。当我递给她一个巧克力时,她微笑着回忆起她第一次品尝巧克力是在 1957 年,她的父母带她去看马卡洛娃跳舞,两者都是特别的款待。世界各地实际上远比许多人意识到的更加互联互通,尽管这里说的是精英人物的联通。中国的技术专家精英接受正式或非正式的外国教育是改革开放成功的重要原因之一。

第七章

温州大戏

> "整顿开始了。北京从温州开始,然后推及中国其他地区。"
>
> ——英国冰点经济咨询公司首席经济学家
> 迈克尔·泰勒　2011年

中国问题的标志就是复杂。要了解行政改革、政治改革是如何公开进行的,就看温州这个全面的案例研究,从中可见中国变革真实运作的全过程。

2011年10月的几天里,几个关键人物聚在一起解决中国当时最紧迫的问题。有三件事情面临风险:中国的银行体系、民营企业和经济。通过孤立的单个因素,政府可以制定一个解决方案,将长期改革与务实的交易相结合,而不需要立即实施救助计划。借贷不良的典型代表、当地企业家王晓东回到镇上,中国总理也来了。在全国都在休"十一"长假的时候,王晓东和温家宝总理及其随行的约30名高级官员,包括中国人民银行行长和财政部部长,都在浙江沿海的温州市努力工作着。

北京对 2009—2010 年过度刺激和中国未完成经济改革所引发的问题制定了解决方案。现在是采取行动的时候了。

地下钱庄

问题非常实际。银行向有关系的借款人提供了不明数额的刺激资金，这些借款人又以 20% 或更高的利率贷款给民间或地下资本市场。越来越多的借款人没能收回他们的贷款，因此，银行最终也收不回这些钱。通常，最初的损失靠新的贷款来弥补，由此出现的债务金字塔最终崩塌了。

大部分资金用于开发房地产。当房地产供应过剩时，楼盘还未售出，现金匮乏的开发商不得不以更高的利率借款以求生存，往往只是推迟清算日。油滑的民间金融业者寻找更高利率的资金来维持企业的运营，这往往是徒劳之举，但对某些人来说就是一个击鼓传花的高利润游戏，等鼓点骤停时再说，就像在温州这样。我了解马来西亚的民间资本市场并在中国进行了调查，因此熟悉其运作方式。

2010 年的一天，我在江苏农村调查热门的私募股权投资时遇到的一个人打电话到我在上海的办公室，说他正好在上海，希望见面聊。他不再介绍有趣的乡村项目，他已经改行了，他好像志在必得地开始口若悬河地大谈民间资本市场贷款的好处，全然不顾他讲的东西多么荒谬。他向我保证，任何贷款人都可以获得 30% 的年回报率，在某些情况下甚至达到 40%。那是肯定的。我知道这是热门生意推销员的行话，从马来西亚到中国台湾、菲律宾和印度尼西亚，我见过许多类似的推销员。我打算礼貌地拒绝他，于是询问了该计划的可持续性，因为没有合法的企业可以长期支付如此高的利息。他匆忙向我保证没有问题，一切都不用担心。

他的计划"完美"运作。为了确保贷款资助的任何项目都能顺利获得批准,他实施了一个完美的计划,滴水不漏。这就是它在理论和实践中的运作方式,直到东窗事发。他忽视了市场,许多商业新手也是如此。

温州所涉金额大得让人大跌眼镜。这不是中国怀疑论者的杜撰,而是非常真实的。据估计,当地企业家王晓东本人欠银行 12 亿元人民币。据称还有 200 名借款人逃离温州躲债。1978 年以后,温州因涌现出众多民营企业家而名声大噪,其中很多人从不受管制的民间资本市场获得资金,他们债台高筑,而且都是年利率 20% 以上的高利贷,有的年化成本高达 30% 甚至 40%,陷入困境的借款人更加绝望。要了解这一切是如何产生的,有必要回溯到 2008 年 10 月全球金融危机爆发时。

揭开真相

面对可能导致经济下滑的全球金融崩溃,中国在 2008 年 10 月初制定计划控制肆虐全球的危机波及中国。虽然取得了明显的成功,但政府的刺激计划也使 2009 年的金融信贷翻了一番,这是一次巨大的扩张。北京避免了眼前的危机,但没有实现理想的经济软着陆。怎么才能避免硬着陆呢?

首先,中央政府必须全面了解问题的本质。人人都知道根本原因。地方政府只获得 50% 的税收和收入,但支出却占到国家总支出的 70%。财政缺口没法通过银行借款或发行市政债券来弥补。创造性的解决方案是推出银行开发的地方政府融资工具,尤其是那些通常由地方政府所有的地方银行。这些资助项目通常用于基础设施和住房,涉及出售政府所有的土地。土地销售约占地方政府收入的 25%,有时高达 40%—50%，甚至更多。鉴于住宅物业需求的规模，这是不可持续的水平，这个规模虽然大但不是很大。

中央的官员都知道这些情况。领导人的仕途通常是从地方省份开始的。胡锦涛主席在贵州、西藏和甘肃工作过，温家宝总理在甘肃任职近 20 年。他们都清楚扭曲的地方经济存在的问题。2008 年，北京的金融监管机构和政策制定者一直是 20 世纪 90 年代初银行改革的工程师，也是随后进行金融整顿的实干家。因此，中央了解地方政府财政、方法和实践的性质以及房地产在经济中的核心作用。需要了解的是细节，民间借贷的规模有多大，对银行有多大的威胁以及如何解决？

自 2008 年底以来，中央的高级财政官员和银行家们一直试图弄清楚全球金融危机对中国造成的影响。甚至在刺激资金到达各省之前，他们就探访有着几十年交情的高级官员（参见本书第九章）。到 2009 年中期，这种评估变得更加正式和普遍。这种实地调查持续了两年，也只是获得了一些地方官员不情愿吐露的细节和对真实情况的猜测。

问题的产生是许多复杂因素相互交织的结果：某些因素是普遍的，另一些是由于中国的经济史、未完成的改革和所处的发展阶段，尤其是金融发展阶段造成的中国特有的因素。因此很难作出明确的分析或提出立竿见影的政策解决方案。计划经济时代银行是政府的收银员，管理风险不是银行的工作。尽管 21 世纪初已经开始进行银行体系改革，但也只能通过经验来检验，温州事件表明中国还有很多东西需要学习。

房地产

经济快速增长的中心以及任何与之相关的问题都源自中国严重的住房短缺问题。这使得房地产成为中国最大的单一产业（参见本书第十二章）。1990 年，中国城市人均住房面积仅为东北亚平均值的四分之一,为人均6平方米。2016年,人均住房面积约24平方米,仍然比东北亚平均值少三分之一;西欧人均面积约为45平方米,美国接近60平方米。

空间在中国是一个政治话题,是不成文的概念,但非常真实。对更多生活空间的热切渴望助长了从钢铁到水泥、从木材到白色家电等各种各样的需求。城市化需要大量的基础设施来支持,而收入的增加意味着对汽车和公共交通需求的增加。水、卫生设施、废物处理、排水、道路、铁路和电力都必须跟上新的生活空间。因此,建筑业占中国GDP的25%左右并不足为奇,它是主要的经济驱动力。和其他所有财富一样,房地产吸引了逐利者和寻租者。20世纪90年代末的改革结束了国家福利分房后,新兴产业大幅增长。自1949年以来,家庭第一次可以购买自己的房屋。住房建设在住房改革之前并不是一个高度优先的国家计划,房改后,家庭的首要任务就是获得更大更好的生活空间。突然间,为5亿城市居民兴建住房成为新的热潮。初期由于开发商缺乏经验,很少有人能撑过一个完整的房地产周期,更没有人能熬过20年。这其中有很多错误,但长期被压抑的住房刚需又把一些房地产开发商拯救出来。这一趋势对于开发商来说就是理想中的黄金之国,直到后来局势逆转。

所有这一切最终都在2007年底失败了,最长久和最盛大的一次繁荣发展终于日趋衰弱,应该说与2008年全球金融危机无关。令人瞩目的高利润令开发商眼花缭乱,房地产价格有价无市、供过于求,削减了需求,直到市场最终崩溃。在这种情况下,房屋库存飙升,价格暴跌20%—30%。对真实市场情况不熟悉的开发商必然会陷入困境,特别是在小城镇最不发达的新市场。全球金融危机前后,经济衰退只持续了大约15—18个月,比许多人担心的要短。

意外的刺激资金有如神助,加上仍有大量被压抑的需求,2009年中期又引发了新一轮的房地产热潮。住房是刚需。中国各地的买家首次使用抵押贷款，增加了以前尚未开发的需求，特别是在内陆地区。开发商和买家都面临着以前没有涉足过的新领域。巨大的市场规模和明显的机会是前所未有的。这看起来是一个稳赢的赌局，应该借更多的钱重返房地产市场。当然，从来没有什么稳赢的赌局。海市蜃楼破灭了，想象中的利润最终变成痛苦的损失。

温州的企业家是最早了解 20 世纪 90 年代房地产业潜力的企业家群体之一。正如欧年乐（Mark O'Neill）在《南华早报》上所报道的，巴士将冒险的温州炒房团带到下一个城市寻找新市场，先是沿着海岸线，炒房团早在 21 世纪初就到了上海，然后挺进内陆、西部边陲，最后到了内蒙古鄂尔多斯。2001 年中国入世后的出口热潮为许多人提供了大量可供投资的现金流，直到 2008 年的全球金融危机爆发。

然后，最抓狂的要数那些温州制造商，他们被所谓 30% 的年化收益率诱惑，转向了房地产的礁石。房地产开发使受危机影响的制造业看起来可怜而且毫无意义。20 年来制造业辛苦积累的财富已经抵押给了贷款人、银行和民间市场，却发现房地产需求跟不上供应，由于使用 2009 年和 2010 年发放的低息贷款建造的公寓房和别墅房大量涌入市场，房地产业受到重创。大多数开发商试图通过推迟销售撑下去；最弱小的，通常也是最没有经验的不得不破产，即使管理良好的地产商也岌岌可危。

政府的整顿

因此，中央知道财政缺口和房地产过山车是经济刺激带来问题的根本原因所在，无论是在温州，还是在中国。然而，官员们也知道中国经济仍有许多优势（参见本书第十一章）。如果有足够的时间，中国可以渡过危机,所以他们采取了行动。

中央领导的温州之行标志着停止经济刺激措施并开始处理刺激的后果。中央用委婉但直白的语言宣布,中央选择历尽民间资本兴衰的温州作为舞台。这表明在下一波经济改革浪潮中,中国必须摆脱依赖国家主导的增长。这就需要资金充足的民营企业。民营企业反过来要求银行受到市场力量而不是行政命令的约束,还要不再受到中国特别是温州的借贷文化困扰。

当温家宝总理离开温州时,确认了问题的细节和要采取的行动。正如迈克尔·泰勒(Michael Taylor)在 2011 年 10 月初所说,"整顿正在进行中"。作为摩根士丹利的亚洲经济学家,他亲眼目睹了 20 世纪 90 年代初中国的财政和金融状况,他明白正在发生的事情。事实上,一直关注中国政治的人都明白,无论是温州当地还是全国都在全面整顿。王晓东向中央政府提供了一份完整的贷款人和借款人名单,这些名单信息量大且极具戏剧性。

王晓东提供的名单,以及其他调查,让温家宝和其他官员了解了温州问题的严重性和确切性质,以便准备好政策措施。这是改革者们喜闻乐见的政策。

温州之行后的关键是中央在行动了。在国家控制的媒体甚至非国家媒体的帮助下,将恢复"稳定"这个自古以来秉承的使命和目标作为重要宣传任务。宣传是中国的一种古老技艺。一切经过精心安排,以达到最大效果。一切都四平八稳,滴水不漏。首先是在头版头条发布中央领导南下温州视察的消息,然后通过每日涓涓细流似的细节报道,为国庆假期的家庭聚会提供讨论的话题。有大事情要发生,但说不清楚确切的是什么事,只需要密切关注。这是中国任何活动的经典传播策略。

官方正式宣布温家宝造访温州之后,发布金融改革者观点的无党派媒体、备受推崇的《财新周刊》披露了王晓东案的细节,整个事件情节渐渐丰满起来。然后是《环球时报》的报道。媒体对温州的问题进行了分析,提出的解决方案受到改革者的欢迎。他们主张需要加大利率自由化,并向民营企业,特别是小微企业提供更多贷款。

关键是要使温州问题易于管理、更易于掌握并且不那么令人生畏。温州没有北京、上海甚至省会杭州那么大,然而,它代表了比三者总和还要大得多的东西:中国的民营企业及其未来(参见本书第十一章)。因为它宣布将向一些民营机构颁发金融许可证。在温州这个民营经济之都,这是非常受欢迎的,因为它最终给了民营企业合法性,一扫自1949年以来对民营企业的歧视。

向全国推广及其基本原则

通过研究整顿温州的短期和长期计划,中央也清楚地表明知道如何处理中国其他地区的类似问题。首先在温州表明意图并进行整顿,然后整顿全国其他地区。尽管大部分整顿在温家宝总理退休后才完成。改革还需要一剂强心针。直到2013年的十八届三中全会和2014年的十八届四中全会,经济改革最后的两个关键举措"市场在资源配置中的决定性作用"和"依法治国"才在中央全会上形成决议。

在寻找解决方案时,中央也展示了另一种传统美德——灵活应变。在众多省区市之间建立共识、达成协议是一项不小的成就,堪比欧盟的欧元和难民问题以及美国的中东和贸易问题,但中国的人口几乎是欧盟的三倍、美国的四倍。棘手的问题得到了解决。中央让相关个人和企业(国营或民营)和各级政府分担损失、接受惩罚,表明中国非常务实,没有受到意识形态或教条的限制。

尽管如此,并不意味着2011年10月之后,经济或金融市场就一帆风顺了。市场情绪不断受到冲击。在许多方面,困难才刚刚开始。在资金充足的银行和股市助推下,新房地产供应激增,迫使经济刺激措施回撤,导致房价暴跌。一些开发商破产了,但这些都是可以管理的余震。

中央领导视察温州透露了三大消息:刺激问题正在得到解决、民营企业将发挥更大作用、一切尽在政府掌握之中。中国被误解的优势和现实最终迎来了最后一仗。然而,尽管温州已经表明行动即将到来,但2011年底中国怀疑论者仍然认为改革已经死亡,"脆弱"的制度将崩溃。他们的疑虑不会消失。

现实、认知和时机

中国经济的现实和表象往往大相径庭。在经济繁荣时期,公众舆论容易过于自信;在经济不景气时,又似乎会预示着灾难。西方世界普遍认为,自1945年以来,全世界范围内,没有比2008年全球金融危机后更糟糕的时期。西方正是透过这种极其悲观的视角看待中国对危机的应对,而忽视了中国正在取得的巨大积极进展。

外国对中国一夜之间取得改革成果的期望一直是不切实际的。认为中央计划和行政措施不能及时调整,但事实远非如此。一个领域的改革往往对其他领域产生负面影响,这就是魔方效应。变革是一个非常复杂和漫长的过程,犯错误在所难免,但危险在于错误可能破坏对进一步改革的支持。因此,必须非常仔细地考虑各阶段改革的顺序。每个中国政治家和官僚都知道中国和他们自己的职业生涯的危险,没有人想要达到不切实际的目标。没有人想成为900年前变法失败的宋朝宰相王安石,尽管当时他得到宋神宗庇护,但最终仍被保守的既得利益集团打倒(参见本书第一章)。

然而,行动太慢同样危险。慈禧太后最终同意改革时,已经无法阻止清朝覆灭了。她几十年来一直拒绝改革,包括1898年她的侄子光绪帝的"百日维新"遭到朝廷保守派的反对后,她还囚禁了光绪帝。变法的首席政策顾问康有为逃离中国,而改革派"戊戌六君子"则被处决。今天没有人想成为末日圣徒。每个官员都知道审时度势,最关键的是何时实施政策,这是处理变革的现实。在政策实施中,时机为王。

和许多国家一样,中国可能会陷入一个与自己作对的系统中。为了实现真正的变革,领导者必须"走出去"或重塑现有系统,以确保持续改变。1992年的邓小平和自2012年以来习近平的行动就说明了这一点。

革新求变

中国的改革开放始于1978年,代表事件是深圳这个昔日的小渔村在40年内家庭收入中位数达到香港的两倍,发展成为电信和交通方面的世界创新中心。邓小平是深圳改革开放的总设计师和先驱,仍然经常出现在城市广告牌上。

改革的第二个主要日期是2017年的中共十九大,习近平重启改革,将国内发展目标定为到2050年把中国建设成为"社会主义现代化强国"。2025年中国可能成为世界最大经济体,习近平将中国置于世界舞台中心,在巴黎气候变化协议中发挥主导作用,并在达沃斯世界经济论坛捍卫更自由的多边贸易体系。习近平称之为新时代,这不仅是中国的新时代,也是这个日益变革的世界的新时代。

第八章

为什么很多人曲解中国

"巨大、雄伟、令人敬畏的长城，静静地耸立在薄雾之中。长城是孤独的……威严的……无情的……它完全不为外界所动，就像它所拱卫的伟大帝国一样神秘。"

——威廉·萨默塞特·毛姆《在中国的屏风上》 1922 年

"你说中国很模糊，我答中国是很模糊，但可以找到光。去寻找光吧。"

——布莱兹·帕斯卡尔(1623—1662)
《思想录》 1670 年

　　为什么许多人对中国有误解？这是意料之中的事，因为许多人通过西方的眼睛来看中国。即使在亚洲的其他地区，人们也会被西方的观点所影响。不管在哪里都有相同的误解，它的根源在于对真相的固有看法。它们深受观念、信仰、流行文化、媒体和直接经验的影响。人们并不重视其他基于不同经历和思想的历史、哲学和政治。事实上，大多数人缺乏这方面的知识。

他们的观点通常是观察者的而不是被观察者的,正如牛津的雷蒙·道森(Raymond Dawson)半个世纪前在《中国变色龙》中所写的那样,他还指出"共产主义将中国从我们这隐藏了起来"。如今,这种情况仍然存在,尤其在美国。即使没有意识形态或文化的偏见,西方人也很难清楚地了解中国。规模、差异、距离和不熟悉是理解的障碍。似乎有太多新的或未知的事物使人们不知道从哪里着手。

宏大和困惑

中国似乎太庞大了,不能一下全部理解。首先是它令人生畏的规模。诺埃尔·科沃德(Noel Coward)在他 1930 年的舞台喜剧《私生活》中写道"中国,非常大"。这部剧有一部分就是他俯瞰上海滩时写成的。詹姆斯·金奇先生曾经写道:

> 中国不喜欢被人贴标签,尤其不愿接受外国人强加给他们的各种各样的意识形态。对于那些相信中国适合任何一个他们为之构建的狭隘的意识形态轨道的人来说,这是一场噩梦。观察中国唯一合适的框架就是认同这是一个具有人类已知的每一种能量、恶习和美德的地方。

然后是截然不同的语言和中国式思维方式。它可能会令人困惑,尤其是对强烈拥护逻辑理解的笛卡尔式思维者来说。阴和阳的概念使许多西方人感到困惑。看似矛盾的消极和积极的力量怎样相互包容和支持?然而,尼尔斯·玻尔(Niels Bohv)开创性的量子物理学论文的封面上就有个阴阳图案,说明西方科学的重大进展。西方还是有人理解

145

了这个概念并且用它来洞察真理。

仅靠一个相信未来的强烈信念,无论是欧洲的黑格尔哲学还是美国的天定命运论,要了解一个思维方式如此不同,并且拥有如此悠久历史的国家非常困难。从2000年前和1400年前的汉朝和唐朝的巅峰时期,到理解今天的中国并展望未来的中国,这一切都使许多西方人感到困惑。但是对中国人来说,这不是遥远的过去,而是现实的镜鉴。很少有西方人可以企及中国人沉浸在历史中的做法。

想象一下,当你在看一个三英尺高、有着3000年历史的壮观的周代青铜器的时候,博物馆馆长问,公元前1046至前771年西周时期,英国的国王是谁? 在安徽黄山当我被这个问题难住时,我的大脑疯狂地在我非常模糊且有限的英国历史知识中搜索,我能回答的只是一些小首领的名字。更重要的是,很少有西方人会认为这样的知识和当今世界是有关联的。在中国,这样的人却很多。对于大多数西方人来说,3000年的时间太长了,当时他们的国家治理方式也不像中国那样井然有序。

有关人类发展的观念在西方是根深蒂固的。其广义假设在于,未来会比过去更好。在"年轻"的文化中更是如此,这些文化是只有几百年或几十年的历史,例如美国,而不像中国那样有上下几千年的历史。前者支持直线前进的观点,后者相信循环发展的观点。

谁的长城

用长城来比喻理解的障碍真的是太绝妙了,它还引出了一个问题:长城是谁的长城? 从中国的角度来看,问题更多的是在于观察者,而非被观察者。长城属于观察者。意识形态和偏见构成了障碍,这些障碍又因恐惧、大众文化,特别是媒体而加剧。共产主义和东方主义似乎向西方隐瞒了真正的中国。

在经济方面,北京的数据和政策意图也不一定有助于理解中国。首先,中国长久以来都有保密的传统。中国人掌握了这种过度简化并适时调整的方法,但外国人由于缺乏对当地的了解,很难领会这一点。

此外,正如近一个世纪前威廉·萨默塞特·毛姆(William Somerset Maugham)写的文章中体现出对中国的洞察、理解和共鸣,"最能阻碍两国建立友好关系的莫过于一种认为他们会珍爱对方特征的荒诞想法了。"他在这里说的不是中国,而是法国,但是其实他还可以同时解释许多世界性问题,包括中国今天是如何被误解的。

对新兴强国的反应很少是慷慨大方的,更多的反应是出于原始情绪。当美国还处于 19 世纪中叶的上升阶段,查尔斯·狄更斯(Charles Dickens)与马丁·丘斯韦特(Martin Chuzzlewit)展开了一场论战。正如西蒙·卡洛(Simon Callow)在一篇序言中写道:

> 狄更斯从一开始就通过一篇篇带着个人仇恨的荒诞讽刺作品把刀子插进了美国,能够从中明显感受到愤怒得以发泄。他个人对浮夸、吹嘘、撒谎和散漫的厌恶,并没有因为任何关于美国优点的暗示而得到平衡。

美国的主题是利己主义,它经常对那些正在崛起的国家提出指责,就如奥巴马总统批评中国让一些本该依靠美国维持和平的国家和地区"搭便车"一样。

误解的根源往往在于以下四个主要因素。

1. 人们对自我的看法是由"重要他人"来定义的,不是别人的样子,而是他们在与自己对比和并列中的样子和表现。这种心理让人们对自己持有积极态度,往往强调优越感和独特性,同时也增加了一些威胁性因素。

2. 这也就说明了新闻通常报道坏消息而非好消息的原因：坏消息才有销路。

3. 舆论领袖，不管他们是新闻工作者还是经济工作者，往往都是成群结队地猎食。因此，在主流报道中，通常会有一个观点占主导，排除其他观点。

4. 最后是模棱两可。有些文化比其他文化更容易接受它。其中一个极端是亚洲人，包括中国人，他们看到了它的优点，并能普遍地接受它。另一个极端，是信奉笛卡尔主义的许多西方人不接受这种不准确不清晰的灰色地带，并非所有人都如尼尔斯·玻尔一般。研究证明，富有创造力的人更能适应模糊情况。

随后，对中国的不熟悉被认为是造成误会的根本原因。这种不熟悉经常导致询问者在另一个国家的惯例、历史和经济发展的时空环境中，问出错误的问题，关注了错误的信息，反而忽视了与问题关系更紧密的内容。

中国看起来身处"迷雾"之中，似乎欠缺清晰明确之物。综合威廉·萨默塞特·毛姆所说，中国幅员辽阔，人口数量世界第一，远超欧美。在中国悠久的历史中，上好的丝绸和瓷器反映出它们的价值，并缔造了一个全盛时期。但是对于外国人来说，远不止如此。中国好像是沉默的，马来西亚性格强硬的总理马哈蒂尔·穆罕默德（Mahathir Mohamad）曾注意到，通常情况下，西方人，尤其是美国人不喜欢沉默，但亚洲人恰好相反。对于西方人来说，沉默隐藏了主见，表达着反感；沉默意味着阴险、怯懦和威胁。

与我们截然不同，中国是与世隔绝，独立高冷的。所以它无所畏惧。

长城是孤独的,它默默无言地爬上一座座山峰又滑入深深的谷底。长城是威严的,每隔一段距离就耸立一座坚固的方形烽火台,镇守着边关。长城是无情的,为修建它,数百万生命葬身于此,每一块巨大的灰色砖石上都沾满了囚犯和流放者的血泪。长城一里接着一里,沿着绵延不绝的山脉而展开,直到亚洲最边远的角落。它完全不为外界所动,就像它所拱卫的伟大帝国一样神秘。

上文出自毛姆的《长城》,这是他 1922 年出版的《在中国的屏风上》中的一个小短篇。压抑与分歧都是当时的主题,这是毛姆这个外国人眼中主要的视角,其实质是消极负面和充满威胁的猜想。

负面叙述

1997 年的《即将到来的对华战争》,2001 年的《中国即将崩溃》和 2004 年的《一江黑水:中国未来的环境挑战》,或以书名描绘出近期"中国威胁"的演进,或以文体展现即将到来的灾难。它们中或许包含了部分北京已经明确掌握的事实,但是它们危言耸听的题目无助于把握最可能发生的长期结果。过去存在的许多问题都将被解决。这有许多原因,不仅仅是中国在追逐自己利益的过程中理解和调整改变的能力。

由于缺乏足够的长期观察,这些题目看起来像是一个世纪前"傅满洲"系列电影的延续:一个邪恶之人的不祥的威胁,将带来棘手的结果。2011 年上映的《致命中国》,由唐纳德·特朗普的顾问彼得·纳瓦罗(Peter Navarro)执导,就是最新的例证。这进一步暴露了西方对中国的恐惧、无知和偏见。正如《远东经济评论》的记者们常讽刺的:"不要让事实阻碍了思想。"

中国经济的持续高速增长已经证明怀疑论者的错误。2008年,经合组织其他经济体受到严峻挑战,经济减慢甚至停滞,中国仍在调节着金融的繁荣与萧条。鉴于这就是大多数全球时事评论员们持有的立场,所以难怪他们的判断会被一切可能的、包括中国经济在内的经济结果所蒙蔽。在他们心目中,一个摇摇欲坠的中国才配得上一潭死水或忧心忡忡的言论。

西方到底多重视中国尚不明晰,这是一部分问题所在。以中国为中心的亚洲也许会在未来胜过欧洲和美国,成为世界第一大经济体和贸易区,但是亚洲以外的人们依然不屑于了解任何关于中国的重要事件,因为他们的关注点已聚焦在2008年全球金融危机后自己国家的事务上。因此最好的观点是认为中国属于外国事务,最坏的观点则是认为中国是威胁。半个世纪前,三位欧洲学者的言论可以帮助我们了解为什么中国备受误解。

弗朗索瓦·杰弗罗伊-德查姆(Francois Geoffroy-Dechaume)于20世纪30年代在北京长大,在1967年的《中国看世界》中评论道:"世上没有比别人的现实生活更好看的小说。"这是一个区别于"重要他人"的自我定义的一个例子。这位法国作家继续说道:"我们未能理解中国人是因为我们没有理解我们自己,没有认识到他们不喜欢我们的地方。"西方人很少想过后者,但这是中国人和西方人之间误解的主要原因。由于经常被故意误解,中国人肯定内心有些抗拒,心存疑虑,甚至怨恨。

"西方文明似乎是人类社会进化的最先进的表达,但事情绝不是那么简单。"法国著名人类学家克劳德·列维-斯特劳斯(Claude Levi-Strauss)于1963年写道。如今当然更不简单,当今世界大国遭受内忧外患:国内部门失职、国外莫名冲突不断。他们使用的军事和财政手段造成意想不到的后果,还引起无穷的、更深层次的问题。这可不是应该被效仿的最"先进"社会,更不可能有能力理解复杂的中国。

雷蒙·道森在 1967 年写道:

> 在我们对中华文明的理解与中国过去的成就和未来的重要性充分匹配之前,我们还有很长的路要走。对于绝大多数人来说,中国还是显得不太真实。他们仍然把这个国家与扇子和灯笼、长辫子和眯眼睛、筷子和燕窝、亭子和宝塔、洋泾浜英语和裹小脚联系起来。

可是为了更好地理解中国,这种视角有任何程度的改变吗? 除了关于毛泽东和高铁的一些观点有所改变。鉴于现在中国有 13 亿多人口,是世界上最大的贸易国和第二大经济体,这种理解当然不够。再次引用道森的观点,很多人很难对"一个有异域文明的偏远国家"持客观态度。冷战期间和冷战之后尤其如此,有关共产主义特别是中国的成见已然生成。随着 2008 年后全球经济格局的调整,紧张局势在加剧。

观念的改变主要反映了西方认知趋势的变化,而不是中国的变化。许多外国人都是以自我为中心的,倾向于将中国与他们熟悉和感兴趣的东西联系起来。20 世纪 30 年代早期,美国的赛珍珠(Pearl Buck)和埃德加·斯诺(Edgar Snow),或欧洲的马尔罗(Malraux)和马克思的同情观点渐渐地被冷战时期特别是 20 世纪 80 年代里根—撒切尔时代的观点所替代。2008 年全球金融危机,再加上英国脱欧和特朗普当选美国总统,西方知识分子忙于应对未来的压力和焦虑,对中国的认知又成为焦点。

心理学家表示,人类不愿意改变和适应改变。许多人只是希望未来保持现状或不久前的样子。惯性很强大。行为经济学用平白的语言谈近期偏差:后视镜驾驶。不要相信最近的趋势是朋友,最好是向前看,了解前路有无坦途,弄清楚可能发生的事情以及它们何时发生,以便做好准备。对许多人来说,这是违反直觉的;他们认为改变是缓慢而且是可预测的,不过是一个非常平凡的灰色词。

2002 年,我在做中国汽车市场研究,这对我来说似乎很有吸引力,但一位著名的中国怀疑论者驳斥了我的观点,他认为中国的汽车市场现在和澳大利亚一样大,而澳大利亚只有 2000 万人口。他对中国市场不感兴趣。他参考的是 20 世纪 90 年代初期,当时许多顾问预测中国汽车需求将实现两位数的年增长率。专家们大错特错了,实际增长率平均只有 6%。不久前还是这样一位数的增长,可能会持续下去,这就是近期偏差。我的参照物就不一样了。我在富裕的东南亚生活了 20 年。多年来,由于工业化和城市化带来的收入增加,S 曲线急剧上升,汽车需求增长了两位数。S 曲线显示不同收入水平的人群对产品的需求增长。随着收入的增加,不言而喻,更多的人可以买得起汽车,因此需求会加速增长。当人均年收入达到人民币 8 万元时,中国将进入这一阶段。仅仅 10 年时间,中国就成为世界最大的新车市场。从此没有人再拿中国与澳大利亚作比较。

不同类型的人对中国的看法不同。持积极心态的人看到中国的进步。道森举了一个例子,一个喜欢篮球的游客认为中国正在进步,因为篮球场的数量正在增长。那些心态消极的人会专注于他们自己的政治、标准和问题,忽视了要以中国自己的方式或优先事项来判断和评估中国的问题。

先入为主的误解比比皆是。每个人对中国都有自己的看法,正如每个人对美国的看法不一。这些看法往往通过易于理解的有声媒介表达,这些看法来自于并非在中国获得的种种经验。每个人都有自己的世界观,很大程度上是在几十年前的冷战期间由老一辈人形成的,这与年轻一代所处的现实大相径庭。无知的根源是缺乏对当前现实、历史和地理的了解。在美国,亨利·基辛格认为教育系统应该对此负责。

对某些人来说,恐惧是导致误解的原因,包括对未知的恐惧,对另一方的恐惧以及对西方世界逐渐失去其优越性和经济支配地位的恐惧。这些恐惧困扰着那些认为世界不会变也渴望世界不变的人。人口开始决定经济权重,而经济权重又转化为权力和影响力。首先是中国,然后是印度,其次是印度尼西亚、巴基斯坦、孟加拉国、巴西和尼日利亚,它们最终与北美和欧洲竞争,并且总体上远远超过它们。对于那些感觉受到威胁的人来说,这是令人不安的前景。西方有可能变得像"茶党"一样,以保守派地方精英的眼光看世界,无法接受新世界。无论全球经济日益繁荣所带来的普惠利益多大,恐惧仍然存在。

流行文化也于事无补。妖魔化亚洲人,尤其是恶搞中国人的美国电影中的傅满洲和德皇威廉二世(Kaiser Wilhelm)造出的"黄祸"一词已经导致了对中国的刻板印象。尽管严肃的好莱坞作品如《现代启示录》和《战火屠城》都没有安抚亚洲人的紧张神经或纠正对他们的偏见,但这个世界已经发生了变化。孔子的形象不是一个受人尊敬的哲学家,而是一个眯缝眼、拿腔拿调地说"子曰"之类的陈词滥调而遭人嘲笑的人物。显然,1858 年英国漫画杂志《笨拙》上刊登的打油诗《约翰·中国佬》中所暴露出的粗暴的种族主义和今天的媒体之间存在巨大差异,但是排外主义和近视并未消失。读这首诗很难不打寒战,因为经过了 150 年后,种族主义元素依然有意无意地呈现在人们面前。

西方对中国的种族优越感逐渐被另外一种消极的态度所取代:中国人应该和我们一样。他们应该遵循我们的规则、我们的制度和我们的思想。任何不同的东西都是低级的,是对我们的一种挑战,也很可能是一种威胁。爱德华·赛义德(Edward Said)对东方主义的批判虽然主要针对中东,但中国与之有许多共通之处。夸大差异、西方的优势推定、异国异调、神秘莫测的东方、非理性主义和内在的弱点仍然是一些西方人观念的一部分,即使它们仅仅存在于潜意识之中。

沟通交流

即时通信和自由表达观点也没能改善这一局面。为什么总有人误解中国？媒体难辞其咎。几千英里之外,总部的编辑和副编辑掌控着故事的情节(有些人会说是目的),现场记者知道要达成这些目标才能晋升。对于很多人来说,不用说普利策奖,就算是来自同行或编委认可的诱惑都是很大的。

俗话说"上梁不正下梁歪",所以我们从编辑开始说起。他们指明方向,以便及时迅速地找到煽动性的新闻来抓住观众或读者。而那些需要耗费多年,甚至几十年跟踪的缓慢新闻没有发展的潜力,尽管那往往是主要的长期新闻。时有发生的战争、饥荒和死亡充斥着新闻栏目,而较长期的社会和政治变革很难引起人们的兴趣,因此也不被报道。国际版的编辑们从美国或欧洲中心的视角看待世界,不太可能放弃相信了一辈子的知识,而选择一种他们知之甚少的不同世界观。这种20世纪的世界观已经耗费了他们大量的精力,坚持这种一成不变、令人舒适的现有观点使得他们的生活更容易、更安全。

诚然,对一个像中国这样大小的国家保持一种平衡的观点是很困难的。"啊,是的,平衡",一位资深记者叹了口气,回忆起40年前他在从业早期时报道亚洲的指导原则。在全球范围内,幻灯片正在取代报纸,社交媒体正在取代新闻报道,互联网和社交媒体已取代了网络电视。新闻业也发生着如此多的变化。平衡的观点如今听起来像老古董,就像记忆中与一位可敬得体的姑母共进下午茶。遗憾的是,在这个颠覆和变革的"后真理"世界中,这将不再存在。

正如《纽约客》作家艾凡·奥斯诺斯(Evan Osnos)在《雄心勃勃的

年代》中回忆的那样,记者在中国的一天可能从早上采访一位新大亨开始,到晚上与批评人士见面结束,不可能反映中国近 14 亿人的生活。就像在美国和欧洲一样,中国的新闻是混杂的,一些好消息、一些坏消息、一些无聊的消息。试图向对中国知之甚少的全球听众传达这些信息是一个巨大的挑战,哪怕意愿是好的。尤其看国外新闻比国内新闻有着更多的时空限制。采用坏消息比重复陈词滥调更好,它反映了需求,占据了头条新闻。这不是什么新鲜事。1857 年,安东尼·特罗洛普(Anthony Trollope)在《巴切斯特塔》一书中写道:"谴责很容易,也令人愉快,因为悼词没有像诽谤那样吸引听众。"诽谤污蔑的新闻更能叫座。

中国也不总是提供帮助。有着 2000 多年历史的《道德经》中写道:"知者不言,言者不知。"高级官员谨遵这条名言,因此提供给记者的信息十分有限。随着中国增进对于软实力的理解,这种情况无疑将有所改变。政府明白应该在通信方面下功夫,如同公司有必要向投资者说明情况一样。实际上在 2006 年的达沃斯经济论坛上,国际货币基金组织的总干事克里斯蒂娜·拉加德(Christine Lagarde)认为中国落后的通信影响了货币市场。斯坦福大学经济学博士、担任中国证券监督管理委员会副主席的方星海承认中国的通信不是为了引导市场而建立的。他表示:"我们必须要有耐心,因为我们体制的建立方式并不能和市场无缝对接。"耐心和渐进,是中国的两种传统美德。这不是断然的无视,政府知道改革势在必行。一个月后,习近平和李克强分别强调了通信的重要性,使得政府将此提升为软实力中需要优先发展的领域。2017 年,中国建立了中国环球电视网,希望以此打造自己的"半岛电视台"。

提供更多的信息渠道是否有助于改变国外媒体对中国的报道还有待商榷。曾在路透社工作如今担任英国《金融时报》新兴市场主编的詹姆斯·金奇被视为过去 20 年来对中国经济报道最为公正的人。他所经历的两件事说明了这种偏见。1989 年秋天,金奇报道中国迎来了一个粮食丰收年,事实也确实如此。而他却被告知这是政治宣传,不应该被报道出来。

2006 年,当詹姆斯·金奇在上海外国记者俱乐部宣传他的新书《中国震撼世界》(*When China Shakes the World*)时,他陷入了众人对于中国强烈的批判声中。起初,他真诚亲切地回答了各种问题。当这些回答不能平息各种充满敌意的问题时,他用一个事实回击了提问者。根据世界银行的报告,中国自从 1980 年开始带领 4 亿人口脱贫(在 2016 年这个数据大概是 7 亿),难道这项成就还不足以回应其他的一些批评,让大家正确看待存在的问题吗?对于有些人而言显然是不够的。然而,这也是一个很好例子,表明在针对中国的问题上,许多人常常一叶障目,不见森林。人们总是忽视在大局层面上缓慢推进但不太明显的发展,而关注更加明显的问题,即使这些问题不再像以前那样突出。

作为对外开放的一部分,中国是否会对外国记者采取一个更加包容的态度?毕竟是他们,而非中国官方媒体才是向全世界报道中国的一线媒体。时间会证明一切。如上所述,西方新闻报道往往不够平衡公允,因此会使得记者和中国政府陷入冲突。此外,外国记者承受着在中国生活的各种压力,包括北京人口众多、空气污染严重。因此许多人备受折磨也就不足为奇了,这就是中国倦怠症。生活在高速转型期的中国,大多数人无法承受这种转型的速度和强度。中国倦怠症不仅对记者造成了影响,许多从事商业、外交以及学术研究工作的人也饱受折磨,不得不回到了自己的国家。

软实力的发展能够推动中国寻求解决的办法,虽然有像经济政策之类的优先事项,会使得问题的解决不会那么迅速。但一切都不能操

156

之过急,渐进主义是一切的指导。中国政府并不是没有意识到这个问题。普利策奖得主伊恩·约翰逊(Ian Johnson)在他的《野草——现代中国的三个变革故事》一书中承认,如果没有官员的帮助,外国记者甚至不能成功地进行相关报道。其中有一些关照,但也要遵守相关规则。

不同的方法没有错,只是不同而已

不过,这不仅仅是获取信息,而获取信息只是问题的一半,诠释信息是另一半。外国人不应该认为在亚洲茶馆或咖啡店的信息诠释等同于伦敦酒吧或纽约交易柜台上的信息诠释。

他们应该反思 1943 年李约瑟(Joseph Needham)在中国第一天学到的一课。温斯顿·丘吉尔将剑桥大学的李约瑟送到中国当时的陪都重庆,看看英国应如何帮助那些撤退到重庆逃避日本侵略的大学。搭乘老旧的 C-47 飞机,从加尔各答飞越喜马拉雅山,飞行 3 小时后终于抵达。李约瑟在英国大使家里休息时注意到园丁在嫁接果树。文思森(Simon Winchester)在《炸弹、书和指南针——李约瑟和中国的伟大秘密》中记录:李约瑟知道如何嫁接,认为园丁的程序不对。然而很显然,这是位园艺总管。疑惑不解的李约瑟一直盯着他,直到下午。李约瑟恍然大悟:园丁不可能嫁接出错,因为中国种植果树的历史远比英国长得多,而且这个人已经是园艺总管,他只是采取了不同的做法而已。李约瑟在中国的第一课就是要明白差异不等于差错:这对许多人来说都是一个很大的教训。

努力了解中国的人会遇到很多障碍,但这并不意味着中国是无法了解的。事实并非如此,有很多资源可供使用,可以帮助那些准备付诸努力深入了解中国的人。考虑到中国目前的重要性,更不用说将来可能达到的显赫地位,一切努力都是值得的。经常被忽视的是,只有了解中国的背景,特别是其历史和哲学,才能真正了解中国。中国并不是只有一种解读,应该有很多种对中国的解读方法,从最乐观到最悲观,各种维度,不一而足。

如果不了解中国的历史和哲学,中国依然会是扑朔迷离的,即使是对那些说汉语的人而言,也只能是以他们自己的方式而不是以中国自己的方式来解读。中国应该是被观察的对象,而不是观察者,更不是在现实基础上的虚构小说。不同只是差异而已,不代表差错。

有时对中国产生误解没有别的原因,只是心理上的认知失调。它是当新信息与已有认识发生矛盾时导致的不适,尤其发生在那些执迷于某种特定想法的人身上。正如弗朗茨·法农(Frantz Fanon)总结道:

> 有时人们执着于一个核心理念,当听到不符合他们的理念的一些证据时,他们拒绝接受新证据……而且因为一味保护他们自己的核心理念,他们会试图理顺或者干脆忽视甚至否认任何不符合核心理念的东西。

可是经济学里的固有核心理念更多、更强大。

第九章

中国经济为何被误解

> "理论上来说，理论与实践之间应该没有差别，但实际上是有差别的。"
>
> ——原纽约洋基队球员 尤吉·贝拉（1925—2015）

关于如何才能更好地发展经济这个问题，西方思维深受固有观念困扰。西方人只了解成熟的经济体，因此许多人都认为中国就应该像成功的西方经济体那样，完全不考虑发展阶段和发展背景的差异。那恐怕是观察者想象出来的中国经济，而不是实际上观察到的中国经济。

中国在 1978 年之后选择了一条务实的发展道路，将发展经济学的概念与其他手段相结合，比如让市场和竞争发挥越来越重要的作用。然而随着西方学术思潮转向，芝加哥学派取代凯恩斯主义，一种新的正统观念——华盛顿共识（Washington Consensus），由一群新的传道者——汉堡包经济学家（Hamburger Economist）传播到新兴经济体乃至全球范围内，此后他们一直混淆视听，阻碍外界对中国经济的理解。

思维转折点

正当进入改革开放时代的中国开始从计划经济转向市场经济之时,西方经济学理论又各自经历了自身的重大转变。例如芝加哥学派崛起,发展经济学和凯恩斯主义失去优势地位,发展中经济体除了复制芝加哥学派所宣扬的观点之外,没有任何明确的正统道路可循。

渐渐地,大多数学术机构、政府部门和多边机构,尤其是国际货币基金组织和世界银行,只认可一种模式。这种新古典主义经济观点被称作华盛顿共识,但它的发展完善主要在位于美国腹地的芝加哥进行,而不是东海岸的哈佛和西海岸的伯克利,更不是大洋彼岸的牛津和剑桥。这个体系不考虑任何结构性差异,认为这套模式能放之四海而皆准,但事实并非如此。这不是说芝加哥学派的观点就是错的,重视市场运作很有必要,这一改政府分配资源的现状。但是,发展经济学和凯恩斯主义的观点同样宝贵,它们具有基于社会结构的长期视角,对市场失灵的洞见和针对新兴经济体发展问题的解决方案,而芝加哥学派在这方面存在缺失。

"汉堡包经济学家"对此也是笃信不疑(参见本章"汉堡包学派")。20世纪90年代到21世纪初,他们的堂兄弟——汉堡包学派分析师和基金经理紧随其后,进入了新兴市场。他们只接受芝加哥学派这一种模式及其相关的金融理论,而忽视其他因素,包括理论的环境、视角和背景。

对于整个汉堡包族来说,数据就是一切,足以完美地驱动市场。流动变化的丰富数据驱动着市场和贸易的齿轮,运转毫不费力、无可阻挡。然而,他们关注的数据几乎完全来自于成熟的市场和经济体,却忽视大量诸如贸易、教育水平、研发支出等相关数据,制度结构更是被他们抛在脑后。令人难以置信的是,他们甚至忽视了 21 世纪中国民营企业崛起成为主导性力量的重要趋势。这其中的讽刺意味在于,汉堡包学派笃信民营企业的优越性,而中国恰恰证实了这一点。

发展经济学与中国式思维

发展经济学的一大优势是其内在的变革假设,将长期发展视作一系列需要按照合适顺序进行的步骤。这看上去很有道理,却被许多西方机构嗤之以鼻,芝加哥学派取而代之,理性人和数理经济学的统治长达 30 年,这影响了汉堡包学派。但在中国则不是这样。

中国从未放弃对发展经济学的兴趣。发展经济学整合了许多观点,并非特定的派别,但都植根于对发展中经济体发展规律的观察经验,它不排斥其他方法。中国也能快速接受近期兴起的宏观经济管理理论。打造了可持续经济体系,其中也包括芝加哥学派的想法,尤其是这个理论中对市场的重视。

中国近年来的长期经济思维很大程度上参考了发展经济学关于基本构件的分析,它是阶段性的发展过程,且曾作为西方主流观念长达 10 余年。其框架最早于 20 世纪 60 年代由美国总统约翰逊的国家安全事务特别助理沃尔特·罗斯托(Walt Rostow)在《经济增长的阶段:非共产党宣言》中提出。这种理论完全不具有马克思主义色彩。罗斯托是一位经济学家,在亨利·基辛格之前担任美国总统国家安全事务助理。他反对共产主义,笃信资本主义和自由企业。他认为,在制定政策前,先观察理解一个经济体的经济发展处于哪一阶段,是十分重要的。经济体在不断演化,而政策制定的关键在于理解这种演化。

这一思维有助于中国明确自己的道路。国务院副总理刘鹤对此颇有见解,他曾为一本关于 20 世纪五六十年代发展经济学家的书写过前言,并在其中陈述过相关观点。发展经济学的思潮在 20 世纪 70 年代之前曾一度成为全球共同话语的一部分,但此后便在西方销声匿迹长达 30 余年。但如今,它和凯恩斯主义一样,正在逐渐回到人们的视野中。

有趣的是,那本书中介绍到的赫希曼(Hirschman)和西奥多·舒尔茨(Theodore W.Schultz)所支持的两个观点都与中国传统思想不谋而合:其一是教育的重要性;其二是在实践中学习。舒尔茨参与创造了"人力资本"这一术语,他认为,发展需要一批受过教育的劳动力,以起到解决问题的作用,这是单纯的金融资本和投资所做不到的。正如伦敦国王学院的学者沙文·哈格里夫斯(Shaun Hargreaves)指出:"赫希曼指数体现出基层的发展,尤其是靠群众自己解决问题。"用中文来说就是通过"摸着石头过河"查明现实情况,以应对不确定性。人们必须自己学习,失败是学习中不可或缺的一部分,人们在面临失败或可能失败时才是最有创造力的,这样才能找到解决方案。创新的确是"增长和转型的动力"。群众自主解决问题的观念与中国官员和企业家不谋而合,他们称之为创新。这种方式对中国的发展来说,比依靠不了解中国的外国经济学家自上而下、脱离实际的经济模型更加重要。

对于其他经济学家,刘鹤提到了威廉·刘易斯(William Lewis),刘易斯认为增长的最初动力是把自给自足农业部门的剩余劳动力转移到制造业。一旦盈余耗尽,工人工资就会上涨,这就是"刘易斯拐点",它能够解释中国所处的现状,并拉动消费。米尔达(Myrdal)的观点很有意思,他提到过去的经济史决定了一个国家将来的经济道路,他的观点正符合中国哲学。鲍尔(Bauer)反对农业支持计划,认为这是浪费资源的低效率补贴。而明特(Mynt)是个自由主义者,他把发展主要归因于自由市场。还有纳克斯(Nurkse)、罗森斯坦-罗丹(Rosenstein-Rodan)、布雷比斯(Prebisch)、辛格(Singer)、维奈

（Vinet）和哈伯勒（Harberler）等很多经济学家,他们的观点都与中国的经济现实有关联。

关于对这群人的选择有一点很重要,它没有排除任何主流学派,也没有厚此薄彼。不像西方那样,要么是凯恩斯学派压倒了芝加哥学派,要么就是相反。中国正在寻找实用的、非意识形态的观点。相比之下,汉堡包学派的学者们将西方自由市场的规则强加在中国之上。难怪他们认为中国存在很大缺陷而且效率极低,认为中国正濒临崩溃,就像曾经的苏联。

"汉堡包学派"

"汉堡包经济学家"是 20 世纪 70 年代牛津大学研究生研讨会上催生的一个贬义词,指的是用发达国家成熟的、基本不变的发展经验指导发展中国家的外国经济学家。

为何是"汉堡包经济学家"？这个贬义词的由来是因这种经济学家在他提供建议的国家唯一接触的就是高档涉外酒店的咖啡厅和全世界都一样的美国汉堡包,而不是品尝当地的美食、了解当地的习俗和经验。他不懂当地的知识,在当地待的时间也比较短。当《驾驭市场》的作者、乘火车做田野调查的社会人类学家罗伯特·韦德（Robert Wade）问起经济学家明特为什么在台湾的研究访问时间如此之短,明特半开玩笑地解释说,如果他再多待几天就会开始困惑了。实际上,韦德在台湾待了 6 个月,研究政府在支持企业中的决定性作用,他要找的可不只是汉堡包。

大多数的研究者会去访问中央银行、财政部,也有可能去统计部门,这能够获得的信息非常有限,还有与当地学者的讨论,这些学者中的很多人是这些经济学家的学生或校友,然后才获得像在国际货币基金组织、世界银行这样机构工作的显赫履历。有这样留过洋、想法一致又权威的信息渠道,汉堡包经济学家还需要别的更多的东西吗?

安格斯穿着一件在巴加莫约和巴厘岛之间的某个当地市场上买的俗气的花衬衫。他开始谴责道,这个国家的首都不仅仅有精美绿化带和让外国人熟悉的咖啡馆,它非常的多样化,更贫穷也更复杂。他喊道,大家都搞错了!汉堡包经济学家只不过是格雷厄姆·格林(Graham Greene)笔下天真、善意、安静的美国人的另一种写照,在一个不熟悉的国家,这种认识力不从心。

安格斯可不是汉堡包经济学家,他从花衬衫销售商那里真的得到了市场的真实信息。这个销售商没有银行贷款(这是不健康的信用风险,不像总统的孩子或是其他精英阶层的子女那样),但他知道黑市资本市场的一切,如果他幸运的话,贷款利率为3%,通常风声紧的时候是6%。虽然这利率出奇的高,但他稳定了自己的财务状况并挺过来了。他熟谙居住国近期的经济史、政治史,他的理解比大部分学者都生动,更不用说外国顾问了。知识代代相传。他懂得如何解读政府的计划与声明。市场是信息的核心,数百年来,信息从全国乃至世界各地汇聚于此。使用庞大网络,就能查到姓名。根本不需要高学历,只需懂一点常识和当地知识。他紧跟经济发展的脉动,跟汉堡包经济学家们完全不一样。

往前推20年或30年,进入汉堡包兄弟、汉堡包分析师与汉堡包基金经理的时代,会发现他们在全世界发表即时观点和看待市场的方式,在财经频道或社交媒体上侃侃而谈。他们拿来的都是其他地方发展的理论,支撑理论的数据被当地市场视为无稽之谈、支离破碎,显然无法通过"冷面测试",以至于贻笑大方。过去十年,即便只是虚拟探访,汉堡包兄弟的首选目的地也是北京,而不是巴加莫约或巴厘岛。

下一个大事件

人们对"下一个大事件"往往翘首以盼。虽然没有多少人有合适的经验来完全理解它,但这不重要。实际上,在短期市场中这种做法可能还占有优势。知识也许会阻碍我们得出明晰的结论。但更重要的是,我们需要了解受众。受众认为哪些东西可信呢?

中国成了"下一个大事件",就像一张巨幅画布,任何人都能大胆涂抹以求引起关注。这种情况始于20世纪90年代中期的中国香港,投机者过分夸大中国经济与市场的短期需求。颜色越鲜艳夺目就越受人关注。想法越简单,电视名人或推销员就越容易将其推销出去,这些人基于价格走向进行投资,而非基于价值。

然而,经济和市场比这更复杂。正如H.L.孟肯(H.L.Mencken)写道:"任何……问题都有广为人知的解决办法——看似巧妙合理其实谬以千里的办法。"看涨和看跌的人在金融媒体和市场上斗争时都一样纠结。其实根本没有所谓的复杂、细微的差别,甚至没有事实的空间。人们喜欢偏颇的一家之言,因为这能赚取点击量。动力来自于投资者,尤其是对冲基金,它们经常成群捕猎。他们不像纳坦·罗斯柴尔德(Nathan Rothschild)利用拿破仑滑铁卢意外战败的独家消息在英国政府的股市中大赚一笔,他们并未试图通过掌握优质信息而获得优势。如今,比拥有独家消息更重要的是其他基金经理如何应对消息。如果投资者们跟进,且后面跟着诸多追随者,他们将创造足够的动量以推动价格,并从中获利,而基本法则便无关紧要了。

股市空头吉姆·查诺斯(Jim Chanos)宣称中国楼市将崩溃前肯定从未造访过中国。他认为中国楼市必定崩盘,比2008年迪拜危机严重1000倍或更糟。查诺斯因为率先以法务审计揭露大型企业安然

(Enron)公司的商业欺诈行为而拥有较高的可信度。他推定自己也能同样做空中国房地产市场及其经济。然而,他忽略了一个事实:会计师事务所与发展中经济体截然不同。不论从距离或历史而言,中国都和得克萨斯州(Texas)相距甚远。这对金融市场有影响吗?大概没有。"比2008年迪拜危机严重1000倍或更糟"的说法起了一定作用。容易受影响的投资者将此言铭记于心,获得熟人的支招,中国熊市的概念在西方发酵,给做空的人带来巨大利益,他们看空市场趋势(做空者卖出手中并不持有的股票,也可以用一定的费用从持有者手中借入股票)。

要认清金融市场的重点是:要想成功获利,意见领袖不一定总是作出正确的判断。也许他们从头到尾都是错的。他们需要做的,就是说服其他投资者相信他们的预测是对的,应该跟随他们的线索。短期内市场将按照预期路线发展,不等真实世界的判断出台,就宣布游戏结束,取得成功。市场总是对未来打个折扣,实际上往往是先行动,再证明。不必说中国房地产并未像迪拜那样崩溃,更不用说"严重1000倍"了;也不必说中国房地产的平均价格翻了一番,这些都不重要。无论是任何原因,哪怕出于错误原因,只要股价下跌,短期投资也是"正确"选择。

这就是银行等金融市场与制造业市场的根本区别。如果一款车,设计糟糕,事故不断,造成数千人死亡,那这款车将无法实现安全运送人员这一首要目标。用管理者的话说,就是"不达标"。汽车市场的最终惩罚可能是销售崩溃、制造商破产。这就是制造商在推出新系列或新产品之前反复进行测试的原因。不仅仅汽车制造商如此,你也可以问问汽车安全气囊制造商日本高田公司由于气囊测试不足付出了怎样的代价。

金融市场的运作方式则不同,金融市场不会让预测错误的人承担终极代价。哪怕最后错判因果关系,只要估计对了价格走向,市场推动者还是可以一次又一次回到市场。许多跟风投资者很容易宽恕。他们不断寻找着那些用熟悉的字眼、可靠的术语包装的新理念，他们甚至会相信先前预判完全错误的人。

三大谬误和常识缺乏

许多市场参与者通常没有接受过经济学方面的培训，他们的偏见并不针对经济理论，而是受意识形态和信仰影响。这三大谬误扭曲了对中国经济的重要假设，其负面结论让人们更加深信中国可能要面临麻烦。

第一个谬误：中国由共产党长期执政，因此肯定缺乏健康经济必须的竞争。由于国家权力很大，就算民营企业不被法律禁止，其发展也得不到支持，必定处处受阻。然而，就如 10 年前迈克尔·恩莱特在研究工作组（Research-Works）研讨会上所说的那样："哈佛商学院无法用言语描述珠江三角洲企业竞争的激烈程度。"在中国 40 个工业类别中，只有 6 个类别由几个主要的国有企业占有超过一半的市场，其中两个是自然垄断部门，它们通常是市场经济中的垄断企业（参见本书第十一章）。因此，并没有国家的"死亡之手"在扼杀经济。经济部门中大部分还是竞争激烈，由市场驱动发展的。

第二个谬误：共产主义经济中一定缺乏创业精神，1949 年以前的中国没有创业文化。受保守的儒家思想压制，中国被封建制度和传统小农经济所拖累。然而，据李伯重在《中华帝国晚期的江南经济》一书中表示：19 世纪初的江南，也就是浙江和上海周边的长江三角洲地区发展水平接近荷兰。编者比利（Billy K.L.）称长江三角洲具有高度发达的市场经济。显然，中国的社会、文化和心理基因里都有"动物精神"和创业精神。18 世纪和 19 世纪的欧洲人从他们当时进口的茶叶、丝绸和瓷器以及政治理念和艺术思想中就可见一斑了。

第三个谬误:中国被认为是重商主义国家,就像日本一样,据说很重视保护自己的国有企业。这一观点忽视了外国公司主导中国汽车市场的事实,汽车制造在任何经济体中都是最大的制造部门之一。自2012年以来,中国一直是通用汽车最大的市场,市场规模超过美国。外国公司在许多技术密集型产业和细分市场中也占有很大份额。符合世界贸易组织标准的开放型经济体始终需要先进的技术。中国的务实派明白,狭隘的民族主义无助于实现远大目标。

中国和其他国家一样都会帮助本国公司,但当企业受到全球贸易规则约束,由"市场决定一切"时,国家可以提供的帮助就微乎其微了。正如2003年里昂证券(CLSA)的安迪·罗斯曼(Andy Rothman)看到的那样,北京不再袒护其国有企业,而是更多地站在消费者一边,因为消费者可以通过抗议或者直接用脚投票离开消费市场来作出选择。因此只要能带来消费者想要的质量更好的汽车,中国对外国公司占有超过一半的汽车市场份额并无异议,尽管这些公司经常与当地公司合资经营。

当汉堡包派的学者将注意力转向中国时,令人惊讶的是他们往往不顾基本常识,坚持人云亦云,采用他们自认为安全的说法,认为中国的基础设施建设过度,比如建设通往人迹罕至的地方甚至"鬼城"的道路。他们对中国的现实情况知之甚少,因此忽略了显而易见的事实:中国人总是抱怨交通堵塞和车流拥堵。在五星级酒店周边的拥挤街道上,人们推推搡搡,摩肩接踵,往往没有空间自由呼吸,更不用说放松了。他们被告知地铁总是人潮汹涌,千万不可尝试。但是,基础设施建设的实际情况与过度建设和资本错配的说法相去甚远。

由于市场渗透率仍然相对较低,到2020年中国的汽车数量可能会增加到近2亿台,这一数量在2010年到2015年间已经翻了不止一番。

随着收入的增加,越来越多的人买得起汽车,为避免大面积交通堵塞就需要建造新的道路。这才是中国的现状,但只有愿意听的人才会相信。他们也知道中国的城市化建设尚未完成,每年约有 1000 万至 2000 万人成为城市住户。这也意味着五年内需要为 5 千万到 1 亿人提供住房,更不用说还需要重新安置更多仍住在 20 世纪八九十年代建成的拥挤不堪、设施不全的老房子里的人。因此,"鬼城"将不再是空城(参见本书第十二章)。汉堡包派学者应该反思他们的所见所闻,而不是为了得出一个看似有说服力的结论,在数不尽的月度数据或概括中抓住一个点来任意发挥,与真实情况完全背道而驰。实际上中国的交通拥堵的路段可比"人迹罕至的公路"多得多。

视角、主次观念和全局观

汉堡包派学者基于数据的研究方法的问题并不在于它必然是错误的,而是数据本身不够充分。统计数据几乎什么都可以证明,但使用数据的人则需要一个合理的历史性视角,以及敏锐的主次观念,这就是全局观。

许多对中国的不足和问题的批判可能在狭义上站得住脚。但是,我们需要从更广泛、更长远的视角看问题。首先,了解现实情况要有主次观念。在过去的 50 年里,中国的经济增长速度超过世界上任何其他经济体,但中国现在仍然具有发展势头。但在任何客观的分析中,这一条就经常缺失。2016 年,中国的 GDP 增长率为 6.7%,而当时发达经济体的增长率都不到中国的三分之一。

当整个世界在贸易方面都不景气,大多数国家的表现比中国更糟糕时,担心中国的出口明显是主次不分,特别是在 2016 年中国每月都有数十亿美元的贸易顺差。然而,市场预期会出现大幅贬值,这通常不和世界上最大的贸易顺差挂钩。资本外流的硬数据很难获得，现有的也不够完整。乍一看，中国的数据似乎很庞大。然而，当这个问题出现在经济规模达 12 万亿美元的世界上第二大经济体中时，似乎就并不那么令人担忧了。

这还是说明需要有主次观念。即使统计数据真的令人不安，历史也表明中国可以通过改变政策和经济架构摆脱困境。中国在过去几十年中每次都采取了这种做法。在 20 世纪 80 年代，它扭转了 70 年代的经济局势；20 世纪 90 年代，邓小平重新启动了新一轮的改革，以解决 20 世纪 80 年代的改革不充分带来的新问题；21 世纪，改革必须继续，特别是在金融领域，为日益完备的经济体提供更强大、可持续的金融支持。中国需要的永远是时间，这是市场不会耐心提供的，但中国通过理解变革赢得了时间。

个体对变化的渴望并未消减，只不过中国的需求从基本的温饱、安全和居住空间变成了中等收入者的需求，如更好的医疗保健体系、教育、环境和闲暇生活。这种优先事项的变化往往会被遗忘。如今，西方人对中国的印象，大都是空气污染、"鬼城"、肥胖的小孩以及购买奢侈品的游客，所有这些在 20 世纪 70 年代却是许多人梦寐以求的。那时候，甚至连空气污染都能被接受，因为那意味着经济发展和物质繁荣。

这种规模很好理解。中国的经济转型是世界上规模最大的一次。从国土面积来看，中国是世界上第三大国家。它的每一个省份都有自己的历史和经济地理，都能被视为小型国家。只有对中国有了这一层面的细致理解，人们才能看到它的全貌。没有任何方法，能简单迅速地解决中国的问题，或者判断中国的前景，但这就是现实。

数据、调查和网络

那么,谨慎的投资者,尤其是不了解中国的人,该怎么做呢？去过中国几次,并不能让他们充分了解这个国家。单凭几个来自中国的实习生和普通职员,也并不能弥补这个认知差距,因为他们太年轻,还不了解整个国家的情况。通常而言,他们对中国的认识和经验也非常有限,更不用说投资了。对一些投资者来说,他们面临的问题不仅仅是语言的隔阂或知识的匮乏,而是缺乏可靠的数据。如果他们认为只要有了透明度,他们就能理解一切了,那么只能祝他们好运了。

官方数据究竟是官方宣传,还是事实？很多外国投资者因此质疑中国官方数据的真实性,或者对其大打折扣,有人甚至称之为"政府批准的宣传"。另一位年轻的基金经理认为那些大量接受中国经济数据和理论的人士患了中国式的斯德哥尔摩综合征,具有人质情结。对于国际货币基金组织和世界银行等不断细查数据的专业经济学家来说,这有点令人惊讶。他们知道这些数据的来龙去脉,尤其是在 1997 年亚洲金融危机暴露出整个地区数据质量不佳之后,他们加紧与北京方面的合作,努力改善这一状况。从那时起,数据质量有了稳步的提高,不过依旧还有很长的路要走,在最重要的房地产数据方面尤其如此。

汉堡包族的生活充满了各种数据:从美国的橄榄球、棒球、篮球到其他地方的足球和板球运动的数据,然后接受的教育又是关于数字的精确性,包括公司账目和政府经济序列数据等,因此汉堡包经济学家们相信数据是神圣的、无懈可击的。数据很可靠,能够不断推动市场发展,就像宗教是值得相信的一样,否则他们就无法解释现实。世界必须是黑白分明的,没有灰色地带。他们需要准确性,他们要创造算法,因为这是了解任何经济或市场的唯一途径。

然而,中国乃至整个亚洲充满了歧义,人们也习以为常,没人大惊小怪,据说是因为复杂性所以有很多不确定。并非所有东西都可以精简到一个方程式那么明了,或者精确到可以准确归类。那样做将是一个很大的错误。这就是生活,有时会乱糟糟。事实上,模棱两可可能是一种润滑剂,使前进的道路畅通无阻。

现　实

在中国,数据往往就是信息,而不仅仅是一种记录数字的方式。当中国把"十二五"规划的实际 GDP 增长目标定为 7%时,并没有人担心完不成目标。直辖市重庆预计 GDP 增长 14%,而其他的地方政府预计增长率将超过 7%。预期不是刚好达标,而是超越目标。重要的是每个人都清楚地收到了核心信息:上一个五年规划 GDP 增速 7.5%,上上个五年规划 GDP 增速 8%,这一次规划将长期发展的增长率放缓。结果经济增长率达到了 10%这一事实被忽略。数字并不重要,重要的信号是:增速放缓,质量比数量更重要。

解决方案

那么投资者该怎么做？最好参考中国总理的做法。李克强总理说他只关注几个关键变量。朱镕基常下令进行调研。鉴于中国政府过去30 年的政绩,他们应对数据问题的方法值得借鉴。

正如美国总统罗纳德·里根所说,要信任,但也要核实。中国的高级官员也是如此。首先要对数据的精确度持一定的健康的怀疑态度,但不该对数据彻底绝望。要说有什么令人感到宽慰的,一般说来,趋势是不会出错的。需要质疑的是趋势的波动情况。每隔十年,数据质量都会变得更好,但数据质量永远不会彻底改善,更不可能在一夜之间有所改变。

为避免盲目行动,政府高层必须掌握真实数据。中国前总理朱镕基曾被问及是否相信中国政府的数据。他把手伸进口袋里,掏出一些硬币,数了数然后说这才是他所相信的数据。只有亲自核实的数据才能相信。朱镕基曾在中国顶尖大学清华大学担任经济管理学院院长,20 世纪 90 年代,他担任副总理时主要负责经济和金融,然后担任政府总理。他试图通过定期调查发现官方数据缺失的内容,以弥补数据潜在的不可靠性。

于是有了房地产、汽车和钢铁等主导产业的月度调查,以及里昂证券的《中国现实研究》和《金融时报》的《中国投资参考》等私立机构所做的各种月度调查,为这个复杂且规模庞大的经济体的发展趋势提供了现实描述。另一个指标是汽车经销商和珠宝商,但必须谨慎看待黄金数据,因为黄金在实时交易中具有新作用。黄金不仅仅只是一种财富储备。

在中国,定义很重要。中国的房产面积包括走廊、大堂和电梯等公共区域,通常比西方所定义的要高 30%。争议和误解往往只是因为双方在未意识到的情况下各自谈论不同的事情。在卷入中国的争论之前,先检查定义是否一致。中国的定义可能与其他地方所理解的不同。细节容易出问题,尤其是定义。

除了进行调查并作合理怀疑,政府官员还会利用各自的人脉网络:即传奇般的"关系":前同事、现任官员、企业高管、学者、同学或者家人朋友。亚洲人都知道利用关系网络的微妙艺术来获得机会或解决问题。中国与其他地方精英的不同之处在于,从农民工到商界人士到政府官员,人人都有关系。

好的关系为不确定的世界提供了信任、事实和可预测性,这就好比

2008 年全球金融危机爆发后,中国的高级官员在全国走访调研以初步了解问题的严重程度,他们通过一些老熟人,包括位高权重的省委书记和省长了解当地的详细情况和避免市场崩溃的解决方案。回京的官员们不仅掌握了当地的真实情况,对经济崩溃的担忧也大大减少。中国术语"关系",字面意思为"联系",通常具有负面含义,因为关系所指一般与官员势力有关,通常是贪腐势力。然而,有些人的关系远不止提供经济、商业、市场、政治和金融情报,在媒体、市场不发达、正式信息来源缺乏的地方,关系就是运作的主要内容。

曾有一位年轻的基金经理向菲律宾商业公司的元老级人物薛华成请教最重要的职业建议。20 世纪 90 年代马尼拉人脉最广的薛华成毫不犹豫地回答说"除了圣诞节和母亲的生日,每天晚上都外出就餐"。尽量多与别人一起吃饭,从而积累大量知识和即时信息。日积月累,这种方式收集了比整个新闻编辑室、图书馆、董事会或经纪人办公室更有价值的信息和见解。薛华成在马尼拉乃至整个菲律宾的关系网络无所不包。薛华成公司里的许多成员后来在商业、政府、地方上或全国,甚至在整个东南亚地区都享有很高声望。要验证事实或谣言,只需打个电话给消息灵通并可靠的关系户,这不由得让人联想到沃伯格(Siggy Warburg)曾说他本人从不阅读报纸,在事件见报之前他就知道了。沃伯格本人就是他自己的新闻编辑室。

除了朱镕基和薛华成,其他人也有自己的信息网络。东南亚的俱乐部、咖啡馆或传统的中式茶馆是所有商人见面的地方。因此,信用评级也就是同行评价,换而言之,看看一个人在茶馆和咖啡店里有没有面子,受不受待见,有没有人同他们打招呼,同他们打招呼的是哪些人,是否会被冷落,被冷落的原因又是什么。现如今,餐馆和卡拉 OK 休息室取代了传统的场地,但功能和目的不变,都是发掘信息、维持关系、维护声誉和进行信用背景调查。

　　尽管外国对中国有种种质疑,2014 年英国《金融时报》网站上有一张海报:"对今日中国的概述(大多负面):6.8 万亿美元的投资打水漂、污染严重、创新无力、人口统计糟糕、贪污横行、腐败蔓延、人人作弊、军事侵略(海上,还有太空和网络空间)、信贷失控、民主缺乏、富裕(且腐败)的精英阶层移民等等。我只是罗列一二,说明尽管有这些负面报道,不可否认的是,中国仍然是世界第二大经济体(如果按照购买力平价而不是 GDP 来评估的话,中国是世界第一大经济体),经济增长率超过 7%。那么中国哪些地方肯定做得很好呢?"在 2014 年之后的三年里,中国经济总量又增长了 20%。

　　至少对于中国自身而言,中国哪些地方做得很好? 这是我们要提出和回答的问题。如布莱兹·帕斯卡尔的警告,我们应该看向何方?本书的最后一部分考虑了对中国经济的误解和重要观点,包括中国的变革将如何影响世界的未来。

第十章

经济巨变——日新月异

> "不了解中国经济和唯物主义,就很难理解当今中国正在发生的一系列变革。"
>
> ——余华《澳大利亚金融评论报》 2016 年

要想弄清楚中国经济,只有先了解其历史、哲学和政治等非经济因素。同理,只有充分了解中国的经济,才能明白中国的整体变革。诚如小说家余华所言,支撑变革的是经济基础和唯物主义。

中国经济发展之路照亮了中国 1949 年之后的变革之路。当然,1949 年本身也标志着重大的变革。自那时起,中国故事的主要内容就是调整以适应变革带来的影响。20 世纪 50 年代中期之前,中国社会曾有过短暂稳定,但没过多久便受意识形态影响进入不稳定和极度不确定的 20 年,直到实用主义使其重回正轨,与此同时国家计划给市场让路。但若要理解中国 1949 年后的长期国情,有些思想需要纠正。

大分流之前，世界惊人相似

以今日的繁荣反观历史，认为历史上亚洲数十亿人遭受环境污染、过度拥堵、罹患疾病，这种比较是错误的。这个错误来源于单单把中国（而不是其他任何国家）当成西方"自我"的对立面——他者。在 18 世纪后期工业革命开始之前，欧洲被视为唯一富裕的地区，而中国一直被视为贫穷落后的国家。

人们总是容易忘记，在 1800 年时，北京是世界上最大的城市，而彭慕兰（Kenneth Pomerantz）在《大分流》中将中国的长江三角洲与日本的关东平原、英国、荷兰和印度的古吉拉特邦并称为世界五大经济体，它们在农业、商业和早期工业发展方面都有相似之处，只是发展程度不同，经济类型并无本质差异，没有哪一个经济体明显领先于其他经济体。

1800 年，中国供养着快速增长的人口，同时在专业技能创造方面与欧洲势均力敌。彭慕兰认为欧洲和中国有着"惊人的相似点"。温饱、住房、交通的经济专业化无一不需要大量人口打造规模经济、刺激产出，拥有超过 3 亿人口的中国，体量之大、势不可当。理论上来说长江三角洲的人口密度可达到每平方英里约 1000 人，1750 年拥有 3100 万至 3700 万居民。岭南地区是第二大经济发达地区，当时有 1750 万人口。西欧最大的国家法国在 1789 年的人口只有 2600 万人，比长江三角洲的人口规模还小。

与其说欧洲远远领先于中国，倒不如说在 19 世纪全球发展得益于西欧和东亚双方优势的结合。尽管西方技术使用更为广泛，但并不仅仅只有西方的观念和成就得到传播。在某些方面，亚洲领先于欧洲，欧洲在当时使用的还是中国和印度的纺织和印染工艺。17 世纪在中国山东地区发现湿度有助于棉纺,潮湿的曼彻斯特地区便从中得到灵感。长江三角洲下游地区在 1750 年生产的布料可能比整个英国在 1800 年生产得更多。

在农业方面,1753 年威尔士农业改良协会致力于让威尔士变得"像中国一样富饶"。注意,它所追求的目标是中国,而不是英格兰。在灌溉方面,中国不仅只是浇灌和扩大生产,而且还制定了明确的水权制度。在亚洲,从爪哇、柬埔寨到东北亚地区,水权纠纷都得到了有效处理,中国也不例外。中国的土地管理也很发达。复种套作十分常见,使用的肥料也比英国更多,包括动物粪便和豆饼,而英国则从中国学习了防治森林砍伐和土壤退化的方法。

中国在粮食、糖和能源方面的消费也反映了经济的繁荣。按照 20 世纪 30 年代的人口年龄结构计算,18 世纪中国的粮食消费量为人均 2386 卡路里,男性为 2651 卡路里。中国自唐朝以来,糖就被用于佛教仪式,因此消耗的糖是欧洲的两倍。16 世纪和 17 世纪到访中国的西方人发现富裕的中国人比他们的欧洲同龄人消耗的糖更多。即使是贫苦人家也会在节日里吃含糖饼干,婚礼上还会用蜜饯来款待宾客。1700 年,中国和欧洲的人均能源消耗大致相同,尽管中国整体上气候温暖,烹饪方式耗时较短,需要的燃料理应远远少于欧洲。而且与欧洲的开放式炉灶相比,中式炉灶的烹饪和取暖效率更高。

许多轶事、档案和游记都可以资佐证。1793 年英国使节乔治·斯当东(George Staunton)和乔治·马戛尔尼勋爵(Lord Macartney)都评论过中国吸烟的人数。欧洲游客并未观察到中国有极端贫困现象,而在印度他们提到了极端的贫富悬殊。斯当东指出,中国农村虽然贫穷但却不乏基本必需品。中国拥有发达的水路(河流、运河和沿海)和陆路运输系统,长途贸易蓬勃发展。中国在市场上的粮食交易量远远超过欧洲,其谷物贸易量养活了约 1400 万人,是 1800 年前欧洲的五倍。

丝绸、棉花、瓷器和茶叶的出口也证明中国在海外市场的扩张方面更为成功。只有使用武力（武装贸易和殖民），欧洲公司才能打败来自中国、日本、印度和中东的商人。中国的棉纺织品和瓷器成为受欧洲时尚一族青睐的珍品，是囊中羞涩之人眼中的奢侈品。在鸦片出现之前，没有哪件西方产品能与中国产品抗衡。中国在长途海运贸易中的优势源于采用的特殊方法。中国从未对海外私人企业提供军事化支持，它有能力在军事上保护中国商人，但并不涉及海外定居者。清军扩张集中于中亚内陆。东南亚之于中国远远不及美洲新大陆之于欧洲重要。中国最关心的安全问题是维护中国统一，避免海外纠纷。

消费者和贸易商得不到任何补贴和军事援助，还必须以市场价格购买海外商品。他们不得不等到 1850 年之后才开始开发东南亚的大粮仓——伊洛瓦底江、湄公河和湄南河三角洲以及吕宋岛。直到这时，这些地方才吸引到足够的资本和劳动力来进行开发。中国在长途贸易中并没有落后于英国。据报道，1603 年马尼拉的华人超过 2 万人，1739 年巴达维亚（雅加达）的华人约为 1 万人，而 1722 年波士顿的人口为 1 万人，1690 年的纽约人口为 6000 人。

英格兰在 1750 年的人均预期寿命为 40 岁，德国为 35—40 岁，法国在 1790 年为 30 岁左右。在 1800 年之前，如果在一岁之内没有夭折的话，那时中国人口的平均年龄达 40 岁以上。尽管仍存在流行性疾病暴发和贫困问题，随着时代发展，中国的公共卫生水平也在逐步提高，天花得到预防，孕产妇和婴儿保健工作得到落实，肥皂和沸水也被更广泛地使用。对医学的重视也没有滞后，人们从中国几千年历史中留下的医学宝藏里广泛寻求治疗方法。

若按照亚当·斯密的市场理论，那么中国就更有可能成为赢家。据彭慕兰记载，"中国有八个或九个宏观区域（每个区域都大于大多数欧洲国家）的市场都运作良好，这激励大部分内陆地区的人们更多地投入到布料生产制作上……18 世纪的中国实际上比西欧更接近于新古典式的理想主义市场经济。"中国大部分土地或多或少都可以自由转让,而许多西欧农田的购买或出售要困难得多。在劳动力市场方面,中国和西欧倒是情况相同,都受到一定限制。

在中国,移民更加便捷。在 17 世纪到 18 世纪后期,超过 1000 万人在中国境内移民,而在 1800 年之前仅有 150 万欧洲人穿越大西洋移居到美洲新大陆。清政府协助剩余劳动力进入劳动力稀缺的欠发达地区或战争地区,这使得供过于求的区域劳动力市场得到调节。清政府在旅行、借贷、种子和土地方面都提供帮助,使农民能更好地独立完成工作。

中国农民不太可能面对单一买家的垄断。至少直到 19 世纪 50 年代,清朝统治者都担心市场会有过多的买家和卖家相互竞争。这种竞争对中国的两种主要作物——谷物和棉花十分有利,这两种作物的收成随着人口需求的快速增长而持续增长。农民可以自由地制造和销售纺织品等手工艺品。纺织品制造没有被城市垄断,而在西欧,保护主义行会迟迟不肯退出历史舞台。

然而,在 1800 年以后,由于经济和文化原因,清朝开始走向衰落。首先是华北和长江流域的水运交通基础设施恶化,然后是粮食仓储系统出了问题,原本旨在减少因收成不佳导致粮价波动的仓储系统反而造成了粮价不稳、阻碍了投资。农村土地扩张受到精英阶层和富农阶层中的儒家保守主义的影响,他们蔑视在田间劳作的妇女,认为妇女更适合在室内纺纱和编织。因此缠足之风再次盛行。

所有这一切都与欧洲形成了鲜明对比,欧洲开始变革技术,发展制度,利用新大陆资源。尽管中国还没有去工业化,但经济停滞不前。市场机制拯救了中国,但也无法阻止中国进入长时期的相对衰落时期,即历史上的大分流时期。

黑夜和黎明

哈佛大学教授德怀特·帕金斯（Dwight Perkins）在《中国：亚洲的下一个经济巨人》一书中预测了 20 世纪后期的一个关键转折点，他早在这一转折点发生之前就认识到了它的重要性。他曾在 1986 年预测，"20 世纪下半叶的任何事件都没这一转折点那么重要……世界人口的四分之一……将会从一个封闭的、贫穷的农村社会转向一个……城市和工业经济……完全融入国际经济体系"。中国的发展确实如他所说。

在对中国的预测中，帕金斯还明确了关键的前提："倘若政治环境仍然支持。"有效政府对整个亚洲的经济繁荣至关重要。倒不是由于国家干预或国家计划，而是因为稳定带来了从基础设施建设、教育投资到重工业、住房建设方面的长期投资。中国仍在继续进行变革。变革有其自身的力量和动力，以排除艰难险阻。

对于香港的成功，米尔顿·弗里德曼（Milton Friedman）的解释差强人意，他忽略了这个等式的重要部分。自由放任确实是其中一部分原因，自由市场产生很多良性竞争，尤其是在制造业和贸易方面。然而，私人银行、房地产和公用事业仍然是同业联盟。发展繁荣要归功于稳定的环境和政府调控而非自由市场。香港的成功绝非亚当·斯密所言的靠市场那只"看不见的手"那么简单。新加坡的发展也从不回避国家的参与。日本、韩国和中国台湾都曾在战争中遭遇经济重创，战后的政治稳定和政府干预使它们受益良多。

当 1978 年改革开放开始时，中国的未来前景不容乐观。鉴于亚洲各地区发生的情况，中国无法保证能稳定地效仿其邻国的成功，尤其是在 1960 年之后。中国本可以走柬埔寨的发展道路，中柬两国在 20 世纪70年代的意识形态相似；缅甸开始走自给自足道路，后来变成军人干政，导致国家发展停滞不前；菲律宾从领导者变成落后者，走上了长达半个世纪的下坡路。毕竟，中国刚结束了长达一个多世纪的政治动荡、内外战争和经济衰退。

帕金斯的书中有一章的标题为"改革会继续进行吗？"实际上，类似的动荡可能比帕金斯预测的还要多几十年。对于改革是否会继续，帕金斯的回答是肯定的。有些问题从未改变过。媒体评论员和作家在30年后还在问同样的问题，后人也是如此。1979年，我试图在当时亚洲领先的政治和经济学杂志《远东经济评论》上发表一系列文章，讨论最初叫作"改革"的"四个现代化"是否会成功。虽然没有人否认"四个现代化"会成功，但是资本、人力、制度和思想方面的细节信息实在匮乏，人们认为这一话题不着边际、难以讨论。中国无疑要进行一些实验性建设，中国的某些方面可能会有所进展，但世界还需耐心观察。

乔治·贝德（George Baeder）曾任香港商业国际负责人，笑着回忆起1979年他给来访的美国航运公司提供建议，当时该公司对于中国纺织品集装箱运载业务非常感兴趣。从香港港口望向狮子山，想到狮子山背后的中国大陆，贝德说了两个简单易懂的理由，打消了客人的念头。首先，中国人供给自己老百姓的纺织衣物都不够。其次，中国纺织品质量非但不高，反而很差。此外，无人知晓中国的政治走向何方，中国了无生趣，只是一潭死水。韩国、中国台湾和东南亚才是应该采取行动的地方。放弃中国内地市场吧。改革开放不过是一个响亮口号，更多的是希望而不是期望。这些是当时外界对中国改革的普遍看法。

对于那些接受过西方意识形态教育、经历过20世纪五六十年代政治经济战争和90年代胜利成果的人来说，把改革简单称为现代化似乎很奇怪。人们认为这肯定是一种委婉说法，一块终结共产主义的遮羞布。但中国并不这么认为。这不是共产主义的终结，而是共产主义最新的篇章。1978年的中国，确实只有农业、工业、国防和科学技术的"四个现代化"，这也是中国追求国富民强、捍卫民族尊严的历史传统。改革并不是芝加哥学派所说的国有经济的失败，而是1963年周恩来总理在中国陷入长期政治动荡前夕提出的"四个现代化"的建议。十几年后，为了挽救经济，毛泽东于1975年让已经抱病在身的周恩来总理负责建设"四个现代化"。周恩来于是让邓小平重整经济，建设"四个现代化"。

邓小平在20世纪20年代早期就开始关注现代西方。和周恩来一样，邓小平在战乱时期的法国待过几年。1978年邓小平复出后，中国再次关注欧洲为变得更加富裕改变了多少，中国又落后了多少。与中国具有相似儒家文化背景的现代日本让邓小平的印象更加深刻。周恩来和毛泽东去世后，邓小平继续进行着他们留下的重要工作。改革试图通过现代化来解决中国的问题，就如同日本通过明治维新走上近代化道路一样。

转变政府角色

1949年中国共产党执政时，政府的作用毋庸置疑。自由市场被认为导致了20世纪30年代的经济大萧条。即使在美国，政府在经济领域的参与度也有所增加，而在英国，政府调控带来了福利国家制度和对许多关键经济领域的国有化。西欧大部分地区也发生了类似的变化。亚洲第二人口大国印度在1947年独立后也通过国家计划来指导经济发展。

1949年建国之前，中国经历了近20年的经济停滞，采用苏联式的五年计划似乎合情合理,因为苏联经济成功地持续快速发展。尽管自由市场已经存在了几千年,但在 20 世纪对中国的影响并不大。20 世纪 70 年代早期,在英国中餐馆打包的外国食客对一本行销全球的《中国建设》宣传杂志的名字感到困惑不解,其实这个名字蕴含着助力共产党领导的强有力的想法。经历了 20 多年的战乱,即中国内战和长达 14 年的日本侵华战争,重建中国的物质基础设施和教育成为国家首要考虑的重点。

重建需要政府发挥作用。如果政府放手,仅靠民营企业无力承担公路、铁路、桥梁等的建设。随后,1950 年,冷战蔓延至亚洲,致使中国与以美国为首的西方在朝鲜半岛发生战争,北京方面希望确保其边界安全。国防建设需要重工业,中国也需要盟友,尤其是苏联这样的盟友。这些变化在短期内使中国成就斐然。第一个五年计划使 GDP 年均增长 7%—8%,直到 1955—1956 年国有化扩散到除了小生意之外的每个领域。农业开始集体化,农民首先加入合作社,随后于 1958 年开始了人民公社化运动。之后中央计划开始接管一切,指令性计划取代了市场调节,政府为重工业提供资金和投入。

于是经济开始出现严重问题:经济效率下降,资源浪费现象上升。帕金斯指出,为产生同等的 GDP,中国消耗的石油量是印度的 2.5 倍。虽然人均 GDP 仍在增长,但家庭收入和消费却没有增长。收入差距仍然存在,激励政策不复存在,投入鲜有回报。经济学家看到了经济恶化的迹象,但在政治主导一切的时代这并不重要。

比起发展社会主义经济,毛泽东更想要创造信仰社会主义的新一代。他追求全面动员,大力突破,多快好省,而不像技术专家那样追求稳定、渐进和长期的经济增长。之前这样的军事思想和经验使党能够通过动员群众来克敌制胜,然而打仗的那一套在和平时代却屡屡碰壁。

在建设社会主义社会的过程中旷工、怠工事件时有发生。除了重新引入物质激励措施之外别无选择。15 年后,中国头一回开始允许涨工资和职位晋升,重新引入计件工资,提供更好的绩效奖励。到 1978 年,中国城市在一个焕然一新的正常系统下重新运转。

再次改变

中国正式融入世界经济始于 1979 年,那一年中国重返国际货币基金组织和世界银行。但这并不意味着中国的金融机构能够与其他成员的金融机构等量齐观。当时,中国的银行不是传统意义上的银行,他们只是在门上刻着"银行"这个名称。事实上,当时中国只有一家商业银行,即中国银行。

1979 年,中国向境外投资者开放,投资者主要来自香港和台湾地区,主要在广东和福建的四个经济特区投资。中国利用自身丰富的低廉劳动力比较优势,开始成为世界工厂。1979 年至 1982 年间,中国的年出口额年均增长 22%。不久,美国发生了针对中国蘑菇罐头的反倾销抗议活动,这是许多贸易争端中的第一个,事后来看这是一个非常好的迹象。中国突然重新出现在世界舞台上,世界也进入了一个新时代,一个全球化的时代。

农业发展也并不逊色。实际上,中国已经开展了一些根本性的改革。人民公社被解散,农村市场恢复,价格开始自由化,农业生产恢复到以个体家庭农业为主。农民积极响应多劳多得的激励政策,生产配额被削减,农民能在自由市场上自由交易。泰国金融家陈弼臣(Chin Sophonphanich)注意到了 20 世纪 80 年代初仅仅两年时间内发生的巨大变化。他第一次到访中国时,发现下午 4 点没有人在地里劳作。第二次造访中国时,发现人们在地里劳作一直到下午 6 点 30 分,黎明前又开始劳作。各个家庭对于种植何种作物拥有更多的自主权。

农业产量在 1979 年至 1985 年期间每年增长 9.4%,而在 1978 年之前的 20 年间仅为 2.9%。这一点都不难理解:激励措施奏效了。

对国外的研究借鉴

进行这一重大经济调整前,中国进行了多年的广泛研究(实地工作和调查)。作为后起之秀,中国本可以采用现有的领先技术和思维后来居上,但事实证明这说起来容易做起来难。实际上,这在金融行业,或是更复杂的制造业领域,都无法实现。中国缺乏最基本的概念、知识和制度来支撑世界上最先进的体制。

因此,中国最为关注的是那些二三十年前和自身体制类似的经济体。成功和失败的经验一样重要,正如教训和解决办法一样有价值。即便是研究了他人的蓝图和规章制度,中国仍需自己走出一条道路。中国传统思维深谙此道,但是许多外国人却认为中国仅会全力复制和模仿西方的先进制度。因此,20 世纪 70 年代和 80 年代,拥有着相似文化传统和历史渊源的东亚和东南亚成为中国关注的重点。儒家哲学在日本和韩国生根发芽,几个世纪以来,这些国家也与中国保持着贸易联系。香港和新加坡的港口也与中国内地关系密切,向中国内地提供了打开西方世界、市场、法律和体系的窗口。

无疑,台湾地区和内地的关系最为密切。双方的共同文化、政府作用和社会基础大都延续到了 1949 年之后。20 世纪 50 年代,台湾地区成功建立起政府主导型经济,之后发展了市场导向型经济,虽然当局仍能对其施加影响,但是 99% 的公司都属于中小型企业。然而,当局控制的意图依然强烈,毕竟中国古人建立了世界上第一个官僚制政府,1949 年之后在台湾地区依然存续这种政府,与二三十年后的内地面临着类似的挑战,如促进经济快速增长、解决无从避免的经济衰退。台湾这条亚洲经济巨龙增长迅速，30 年来年均增长率为 8%，并且成功地把实际 GDP 增速从 1990 年的 6.8%（2016 年中国内地的 GDP 实际增长率为 6.7%）降至成熟稳定的 3%，银行不良贷款率从 1990 年的 8% 下降到了 0.4%。原本难以捉摸的"影子银行"与为当地政客提供资金的组织，也进入了主流金融体系。

台湾地区的处世之道深受中式思维影响，这使得改革开放时期的中国内地对此产生了巨大的兴趣。渐进式变革和试点计划建设了通往金融现代化的道路。利率市场化降低了资本成本，而存款保险和最高利率上限则有助于保持稳定，2005 年至 2006 年发生的信用卡危机也得到了良好的控制。中国能从自身及其历史经验中学到很多，于制造业也是如此。

台湾地区的经济结构与内地类似，但更加先进。20 世纪 80 年代之前，纺织业和机械制造业为经济支柱，之后便让位于信息技术产业。生产基地老化的问题在低成本的亚洲经济体的压力下，也得以成功化解，而这并不是完全由市场主导的。法国里昂证券台湾区研究部主管苏廷翰（Peter Sutton）认为，如果说美国经济的 90% 为市场主导，那么在台湾地区，这个数据仅为 75%，其余的 25% 由政策和政治掌控。然而台湾公股企业进行了充分改良以规避风险，内地方面恰恰没做到这一点。早些时候，台湾当局引领了发展，仅仅是因为重大投资需要大量资本，而回报又遥遥无期，民营企业往往望而却步。当局资助了 10 个项目，其中大部分都是基础设施建设和重工业，如钢铁业。这些项目在 20 世纪 80 年代使得台湾经济重整旗鼓。

20 世纪 50 年代，台湾地区的经济建设者们普遍持有一种传统中国观念，即认为受过良好教育的精英应肩负经济发展的重任。他们认为公职人员不应为己、为亲朋好友谋私利，虽然在 1949 年前国民党统治大陆时期，事实恰恰就是如此。国民党不接受如戴维·博纳维亚所说的"把伪议会制强加于中国"的西方政治思想,也未能成功地在民族主义兴起时建立专政体制。民族主义时期,腐败横行,军事领导无能,财政混乱,国民党最终败给共产党。对于败退台湾,一些传统精英使尽中西解数,试图恢复国民党在中国台湾的合法性。

使20世纪80年代的台湾地区比内地领先30年的还有一个重要的方面:在商业、国际贸易和金融领域,它借鉴了西方的制度、法律、规则和体系,并将其融入中国环境和文化中。台湾地区与内地拥有许多共同的概念术语,编写法律法规更为容易,尤其是当需要创造一个新词的时候。培训的方式也因文化相近而更容易理解。那时候,台湾地区的金融体系与21世纪初期内地的金融体系一样混乱。20世纪80年代,股市飞速上涨了10倍。台湾当局在银行业领域施加干预的"度"很难把握,过多干预会导致银行丧失主动权,而干预不足又会使行业陷入混乱。随着内地开始实行经济改革,台湾提供了宝贵的经验和教训。

对于韩国来说亦是如此。当邓小平试图使中国过渡到市场经济时,他的目光直接投向了东方。韩国前总统朴正熙曾带领韩国经济腾飞,他的军事经验和理念与邓小平相似。1989年,当时的韩国最高经济顾问金基恒(Kim Kihwan)访华时准备的30页的小册子被中国"一抢而空"。在会见中,他向邓小平一一细数了韩国在20世纪80年代如何解决了一个个难题:朴正熙遇刺、粮食歉收、石油输出国组织的石油冲击和工业产能过剩。

邓小平1978年访问新加坡后,带回来两点见解:第一,具有社会主义性质的新加坡的执政党——新加坡人民行动党,曾成功改革国有企业,中国又何尝不可?第二,新加坡作为一个以华人为主的国家,成功地根治了腐败。虽然两国在人口规模上有显著差异,但是中国学习借鉴了许多新加坡的举措,特别是在企业改革方面,例如关于国家所有制及社会保障的淡马锡模式。

　　像新加坡一样，19世纪以来香港对外开放的经验及其法律和制度都十分具有指导意义。20世纪70年代的香港逐渐成为全球金融中心，越来越多的内地人进入这一市场，它为北京近距离观察外部世界提供了一个窗口，1997年香港回归祖国之后更是如此。不仅香港的银行可以直接接触全球金融市场及其规范，中国官员也能对此予以了解和熟悉。

　　香港金融管理局和香港证券及期货事务监察委员会这两大机构会大大增加中国内地对于香港、亚太地区以及全球金融体系的认识和了解。他们也可以看到全球货币、资本市场和国际贸易金融的运作方式。

　　亚洲以外的跨国机构也对中国的转变作出了巨大的贡献，最初是20世纪80年代的世界银行。2000年以前，随着中国的发展需求从发展其制造业转为改造其金融体系，国际货币基金组织成为布雷顿森林体系机构中与中国方面联系较多的组织。国际货币基金组织在北京有一个技术特派团，给中国提供各种所需的建议。据彭博社的经济学家欧乐鹰（Tom Orlik）统计，中国比其他任何国家在国际货币基金组织的建议上投入的资金都多。国际货币基金组织并没有在中国强加任何贷款合约，仅仅是监测中国经济和金融体系，这促使中国与国际货币基金组织形成了特殊关系，因为国际货币基金组织与别的成员国常常关系紧张，比如说希腊。

　　与国际货币基金组织的关系成为中国的重要国际关系之一。国际货币基金组织在1997年的亚洲金融危机中犯了重大错误，此后它进行了自我调整。除了技术信息，它还通过定期发表刊物和宣布全球最佳实践，将中国的技术专家和最高领导们的想法传达给消息不那么灵通的普通人。

变革的实践

1998年3月,政府削减了400万个行政岗位及2000万名产业工人的工作。良药苦口利于病,因为60%—80%的中国人民银行政策性贷款都贷给了国有企业,而一半的国有企业都出现了亏损。

布朗大学的爱德华·斯坦因费尔德(Edward Steinfeld)在《中国的稳步改革:国有企业的命运》一书中描述了这样的绝望情绪:中国"对失败的国有企业和大规模城市失业的前景感到十分恐慌,每当人们谈及国有企业时,气氛总是十分凝重"。政策制定者面临着"艰难的抉择……简单的选择并不存在",中国经济"出现了很大问题",银行系统和整个银行业都被推向了崩溃的边缘。这是一场卡夫卡式的噩梦。

局部改革可能会适得其反,但是已经没有回头路可走了,进退皆难。去中心化、企业化缺乏最基本的明晰的产权制度,以及基本的制度规定,如合理的资本市场、会计和监管制度。去中心化释放了经济活力,但同时被释放的还有虎视眈眈的捕猎者和寻租者。银行贷款容易实施,助长了产能过剩,导致投资过度,资金未经授权被挪用。那时候还没有破产法、监管和问责,一切都是噩梦。

只有严格执行预算才能带来变革。产权和管理自由度不足,可能会受到破坏和滥用。斯坦因费尔德指出,中央政府不得不从国家手中,尤其是地方政府的干预中,拯救国有企业,这不免有些讽刺。在变革的其他催化因素产生作用之前,政府不得不采取行动。国有企业需要改革的地方太多了:合同的执行没有法治的保障,唯有人治;日益复杂的公司需要专业的管理者,然而,决策者将个人及短期利益置于国家及股东利益之上,便产生了代理问题。企业管制和监控十分匮乏,甚至可以说是完全不存在。

政府干预无处不在,尤其是地方政府将国有企业视为最宝贵的收入来源。众多"婆婆"(权力机关)横加干涉,都声称要监管却不承担责任。企业和政府之间的责权并没有一个清晰的界限。监管机构的目标不一致,导致现有利益被掠夺。会计没有统一标准,方式多达 70 种,使监管无力且混乱。然而,到 2017 年,从法制到会计标准,各个方面都取得了巨大的进步。只有时间能通过苦痛的经历给人以教训,但往往耗时漫长,需要耐心。与此同时,随着学习全世界的最佳实践方式,国有企业的管理体系和实践方式都得到逐步改善。

1978 年后,中国用 15 年时间集中对农业和制造业进行改革,这是由于大部分人从事农业工作,而制造业又是新的推动经济增长的行业。直到后来,人们才意识到,中国需要一个现代化的金融体系为日益复杂的经济提供融资和金融服务。但是那时候中国只有一家商业银行,即中国银行。直到 1993 年以前,如今世界上最大的银行——中国工商银行,都只是中国人民银行的一个部门。1995 年才颁布了《银行法》,2003 年才建立了中国银行业监督管理委员会(中国银监会),在此之前它也仍只是中国人民银行的一个部门。

中国银监会为银行系统打下了一个十分坚实有效的基础,在其指导下,各银行逐步建立了从风险管理、内部审计,到人才建设和信息技术的基本体系。这与变革一样重要。各大银行海外上市强化了实施公开透明的基本原则,学习全球最佳会计方式和与投资者沟通的方法也促进了公开透明。所有这些制度先是受到了 21 世纪初似乎一夜之间催生的房地产市场的考验,而后又经历了 2008 年全球金融危机的挑战,虽然它们大都令人头疼,如噩梦缠身,至今仍未消停,但中国都成功应对了这些考验和挑战。

观点和现实

但是,2008 年之后,许多人却持有不同看法。2008 年 9 月,雷曼兄弟破产后,全世界都紧盯着中国,认为它最有可能受到美国和欧洲危机的波及,毕竟中国是世界上最大的出口国,而其主要出口市场正在逐步瓦解崩塌,而且,在中国经济表层之下,仍有计划经济的遗留在暗流涌动,无法抵御全球经济萧条的打击。许多人都不看好中国,这种观点直至 2017 年仍未改观。

对于中国的负面叙述仍然停留在 20 世纪 90 年代,甚至更早。市场化改革不充分,依旧坚持政府主导。人们认为中国没有真正地进行什么改变,所以中国经济崩溃是早晚的事,仿佛灾难迫在眉睫。然而,几乎十年过去了,虽然股市起起落落,但中国经济的增速比任何一个经济大国都快。2008 年以后,中国的实际收入并没有下降,失业率没有长时间飙升不止,没有发生让人们还不上房屋贷款、无家可归的次贷危机,债务仍能维系,物价十分稳定,这和西方经济体截然不同。人们对中国的认识与中国在 2008 年以后的现实相差甚远。

中国之所以能保持持续高速增长,绝不只是因为人们努力加班加点地工作这么简单。作为发展经济学、投资战略和经济史学研究专家,我对这一点也困惑多年。答案很大程度上在于以史为鉴,引领变革。过去的成功并不能确保未来的成功,但是这也不意味着过去的成功不会延续,即便如今中国的劳动力过剩情况已经渐入尾声。

自从 1978 年以来,中国就夙夜匪懈地变革着。不完整的事实,不代表它不是事实。评论家们,敬请耐心一点,如果孔子在世,他也会给出这样的建议,应该多做一些研究,从对中国经济最大的误解——民营企业以及其他三大被忽视的经济增长支柱开始入手。

误　解

"鬼　城"

对中国最大的误解之一便是中国遍布着"鬼城"。中国确实存在一些暂时闲置的空区,但并不是整座城市都是如此,人们会很快利用上这些区域,而总体来说住房仍然十分紧缺。

城市化

尽管农村已无剩余劳动力,但是中国对新住房的需求仍然存在。大多数住房需求来自于城市住房升级和新家庭。在广州的建筑用地上,现代化高楼大厦取代了之前的老式劣质建筑。

交通拥堵

中国的交通拥堵并非比其他国家和地区更严重，但这并没有阻挡批评者在这方面的反复指责。到 2022 年，中国的汽车销量将达到美国和欧盟的总和，政府并未在路政建设上出现重大资源配置失误。大多数城市都在应对交通拥堵问题。

民营企业

另一个误解是"国进民退"。其实，正如阿里巴巴总裁马云在世界经济论坛上所言，如今民营企业在中国经济很多方面发挥了重要的主导性作用。

第十一章

四个被忽视的强大支柱

> "民营经济在自生自灭和死而复生的命运里显示了它们强大的生存能力,同时也让僵化和保守的国有经济被迫去适应市场的残酷竞争。"
>
> ——余华《十个词汇里的中国》 2011 年

> "中国……是世界上最大的专家治国型的国家……该国的施政者都是科学家和工程师,这些人相信新技术具有促进社会和经济进步的力量……对于研发投入极大,是自约翰·肯尼迪开展太空竞赛以来最具雄心的计划。"
>
> ——詹姆斯·威尔逊、詹姆斯·基利
> 《中国:下一个科学超级大国》 2007 年

中国的经济增长有四个常常被忽略但作用却非常强大的支柱力量。在 2016 年到 2020 年这几年中,占据经济主导地位的四个部分分别是民营部门、教育、研发和增长新动力领域,这四个部分贡献了中国6%—7%的GDP增长,而到21世纪的第三个十年,这个份额将依旧保持在5%左右。这样的产出已经足以解决经济中收入、就业和价格稳定等主要问题。

亚洲开发银行(以下简称"亚行")也作出了类似的长期预测。对于亚洲2011年到2030年的GDP前景,亚行的预测分为考虑改革和不考虑改革两种视角。对中国来说,2011—2020年,考虑改革的影响,其实际GDP平均增长率为7.0%;若不考虑改革因素,则增长率为6.1%。在过去的十年中,中国的平均经济增长率一直保持在8%左右,在改革环境中这个数字似乎相当稳定。而在2021—2030年,亚行认为,改革影响下实际GDP增速放缓至6.2%,若不考虑改革因素则是5.0%。只要改革能够持续下去,国际货币基金组织和世界银行预测的趋势和亚行也是相似的。

民营部门

对于中国经济,外界认知中最大的错误是认为中国是一个国有经济完全主导的国家。事实上并非如此,中国的民营企业不仅占据重要地位,而且在世界范围内也是最具活力的。近十年来,在有关中国的论述中,有个传播甚广的负面观点——中国经济现在是"国进民退"。这显然是错误的,因为这种论调完全忽略了自2008年以来,民企对维持中国经济稳定所作出的卓越贡献。

怀疑论者们一叶障目。其实,不知不觉中,民营企业已经占据了中国经济的重要位置。2013年,中国已有1200万家民营企业和4200万家独资企业。华盛顿智库彼得森国际经济研究所(Peterson Institute for International Economics)的尼古拉斯·拉迪(Nicholas Lardy)花了数十年时间仔细研究中国的国家和省级数据,最终得出结论:自2008年以来,民营部门根本没有倒退。虽然民营企业肯定有种种不足之处,但随着时间的推移和经济的发展,这些数据得出的结论都是一致的。这也证实了"研究工作组"大量的实地研究工作。

拉迪写过一本具有开创性的书叫作《民有民享:中国私营经济的崛起》,这本书特别关注了定义和细节,这本书给客观的中国经济观察者以足够的事实和真相,使他们能真实了解中国经济的现状。无论是在第一、第二还是第三产业,中国的民营企业都占据重要地位。民营农场主主导了农业,而国有企业只雇用了1%的农业市场劳动力,创造总产出的3%,而这一比例在20世纪60年代和70年代几乎达到了100%。在制造业方面,国有企业在工业产出中所占的份额已从1978年的四分之三降至2011年的四分之一。在服务业中,趋势也同样有力地说明了问题。1978年,民营零售业销售额仅占销售总额的0.1%;到2008年,这一比例增长到50%。如果算上沃尔玛、家乐福、莲花超市和大润发等外国私人企业,这一比例为60%。政府所占份额已降至约20%。在批发市场中,民营企业份额已经占到了一半。在餐饮行业,民营企业销售额占销售总额的三分之二和就业的80%,而在建筑行业,民营企业占就业市场的四分之三和产值的三分之二。在就业方面,民营部门提供了超过一半的就业机会,以及1978年以来几乎所有的就业增长。在出口方面,国家的份额已经下降到11%,而民营企业已经超过了曾经占主导地位的外国公司。2015年,中国民营企业投资占海外直接投资的65%,约1450亿美元。

资本获取

除了民营企业衰退这个错误论述外,另一个主要误区是民营企业没办法从银行获得贷款,即便贷款成功,其难度也远大于国有企业。数据显示并非如此。中国央行的数据显示,2012 年银行新增贷款流向国有企业的只占 36%,其余的大部分流向了民营企业。中国银行业协会表示,2010 年至 2012 年,民营部门获得了 52% 的银行新增贷款。民营部门在非银行融资中所占的比例甚至更高,几乎占总融资的 40%,可能还会更高,因为多数银行承兑的是民营企业,许多信托贷款也是给民营开发商的。这是当前的现实,但有人还在大肆宣扬民企贷不到款这个"神话"。

有个同事 2012 年访问了浙江省的很多民企,我问她这些公司是不是就像那些怀疑论者所说的没法获得贷款。她邮件回复说,一开始还会问,但几次会议之后,她就不再问这个问题了,因为每个人都笑她很无知。他们反问我的同事,如果不从民营企业开发业务,银行还能从哪开发业务呢?不管怎样,不论是私人还是企业手中都握有亚洲银行家们所喜爱的抵押物,包括房产、工厂或者未开发的地块,它们作为抵押品是远低于其市场价值的资产。银行无须计算混乱的现金流,只需给硬资产估值即可。在中国,收入一增长,房产就升值,把钱借给拥有房产的人或企业,一点问题都没有。

那中央或地方政府会不会像怀疑论者普遍认为的那样歧视民营企业呢?当我问这个问题时,一位著名的浙江企业家当时看起来非常茫然,还以为自己听错问题了。他不敢相信有人会这样想。后来他确信自己没听错,接着就回答了这个显而易见的问题。他说在这个只有100 多万人口的"小镇",地方官员依靠他和其他民营企业来创造就业和纳税。这是衡量地方经济增长和官员政绩考核的两个关键指标,他们怎么可能歧视能给自己"下金蛋的母鸡"呢?恰恰相反,他们会尽其所能提供帮助,因为他们知道这不仅会促进民营企业的发展,也符合他们自身的利益。但在其他地方呢? 比如在那些国企数量更多、影响更深、实力更强大的地方,情况又如何呢? 尤其是在以铁矿石和煤炭等原材料为基础的单一经济城镇,或者在那些依靠原材料的行业,如钢铁和其他加工企业,这样的问题则更加突出,在这些地方执政的官员,从哪里能找到既能促进就业又能增加税收的企业呢? 当然,凡事都有例外,尤其是涉及腐败的时候。但是从整体上来看,官员们清楚自身利益之所在,很少有人(如果真有的话)会以意识形态为由反对向民企放贷。

这项实地研究与投资数据趋势一致。国有企业的投资份额从1980 年的 82% 下降到 2012 年的 34%,民营部门的比例已升至近一半。2010 年至 2013 年,民营部门在股市融资中所占的份额是国有企业的三倍以上。最重要的是,多数民营企业投资更多的是由留存收益(而非信贷)推动的,因为这是一种更稳定、低风险的扩张方式。正如 2011 年和 2012 年一样,随着政策或周期的变化,银行可能收回信贷,这给借款人造成了巨大压力。中国经济的稳定得益于民营部门利用留存收益进行投资。

总体而言,民营部门的产值占中国 GDP 的 60% 以上。这个结论和数据是一致的,但和外界传言相去甚远。外界普遍认为民营企业在中国不受待见,30 年前可能如此,但已今非昔比了。

追根溯源

"文革"后第一家民营企业诞生于 20 世纪 80 年代,当时是 1978 年改革开放后不久,计划经济模式刚刚结束。当时执政者也不清楚该采取怎样的改革措施去拯救岌岌可危的中国经济。无论当时想出的解决方案是什么,但肯定不是发展民营经济。当时意识形态的敌对状态尚未完全消解。在之前的几十年中,民营企业家一直被妖魔化为剥削者和阶级敌人。

慢慢地,一些人在地方官员的保护下开始创办小公司。这些小公司被形象地形容为戴上了"红帽子"(官方或国营名称),以隐藏自己的民营实体身份。更复杂的是,经历了20世纪60年代至70年代初的动荡,很多企业家没有接受正式教育或者被迫结束了正式教育。此外,他们也没有接受商务管理的培训。但是,对他们而言,自己的生活智慧和奋斗策略比书本知识来得更自然和可靠。在学校外,他们学会了政治生存技巧和如何编织自己的关系网,并通过这些技巧和关系保护自己、获取利益。在劳动管理、环境、法规和知识产权方面,他们较少顾忌。这是狄更斯式的中国,西方国家也经历过类似的时期,但那已经是一个世纪以前的事了。

20世纪80年代末,一种新型经济实体加入了民营经济的先锋行列——乡镇企业。乡镇企业试图创建一种新的地方所有制形式,将失败的企业从政府的资产负债表和责任中剔除。在取得短暂的经济增长之后,许多企业要么濒临破产,要么倒闭。然而,有些公司,尤其是那些拥有技术技能的公司,成功地生存下来并成长为可持续型企业,其文化也变得像民营企业了。

第三种变体出现在20世纪90年代,也是早期动荡和混乱的直接结果。与前两种不同,这批企业家通常受过高等教育。1949年新中国成立后,中国的发展受到过三次重创,前两次分别是"大跃进"运动带来的国民经济失调和"文化大革命"。

有些人希望通过经商逃离困境,他们不再寄希望于通过政治改变中国,而是离政治越远越好。20世纪90年代末到21世纪初,越来越多的人开始追随这部分人的脚步,开始从事信息技术行业。但并非所有人都有如此的积极性,还有很多人是利用关系的投机者,但这类人也不属于亚洲大部分地区出现的裙带关系资本家那一类人。

信息技术行业最大的吸引力在于其代表着一种全新的行业,而政府还未立即领悟到这个行业的重要意义,给予了它更多的自由空间。于是信息技术领域中主要都是民企,受政府控制较少,还得到经济改革家的默许和支持。

这些企业的领导人与那些通过政治关系将国有资产私有化的俄罗斯寡头完全相反。中国 21 世纪的民营部门是自下而上发展起来的,以新产品、新服务和更好的产品质量来迎合消费者。之所以能生存下去,是因为中小企业关注客户的需求和迅速变化的口味,这使它们具有竞争力、适应性和高度创新性。同时中小企业也体会过失败或者濒临失败的感觉,所以从业人员的自制力也非常强。事实上,正如创造性经济所要求的那样,失败是可以容忍的,它会给我们带来有价值的教训。

基因

除了积极性以外,第三类人还体现出了自己的营商经验。在信息技术行业成功生存下来的很多创业者和硅谷早期的企业家非常相似,硅谷的早期企业家经历了 20 世纪 90 年代互联网产业的兴衰,并最终在该领域占据了主导。谷歌前高级副总裁肖纳·布朗(Shona Brown)和斯坦福大学的凯瑟琳·艾森哈特(Kathleen Eisenhardt)合著的《边缘竞争》讲述硅谷瞬息万变的市场和动力,很多内容也适用于中国的信息技术从业者。

他们有什么特别之处呢?这个群体在许多方面不同于其前辈,也有别于后来者。除了动力,经验告诉我们,没有什么行业能一劳永逸占据先机。所谓的优势都是暂时的。正如海尔创始人张瑞敏所说:"所有的企业,都不要说自己成功。我认为永远没有成功这个词,因为所谓的成功只不过是踏准了时代的节拍。"这种说法既适用于生产白色家电的海尔,也同样适用于尖端技术和社交媒体。在这个混乱的世界里,所有人都在竞争,进行从产品到商业模式的不断创新。战略必须是多样化和复杂化的,拒绝简单概括,必须自下而上驱动,而不是自上而下。企业必须敏捷和快速。在目标和计划中,灵活性是必不可少的,应该提供大量的选项。其中许多方法与中国的传统思维和战略是相吻合的。

企业必须不断再造自我。"维新"的理念是不断更新而不是永久地变革。企业应该不断尝试将知识和产品扩展到新的领域,但他们必须把握好节奏,就像毛泽东从经典中化用的那样,要实事求是。如果企业没有跟上节奏,它们就会被赶超;但如果太快,它们也会因为时机太早不成熟而失败。时间和顺序是至关重要的。

最成功的公司通过拓展新领域、形成规模和竞争来保持领先地位。在国内市场和国际市场,他们不断地适应和调整。中国的信息技术产业三巨头百度、阿里巴巴和腾讯,在过去的几年里就这样在不断变化的新经济中迅速扩张,占据新的桥头堡。正如高风管理资讯公司的管理咨询师谢祖墀(Edward Tse)所说:"中国公司不一定立即有解决方案,但他们巧妙地适应战略并执行,不断推动,敢于冒险,反应迅速地抓住机会,不断地寻找暂时的优势获得小收益或通过扩张规模以降低成本和获取新市场来获得大收益。"

这不可避免地给他们带来与其数量并不相称的影响力。很多百万富翁变成了亿万富翁,有些人还登上了世界富豪榜。他们与美国同行互动、交流、共同投资,与比尔·盖茨(Bill Gates)、沃伦·巴菲特和马克·扎克伯格(Mark Zuckerberg)合影,同时还出席了达沃斯世界经济论坛、彭博(Bloomberg)电视节目以及全球顾问委员会的会议。但作为会"下金蛋的母鸡",他们非常清楚自己的位置,他们特殊而又脆弱。他们有自己的想法和观点,但也承认有不成文的规定。很少有人比谢祖墀更了解这一群体。谢祖墀早年在波士顿咨询集团、博思(Booz)和麦肯锡等领先咨询公司工作时,就认识大多数顶尖企业家。他的《中国的商业颠覆者》提出了什么观点呢?

这群人非常了解自 20 世纪 80 年代以来民营企业带来了多大的变化,给中国带来了多少的利益,这就是民营企业的价值。然而,领先的企业家们并没有公开质疑中国的体制,他们只是迅速超越了这个体制。他们满足于现有系统,而不是挑战它。他们知道自己的位置、空间、价值和局限。政府和民营企业一样,忠于各自的哲学观点。认为无序是自然的,混乱应该被避免。他们本能地认为,复杂的体系(中国经济和政治肯定是复杂的体系)需要不断监督,才能取得最好的结果。否则,用谢祖墀的话来说,中国将"像美国和其他国家一样,因为争吵和低效而变得无能"。

这些企业家也不迷信市场。相反,他们将市场视为达到目的的手段。在现代中国,市场也是国家实现繁荣富强的目标的手段。财富、权力和民族尊严是国家实现繁荣富强的目标。民族自豪感、雄心壮志和文化遗产三个核心要素共同构成了他们坚持的政治意识形态。像过去的精英一样,他们感到自己对社会、环境的责任感,这是这一代人留给未来的遗产。

像亚洲其他地区的商界领袖一样,他们如今也出现在国内外有关互联网、贸易促进和投资等各种官方活动中。马云很擅长与唐纳德·特朗普搞个人外交。与官员紧密接触无可厚非,但这并不是唯一的原因。新加坡也有很强的"国民服务"概念,但也有责任和义务直言不讳(参见本书第三章"精英")。谢祖墀引用了美国通用无线通信王维嘉博士的话说自己有一种"无法逃避的历史责任",并且作为一个热衷于改革的人,他觉得自己有必要用自己的力量去影响中国,推动中国成为一个依法治国和个人自治的现代化国家。王维嘉认为企业家和其他人应该适应当前的制度,而不是改变制度。2000 年,他帮助发起了"中国企业家论坛",以推动这一目标的实现。该论坛是非正式机制的一部分,为不断变化的时代提供了黏合剂。

这一群体普遍认为,政府和民营部门有不同的作用。政府应该通过投资基础设施、教育、研发和大型国企来推动经济发展。民营部门在满足中小企业和消费者需求的同时,通过竞争推动标准建设、创造多样性和提高效率。增长、效率和控制之间存在权衡问题。政府和企业家认识到这一点,但分歧不太可能公开化。广泛的精英阶层,比如执政党,会在内部而不是公开场合讨论这个问题。

浙江模式

民营企业能发挥怎样的作用? 浙江省给全中国做了表率。浙江拥有 5500 万人口,约占中国国土面积的 1%,是中国第三出口大省,占全国出口总量的 12%,很大程度上是因为浙江是一个民营经济占主导的省份,拥有至少可以追溯上千年的创业文化。作为中国的丝绸之乡,浙江省的贸易、市场和交通举足轻重,是长江三角洲的中心(参见本书第九章)。

虽然阿里巴巴诞生于浙江省会杭州,但是该省的主导产业并不是与信息技术相关的产业,而是轻工业。轻工业的发展有着悠久历史,同时也受"边缘竞争"战略影响,阿里巴巴也善用这一战略。自中国 2001 年加入世贸组织之后,浙江既面临机遇也面临挑战。

2008 年之后,浙江的民营企业开始面临生存危机。首先,这些企业必须反思,曾经中国年出口增速达 28% 的时代(2001—2008 年)已经一去不复返了。这种出口浪潮开始被视作是幸运,但等到潮休浪止时,情况就不怎么妙了。想象一下,为了留住客户,连续每年必须将业务拓展 30%—50%。在这种形势下,这些公司不求长期战略,不求质量和研发,但求短期增速、产能扩张和市场份额也就不难理解了。

　　为了生存,制造商全力拓展产能以满足未来订单的需要。这种做法也无可厚非,因为本来他们的压力就非常大。跨国企业实力强劲,产品价格连年下跌。面对压价,中国企业无力抗衡,只能消化压力,希望通过扩大生产规模、降低成本生存下去。这样,企业根本没有时间去深究企业战略或研发,要么扩大生产,要么失败离场,别无他法。

　　这样的思维难免养成坏习惯。在管理方面,企业目光短浅,沉迷于短期目标。如果他们不去抢订单、完工交付,很有可能几年后就关张大吉了。在投资领域,一直都存在一种从众心理。一旦一家制造商找到一个赢利点,市场上就有一大批人去纷纷效仿。这样这个行业很快就会被恶性竞争到没钱可赚。概而言之,当时的环境无法让企业稳定赢利,培养持续发展所需的技能。

教训

　　所有这些挑战归结起来都是宝贵的经验教训。尤其对于前两种企业家,让他们最难接受的是不应该依靠企业创始人的家庭,而是更多地依靠专业的管理。那些中小型企业,虽然名义上还是中小型公司,但其实际规模已经大到必须依靠专业的管理方法才能运营好了。而且,随着公司创立者的年龄超过60岁,如何顺利交接也逐渐成为困扰很多创建于20世纪80年代的民营企业的问题。

　　对那些年迈的老一辈企业家而言,不管他们来自韩国还是东南亚,他们要么舍不得放手,要么希望自己的孩子接管公司。当然,不管交给谁来接手,一般情况下都不会比自己经营得更好。时代变了,但是家人没有变。那些企业家的子女,从小就被家人尤其是母亲和祖母娇生惯养。这些人的身上根本就没有那些20世纪60年代出生的父辈在生活中磨砺出的坚毅、韧劲和机智品质。

这些二代企业家，必须重新学习儒家的核心理念，包括灵活和适应。制造商们在 2008 年之后所学到的第一件事就是要更加灵活，无论是在思维、行事方式、商业模式还是市场方面。老一套的东西已经不起作用了，新生事物不断涌现。在竞争当中，那些注重商业基础的公司逐渐脱颖而出，而其他一些公司则走入困境或者干脆关门歇业了。

市场在不断改变，同客户以及供应商的关系也在相应变化。对于中国的国内市场，有些出口商曾经因为激烈的价格战和收款问题而唯恐避之不及，但现在，国内市场越来越有吸引力，因为收入上涨的国内消费者能够消费得起那些精致、出口级质量的产品。对于那些能够缩小同国际企业差距的企业而言，进口替代是一个真正的好机会。不知名的原始设备制造商曾经一度零利润生产，品牌化会扩大利润。研发再也不是可有可无的行业领头羊，要走在模仿者前面就必须不断研发、推陈出新，保持竞争差距，只有这样才能掌握定价权。

制造业问题频现，尤其是成本问题。那迁厂是不是个好选择呢？答案是有利有弊。一般来说，低附加值的产业一般会搬迁到内地或者海外，因为那里的劳动力成本和土地价格都比较低。浙江牢牢把握住了三个要点：高附加值工作、企业总部和研发。正如我的同事安娜·卡雅克所观察的那样，逃避而不直面问题总归不是长久之计。此外，浙江省已经构建起强大的产业集群和专门技术，也就是通过向价值链的上游转移，构建起难以复制的产业集群。

浙江所有成功的制造商都紧追国内外的全球竞争对手。美国、欧盟和日本已不仅仅是终端市场，中国企业越来越多地在海外市场寻找技术和进行分销。除了阿里巴巴和吉利之类的巨头，很多小公司也已经收购了海外公司或品牌。

大多数成功的浙江公司都与外国公司，甚至与全球行业领袖有业

务往来。这种往来有三大益处:公司可以获得世界领先的技术和设计;
了解最新的全球趋势并从中获益;而可能最有价值的是,他们从那些坚
持更高制造和管理标准的外国合作伙伴那里学习到了生产技能。所有
这些都将中国企业引入了全球最佳实践当中,进入一个质量高得多的
联盟中。进而吸引更多的客户,而这些客户又反过来让他们接触到更
苛刻的要求,从而提供进一步的学习机会。这种良性循环让这些企业
拉开与中国乃至全球众多如食人鱼一般的较小竞争对手之间的距离。

　　最成功的中国制造商已经超越了单纯的生产阶段,他们更加以客
户为中心,利用本地知识来解决全球客户的问题。例如,西方倾向于在
日本和韩国搜集有关亚洲最新趋势和时尚的市场情报,而中国企业在
文化和地理方面占据优势。过不了多久,中国本身就会成为时尚潮流
的引领者。在时尚意识方面,已经有调查将中国排在亚洲第二位,仅次
于韩国,排在日本之前。而中国的一些人认为它已经是亚洲第一了。

　　企业扩张似乎已没有以前风险那么大。鉴于中国的制造业和有关
竞争的负面报道,这种说法好像很令人生疑。入世之后的几年内应对
各种疯狂需求和挑战之后,一切已经安定下来。之前人们还不太了解
市场、客户、管理和全球趋势,需求增长过快、准确的产能生产计划无法
实现,自 2008 年之后,制订计划和实施扩张就容易多了。

　　如今浙江省企业的扩张一般规模较小、更易于预测。和开始相比,
这样的扩张都是非常合乎逻辑和循序渐进的。户外家具制造商永强集
团制作的深绿色和栗色雨伞已经占到全球市场份额的 10%,该公司与
宜家和家得宝等世界领军企业合作,并保持良好关系。和一开始相比,
现在更容易赢得信任和订单。单纯依靠价格并不是一个稳定可持续的
优势,因为价格总有极限。同样,对于浙江万丰奥威汽轮股份有限公司
来说,现在与本田和其他海外公司合作要容易得多。南方泵业股份有
限公司,以其当地的技术优势,在广泛且细化的涉水商业项目中也做到

了独占鳌头。所有这些都比开始要容易得多。

2008 年经济放缓之后,制造商终于有时间和理由做出改变。尽管最初放缓似乎是一种诅咒,但终归还是一件好事。从这一过程中成长起来的是第二代领先的民营企业,它们沿着价值曲线上升,并越来越有能力在国际舞台上思考和运营。从发展的角度来看,这些公司正如 10 年到 15 年前许多今天的企业领袖一样。它们是否会成为下一个阿里巴巴、华为、中兴、三一、吉利或万科,仍有待观察,但有很多雄心勃勃的人已经得到了强大的私人资本的支持,这对过去努力创业的行业领袖而言是不可想象的。

教　育

在那些富裕的发达经济体,民众普遍受过良好而广泛的教育;而在贫穷的国家,民众受教育程度不高,即便接受教育也是很狭隘的教育。对任何一个经济体而言,一个关键的因素是接受 12 年教育的工人人数占比。学习得越多,他们可以比小学毕业生做更多的高增值工作,获得更高的收入,进而产生更大的消费需求。

中国正在收获早先教育投资的成果。虽然耗时很久,但现在的中国已经从依靠体力劳动转为依靠脑力劳动推动经济增长了。1990 年,大约 37% 的工人仅有小学文化水平,文盲比例达 16%。因此,25 年前的中国,有超过一半的工人仅接受过基础教育或者压根就没接受过学校教育,这是不发达国家中存在的典型现象。从低产值的农业转向高产值的制造业,这种转变推动了中国整整 30 年的经济增长。现在重要的是在学校接受教育的年限而不是劳动力人数。质量比数量更加重要。

教育转型对经济发展至关重要,"知识经济"和"创新"等词汇成了高频词语。国务院副总理刘鹤在一本关于发展经济学家的书的前言中专门引用了西奥多·舒尔茨的观点强调了教育的重要性(参见本书第九章)。事实上,舒尔茨称其为"教育资本",这个概念衍生出了"人力资本"一词,而这个理念中国几千年前就掌握了。不同之处在于,教育不再局限于精英阶层,而是相当普遍。阻碍发展的文盲率从1964年的33.6%下降到2010年的4.1%。高等教育也取得了同样令人印象深刻的进步。到2010年,近9%的中国工人接受过大学或专科教育,另有14%的工人完成了高中或技术学院的学业。与1964年的1.7%相比,受过高等教育的在职人口占总人口的23%。自2000年以来,大学招生人数增加了两倍。

至少在未来几十年里,这种变革的力量将继续推动中国前进,尤其是在教育水平较低的"60后"退休之后。2000年后大学招生人数的激增将持续。更重要的是,毕业生的工作经验明显增加。35岁的毕业生要比25岁的毕业生能做更多的工作,45岁的毕业生效率则更高。所以说,虽然中国的劳动力数量略微有所下降,但是教育水平在今后的许多年内会有显著的提高。教育投入占GDP的比例从1995年较低的2.3%增加到2013年的4.3%,20年间几乎翻倍。

目前的重点是质量,尤其是在解决问题、发现问题和批判性思维等知识型经济的基础领域。随着中国进入下一个经济阶段,即从粗放发展的制造业进入第二、第三产业的更高领域,社会需要大量完成12年以上教育的人,不仅仅是从IT到各专业领域的知识工作者,更重要的是受过教育的消费者,他们可以为服务和高端产品提供一个不断增长的市场。他们受过更好的教育,收入更高,需求更大,可以有力支持GDP的增长。

中国目前拥有世界上最多的大学毕业生,每年约有570万人,而美国每年只有330万人。2000年,中国的大学生人数还不到美国的一半。到 2010 年,工程专业的毕业生数量是美国的 10 倍。尽管质量上有差异,并且是一个相当大且不断扩大的差距。此外,大量美国工程专业的毕业生其实都是中国人,随着中国提供的机会越来越多,回国人员的比例越来越高。2016 年,估计有 82% 的中国留学生会选择回国,而 2012 年这一比例仅为 72%,远高于前几十年。

对于工人和管理者来说,非正式的在职学习和正规教育一样重要:这些教育可以提供实际的商业和生产知识,而不是理论。1949 年以后,自给自足经济和计划经济的发展意味着中国缺乏市场经济所需的许多技能,这些技能必须从改革期间的工作中获得。改革非常具有挑战性,但同时也很有教育意义。最大的挑战莫过于 2008 年的全球金融危机,尤其对已成为中国经济支柱的民营中小企业来说,这个挑战尤其严峻,打击最为严重,特别是出口企业。首先,西方市场在 2008 年末崩溃,随后全球贸易信贷几乎冻结,导致中国裁员人数飙升。

随后,随着政府刺激计划向中国经济注入大量信贷和现金,金融饥荒变成了资金过剩。最初这个计划很受欢迎,但它扰乱了产品和非正式资本市场,因为繁荣导致了过于快速的扩张和破产。许多边缘中小企业倒闭(参见本书第七章)。因为商品价格大幅上涨、劳动力短缺和货币政策收紧,其他企业也承受了巨大压力,现金流和利润率受到挤压。对制造商来说,2011 年和 2012 年是最糟糕的时期。

大多数幸存下来的企业在经历了这次非常实用的教育后,变得更具适应性、更精简,也更有竞争力。市场教会了他们如何进行高效管理,不管是管理现金流、投资、品牌和原材料还是劳动力、土地、财产和客户。这种教育是在商学院或金融课堂上学不到的。这些困难和不确定性给企业家、经理、官员和工人带来了深刻的教训。

研　发

正如英国皇家学会科学政策中心主任詹姆斯·威尔逊(James Wilson)和詹姆斯·基利(James Keeley)在 2007 年所言,中国是一个相信科学和新技术力量的专家治国型国家。以十六届中央政治局常委为例,九位领导人中有八位都是工程师,一位是地质学家。

如今的政治领导的教育有了些许改变,但核心内容是不会变的。中国积极发展和利用技术和科学。有些领导人拥有经济学和法学等其他学科的背景,他们对这些领域有更深入的理解,同时对科学技术的变革力量也有着同样坚定的信心。他们不会惧怕或不信任专家,相反他们担心专家短缺。

2006 年的科技计划预计,到 2020 年,中国研发支出占 GDP 的比例将比 1995 年的 0.6% 扩大三倍,提高到 2.5%。领导人希望创新对经济增长的贡献达到 60%。现在是企业而不是政府占据主导位置,而企业的动机是利润而不是纯粹的研究。即便以全球标准衡量,中国领先企业的研发水平也是非常值得尊敬的。华为和中兴能有目前在全球的地位都源于占销售额约 10% 的研发支出,就像英特尔和其他美国领军企业一样。不能像几年前那样再嘲笑中国只会复制模仿了,尽管有些数字可能被夸大,有些收益也令人怀疑,但必须承认的是,中国的产品质量和生产过程表明,研发在过去 10 年里取得了长足的进步。2016 年,中国的中兴和华为在北美、欧洲和日本的世界专利申请量中名列榜首。中国以 44% 的增幅位居第三,仅次于日本。

日益强大的研发文化加上大量受过培训的员工,使中国成为跨国公司的主要研发基地。根据 2013 年全球研发战略统计,中国约有1800 家外资研发中心,而 1997 年只有 24 家。中国的研发吸引力不再仅仅靠低成本，更多的是靠规模。能够将研发成本分摊到一个潜在的13亿多人口的市场是一个巨大的优势。此外，中国还有技术规模。其他地方很难雇用数以千计的合格的毕业生从事研发工作。

有时候研究的关键就是数量，而中国最不缺的就是数量。每年有近240万名工程和科学专业的毕业生毕业，还有44.5万名卫生医疗专业的毕业生。中兴公司5年内在西安的新工厂一个地点就能培养2.5万名研发人员，每年招聘5000人。当我问加州一家生物科技公司的研究主管，这笔钱是否花得值得时，他回答说，即使90%没用，剩下的那2500人也足够成就一番事业了。中国也有试验规模，而这对制药业尤其重要，药企可以动员大量人员参与试验，而这样的规模在经合组织国家中可谓闻所未闻。

专家治国文化意味着中国不怕在新领域支持重大项目。从高铁到替代能源和发动机，从4G电信到农作物种子，这些都为新的增长领域提供了动力。政府通过税收优惠和补贴提供支持，对"高新技术企业"只征收15%的税，而标准税率则为25%。

可能比具体项目支持更有价值的是长期规划。这有助于投资者了解一个行业的发展方向、减少不确定性、降低风险。没有其他任何一个大国的政府会主动地展望未来几十年，表现出对长期需求的高度自信。2010年，风力涡轮机制造商几乎毫不怀疑2020年中国市场对其产品的最低需求量。目标和实现目标的策略早就呈现在众多文件中了，这一点吸引了国内外投资者。政府和市场力量都鼓励行业整合，而合并后的赢家才能利用规模效应。

政府政策提供了加速技术追赶的激励措施。让国内企业通过市场转换技术与国际知名企业建立合作关系，从而获得领先全球的技术。外国公司并不总是喜欢这种模式，有些选择了拒绝。不过中国公司不管有没有外资公司的合作，早已经开发自己的技术了。铁路设备就是一个例子,这种战略首先打开了一个巨大的国内市场,下一步就是出口。政府采购设定的标准很高,尤其是在高科技领域,"行业第二"就是不够好,涉及安全问题时尤为如此。正因为如此,瑞士 ABB 集团因其质量而主导了电力传输设备。

企业不一定要很大才能成为领导者,也不缺乏可以效仿的榜样。鼓励下一代企业家大举投资研发的例子可谓比比皆是,阿里巴巴的马云和三一重工的梁稳根等中国创业型企业家,以及华为和中兴等,这些企业家或者公司都通过研发成为各自领域的佼佼者。中国机场和火车站的书店随处可见他们的理论、智慧和视频,有些是他们自己写、自己说的,还有一些是学者和专家对他们的分析。杂志、网络和电视上到处都有他们的身影。中国有很多类似《财富》、《时代》和《福布斯》的杂志,主要内容就是这些成功企业家和成功企业的故事。

增长新动力

有关中国经济,还有很多过时的印象,停留在对 19 世纪末 20 世纪初西方经济状况的想象之中:重工业、钢铁厂、火电厂、金属冶炼厂和汽车装配线。很多人的头脑中充斥着这种印象,就没有任何空间容纳 21 世纪新经济的情形了,而中国在这些新经济领域往往是佼佼者。就像对中国的历史很无知一样,很多人对中国的地理也是陌生的。

从地理区划上可以用很多不同方式介绍中国。中国可以被看作是一个大陆,面积比美国小 5%,但人口是美国的几倍;或者可以被看作是一个超大城市集群,促进着中国的经济增长。而最具误导性的一种想法是将中国单纯地看作一个刻板的国家,无法看清其新的增长点和新产业。1978 年改革开放后中国的首次经济腾飞主要分布在从北京到上海和广州的沿海地带。中国其他地区几乎没有参与其中。

　　这忽略了中国中部、西部和东北地区的 8.4 亿人口,他们约占中国总人口的 61%,这些人是中国未来经济增长的主要基础。这三个地区的年人均可支配收入差不多,大约是 22700 元人民币(约合 3440 美元),比中国东部的 31500 元人民币(约合 4773 美元)低 28%。目前,这 61% 的人口贡献了全国 GDP 的一多半。2015 年,中国只有 13% 的中产阶级生活在内陆。到 2022 年,麦肯锡预计这一数字将增加两倍,达到近 40%。中国内陆的赶超之路已被早期沿海开发商照亮,他们知道该怎么做。当然,存在结构性差异,这就是为什么拥有 3300 万人口的重庆要探索如何将城乡发展与改革结合起来。重庆约有三分之二的人口是农村人口,但政府的目标是向所有人提供城市设施,从高质量的医疗和教育,到水和垃圾处理等基础设施。

　　人口趋势加剧了这种逆转。现在内地有了更多的就业机会,所以去沿海城市工作的人就少了。从 1995 年到 2013 年间,华东地区的常住人口同比增长 26.5%,而中国中部、西部和东北地区仅增长了 5%—6%。这是过去的情况。一个显著的逆转是现在中国内陆农村首先迁移到省会城市和地级市,这里离家近、离亲戚朋友近,可以说自己的方言,吃自己习惯的美食,收入差距也不是太大。从 2011 年到 2020 年间,内陆的 20 个主要省会城市的人口增长率约为 2.7%,而之前十年的增长率仅为 1.8%,同比增长了 50%。相比之下,中国主要沿海城市的人口增长从 2001 年的 3.0% 下降到 2010 年的 2.3%,下降了四分之一。

　　最新的区域增长机会根本不在中国境内,而是在中国陆地国境边界之外。中国希望通过促进贸易、基础设施建设、融资和培养共同利益等一系列举措,将亚洲联系得更紧密,推动地区经济增长。在"一带一路"倡议中,中国致力于复兴历史上的陆上和海上丝绸之路,重建与西亚、中东、东非的联系,最终重建与欧洲的联系,重新绘制世界地缘政治和经济地图(参见本书第十三章)。除了新的增长区域外,IT、电子商务、物流和交通等新兴行业的增长空间也相当大。这些内容频繁见诸报端，这里就不再赘述。值得注意的一点是，它们大幅抵消了由于纺织、制鞋、钢铁和水泥等成熟产业增长放缓的影响。

民营企业、教育、研发和增长新动力领域这四大长期增长动力，解释了中国经济持续高速增长的原因，但对中国的负面评价依然悲观。下一章将讨论负面评价的四大经济指控：从"鬼城"、"影子银行"、不断上升的债务，到对中等收入陷阱的恐惧。长期的现实表明，这些问题很大程度上要么纯属误解，要么就是荒诞不经。

第十二章

中等收入陷阱和现实

> "数十年的快速增长证明了中国在实施改革方面取得的成功……成功的基础是借重大改革浪潮根据不断变化的条件频繁调整政策。"
>
> ——国际货币基金组织《中国员工报告》 2014 年

中国怀疑论已经充满了令人恐惧的想法和更可怕的标签。"鬼城"、"影子银行"、失控债务和中等收入陷阱的幽灵足以让任何人做噩梦。更严重的还经常提到"僵尸企业"、金融脆弱性和迫在眉睫的崩溃。无论如何,在经历了如此漫长的增长之后,中国必然会耗尽新的机遇吗?

深思熟虑过后才发现,一切的怀疑都是空穴来风。随着时间的推移,事实就呈现在面前。"鬼城"并不存在,它在某个时段某个区域,可能存在,但整个城市在整体上并不存在。"影子银行"、失控债务和中等收入陷阱的警告则是疯狂想象的结果,没有启发意义。那些关心他们的声誉或短期投资的人应该记住米尔顿·弗里德曼关于浦东的话。从远处看中国很容易看错，因为低估了中国动力、庞大的规模和内在的变革需求。

房地产

最近中国人生活中最大的变化是生活空间的数量和质量。在过去的 20 年里，变化都没有如此显著。自 2000 年以来，房地产一直是中国经济的主要支柱。满足这一最基本的需求一直是迄今为止最大的驱动因素，这里既有许多成就，也有一些问题，包括对"鬼城"的印象。

20 世纪 90 年代后期的住房改革至关重要。大部分房屋所有权从国家转移到居住者，这一举措不容小觑。然而，它通常被忽略为众多事情中的一个，这是一个重大的误解。住房是"短缺经济"的核心，这是最大的变化。如果生活足以满足人们日益增长的需求，人均生活空间将预计在 1990 年后翻两番甚至达到五倍。中国实际只完成了一半，尽管有如此多相反的直观证据让一些人认为可能早就开发过度了。

20 世纪 90 年代初，一位体制内经济学家说一位领导希望见我，于是我就去见了当时上海市的一位副市长。当时的外国游客不是那么常见，副市长希望我听他说为什么外国人应该在上海投资。那时我负责美林公司对亚洲（日本除外）的研究工作，因此我认为他要展示上海对浦东这个崭新的商业区的长期规划及其拟建的林立的摩天大楼。相反，他谈的是更为平凡的住宅楼。副市长并没有谈到建造新楼，而是说拆除旧的居民楼，以及棚户区、旧城改造等。这个想法比较新颖。

房地产开发是东亚早期经济奇迹中最容易被忽视的驱动因素，它即将在更大的范围内重演。没有通常冗长的铺垫，副市长立即切入主题："佩曼先生，40%的上海人人均住房不足 4 平方米。"我有点惊讶，瞥了一眼大得可以容纳几个家庭的大会议室。我想，这不像典型的西方国家市长的计划,也不是一个竞选胜利的口号。我有点困惑,不知道这场对话的走向。只有时间会证明。

上海即将开启世界历史上最伟大的建设热潮。它将拆除旧城区的大部分建筑,以建造更宽敞、有室内卫生间的现代化住宅。在此过程中,人们搬迁到上海人口稀少的郊区,创建新城区。其他大城市乃至全国其他主要城市都会效仿上海进行城镇化。这将花费差不多半个世纪的时间,就像在 19 世纪和 20 世纪初欧洲和美国发生的那样。这些都不是直接陈述的,但谈论的内容就像美国联邦储备委员会前主席艾伦·格林斯潘的话:"外行听不懂、内行听得懂。反正我是听不懂的。"

这种建设热潮不仅可以促进经济发展,而且可以提供大量投资机会和就业机会。中国政府知道什么是最需要的:解决严重的住房短缺、过度拥挤的世界、不断争吵的邻居和户外卫生设施。这是政府的首要任务,虽未正式宣告但正在进行中。这也是大多数人想要的。上海是这个庞大的试点计划的先驱。

我经常回想起四分之一个世纪前的那次会谈,因为它随后对所发生的事情产生了很大的启发。当时中国仍然处于动荡的阴影中,人们生活在非常艰苦的条件中。这不是关于虚假繁荣的波将金村——并不存在也无法到达的地方,而是非常真切的需要。

核心作用

在过去 25 年中,房地产业在中国破纪录的 GDP 增长中发挥了核心作用,特别是自 2000 年以来,其产值可能是出口的两倍。包含所有相关的建筑业和制造业在内的地产行业占中国 GDP 的 25%左右。

那位上海市副市长无疑看到了房地产建设产生的两个巨大增长浪潮,以及一个又一个周期。首先是实体建筑浪潮,当人们购买尽可能多的空间时,就带来了第二次浪潮;当收入增加后累积储蓄的人们购置家电设备,升级家具和改善装修。这些浪潮将重演,直到中国的人均居住面积达到东北亚地区的平均水平,即 32—35 平方米,这可能在 2030 年左右实现。当然,其间会有繁荣和萧条,实际上已经有三个周期产生,但是对于体面的住房的需求以及被压抑的刚性需求,可以确保每次萧条之后都会复苏。最近的上扬曲线始于 2015 年,在 2016 年和 2017 年扩大。

家庭通常将其收入的 25%—35%(有时高达一半)用于住房支出,首先是首付,然后是抵押贷款。积极的经济联系推动了经济增长,从房地产需求上升到新型融资渠道以及政府收入增长到更大的白色家电市场。然而,有人认为这种建筑热潮的特征往往只是创造了"鬼城"、金融脆弱、产能过剩和腐败。错过了什么呢?不妨想想这些要素之间的联系。

建设热潮需要水泥、玻璃、钢、铜等建筑材料,然后是挖掘机、打桩机、起重机和水泥搅拌机等机械设备,最重要的是创造就业机会。这都需要投资和资金。购房者需要融资,因此银行抵押贷款得到了发展。新的机构出现了信贷信托和股票市场,而不是银行,用以满足开发商的大部分资金需求。向开发商出售土地成为许多地方政府的主要收入来源,尽管需求萎缩令人痛苦、资产负债表告急。所有这些因素都是在一个日益完善的资金循环中进行的,即使有时候会暂时变得非常紧张。

生产力、教育和研发的提高,家庭收入增长(主要是工资)拉动了需求。这些钱会流入银行变成存款,并逐渐变成"影子银行"的资产。不要惊慌,本章稍后会解释:中国的"影子银行"一般都不是阴暗的。拉动需求的是抵押贷款,是 2004 年修宪后才有的私有财产所有权,这在以前是一个敏感的概念。

经济起起落落,房地产周期将推动经济发展,直到买得起房的人都有房住。了解这一过程需要详细了解房地产在中国的发展。房地产确实导致了产能过剩、资本错配和债务上升,但随着经济的发展,这或许在很大程度上是暂时的或正常的。一般来说,资本由市场分配,即使有时并非总是明智,但这是市场的特权和方式。通过快速的收入增长、养老需求和购房者的稳健融资能力确保了经济不会崩溃,即使在经济下滑期间也是如此。在过去十年中,大多数城市的房价经过了调整,实际上变得越来越能够承担。

"鬼 城"

中国"鬼城"丛生的警告远比城市神话的影响更大。显然,主要是外国人看到的。事实上,整个中国都没有因出现大量"鬼城"而导致经济和金融体系崩溃。

在房地产大力驱动下的城镇化快速推进地区,确实存在暂时的"鬼城"现象——一排排空荡荡的公寓楼等待被住满,这种情况总是发生——任何在千禧之际去过浦东的人都知道,但米尔顿·弗里德曼看不到。除了第一次来中国或从未来过中国的人,这种现象并不让人觉得新奇。这也不是发展或资源配置不当的错误,而是中国对其仍然严重的住房短缺问题的回应——虽然是不寻常的甚至是令人惊讶的"自由放任"式回应,至少市场可以放手做它们通常做得最好的事情:分配资源。

20世纪90年代末,中国出现了第一次大规模的城市化浪潮,与此同时出现了大量空地。当时,北京、上海和广州是中国沿海地区的三大中心,也是通往中国内陆的门户。这三地发展出了中国快速城市化的模式。"千里之行,始于足下"就是一个很好的描述。过度拥挤的、肮脏的城市中心基本被夷平,就像伦敦、纽约、香港一样,取而代之的是更有价值的商业和高档住宅。给予原来居民的拆迁款让他们可以在现有城镇的郊区，如上海浦东和郑州郑东新区等土地价格更便宜的地方购买更高质量的住房。

这些新区也曾如今天的"鬼城"一样受到了相同的批评：国家错误规划导致资源严重错配。诚然，在 20 世纪 90 年代末时，浦东商业地产的空置率为 80%，但由于浦东的 GDP 年增长率为 22%，供应过剩很快就消失了。3 年到 5 年间，不管它们一开始有多么可怕，大多数新区都能够繁荣起来。"鬼城"并非是在等待一场金融灾难爆发。出现这一现象最好的解释是中国的房地产短缺、城市化快速升级和规模扩大。2000 年以来，即使由于需求的积压，每年完工的住房数量几乎翻了一番，中国人均城市居住面积仍比东北亚平均水平低 30% — 40%。即使出现供大于求，以这种方式提供住房也是合乎逻辑且行之有效的。对一些观察者来说，这给人一种怪异的超自然感。

然而，建设热潮远未结束。中国仍然需要增加大约 60% 的住房。由于人均住房需求可能会增长近 50%，而中国人口可能增长 10%，住宅面积在 2030 年之前可能不会达到峰值。在此基础上，居住质量较差的房屋将会被拆除。中国内地的人均居住面积只有 24 平方米，仍不到欧洲的一半，约为美国的三分之一，仅占日本、韩国或中国台湾地区的60%，甚至比新加坡的公共住房小 20%。这似乎没有理由不让中国人均居住面积接近其亚洲邻国，即使这个数字比德国、英国和澳大利亚少10% — 15%。

那么，所有这些是否会如怀疑论者们担心的那样，给开发商和银行带来风险呢？金融方面的影响不是那么具有威胁性。在售出 50% 的房屋后，一般开发商的项目大都会实现财务收支平衡。因此，它们不是金融体系的主要负担。这些房产也不会落在开发商的资产负债表上。其中大部分资金被牢牢地放在了中国金融最强大的部分——家庭资产负债表上。这些要么是房地产资产,要么是理财产品的一部分,这为开发商提供资金。绝大多数的人从银行贷款购房后都能按时还贷。

需求从何而来? 以郑东新区为例:郑东新区位于河南省省会郑州,曾是中国最著名的两个所谓"鬼城"之一。"研究工作组"的一份调查显示,郑州市内购房需求最旺盛的是首套房购买者,占总购房需求的38%,这些人通常需要依靠父母和亲戚的资金支持才能买得起房。与此同时,改善型住房购买者在总购房需求中占32%,这些人中许多都来自人满为患的市中心或同样拥挤不堪的棚户区。投资者仅占16%,他们大都是已离开该省的当地人,但因为日后仍想回乡生活或是想要为还在当地生活的父母提供住处而置办产业。其余14%的购房需求则来自外来工作人口。因此,郑州市的购房需求有坚实的基础,而这些需求几乎都来自当地人。

房屋空置问题同样令人担忧。政府数据显示,房屋待售面积(非空置面积)仅占中国总城镇居住面积的1.8%,并不像很多人想象中那样存在严重的产能过剩。即使这个数字扩大三倍至四倍,中国也可以承受,因为其经济正飞速发展,尤其是中国家庭年收入正以近10%甚至两位数百分比的速度不断增长。房屋空置不等于卖不掉,只是没有人住。很多人不理解这个金融平衡,才使得"鬼城"名声远扬。

通常在地产开发结束后两年70%的空置房屋才会有人入住,五年内有近90%的居民入住。这种现象在亚洲其他地区也十分常见。但这并不意味着有大约10%的住宅从此空置,而仅是受中国大型、快速的城市化进程影响形成的惯例。及时交付不适合中国这样快速发展的国家。富余库存可以避免产生类似伦敦的(通货膨胀引起的)持续性住房紧张。我们可以把空置面积看作短期库存或是一个市场信号,告诉我们在这样复杂而发展迅速的大市场中楼市虚高,但只要开发商和银行能够盈利,它们就会迎合现实。

规模问题也十分令人担忧,因为它很难把握。数字是中国规模的体现。想要理解当今房地产市场增长最迅猛的领域,必须清楚,虽然中国没有明确宣布,但它在未来十年内将着重于将 20 个省会城市转变为真正意义上的省会中心,像世界上其他主要城市一样配备一切便利设施与基础设施,例如高质量的办公场所和住宅,还有会展中心、博物馆和公园,以及提供在行政、医疗、教育、运动、休闲和娱乐领域的同等工作机会。这么做的难度相当于在 20 年内改造欧洲所有国家的首都。

想要建立这样的省会中心,就必须有工程师、后勤人员、律师和教师等建设与服务方面的优秀人才。通常来说,这些省会城市都缺少这些拥有技能尤其是专业技能的人群,因此它们需要用高薪吸引省内外的人才前来工作。这些优秀人才可以挣到高于当地平均水平的工资,进一步增加对城市住房的需求。

看看中国的规模。这 20 个内陆省会城市总共拥有 8000 多万人口,平均每个城市有超过 400 万人口。按照这种逻辑,继上海、北京和广州这三个一线城市之后,同样因为不断增加的收入、人口内迁和不断缩小的家庭规模将继续开始下一轮的发展。这一切都很难导致供大于求现象的出现,除非市场经济被叫停,但中国人并没有这么做。"鬼城"现象只是暂时的,它们已经在中国各地存在了 20 多年,并没有摧毁金融系统和开发商,更不用说大部分拆迁户。中国不会爆发次贷危机。

中国的房地产正以惊人的速度发展着。2014 年,因在哥伦比亚广播公司播出的一部一小时纪录片介绍了中国河南郑州郑东新区出现大批房屋无人居住的情况,使郑东新区成为一个热门话题,但这实属误解。两年后,安迪·罗斯曼为马修斯亚洲(Matthews Asia)网站同样拍摄了郑东,迅猛发展使郑东新区发生了很大的变化,人口密集,已不再是所谓的"鬼城"了。河南郑东新区有着 74 万人口,而河南全省有

9400万人口,比欧洲任何一个国家或是美国任何一个州的人口都多。加上邻近的山东省、河北省、安徽省、陕西省、山西省以及湖北省,总人口超过3.58亿,因而河南历史上一直是中国中部极为重要的一个中枢。总的算来,郑州及其周边地区总人数超过4.50亿,多出欧盟在英国脱欧后的总人口,比美国总人口多44%。

很难理解为什么这些新兴省会城市的规模如此之大,但这也解释了为什么"鬼城"消失得如此之快——太多人在这些地方安家落户。事实上,如果开发商让房价降到人们更能付得起的价位,郑东新区的房子会卖得更快,同时还会避免郑东新区出现短暂的"鬼城"。但事实恰恰相反,开发商等了好几年才等到老百姓的收入终于买得起房,同时连接现有城市中心的公路和轨道交通修好,这使房子可以卖到更高的价格,追逐利益最大化很正常。

我第一次去郑东新区是在2005年,那时候才刚刚开始在拥堵的旧城区外建这个新城。对于一个有着9400万人口的省来说,这一举措十分合理。在郑东新区还没有获得巨额资金、还没有成为"鬼城"的代名词之前,几乎没有外国人听说过郑州,更不用说郑东新区了。现在还有多少人能记得起郑东新区?也就更不用说在地图上标出它的位置了。然而,郑州在公元前1600年,因在地理位置上具有极为重要的战略意义成为商朝的国都。现在,为了让郑东新区成为中国中部焦点,政府在这里修建了会议中心、博物馆以及全国各个省会通常都有的各种设施设备——但一些人认为这是在毫无节制、毫不爱惜地浪费公共资源,贫穷的中国不应沉湎于建造这些华而不实的建筑。

打造新区会比改造城市中心耗时更长,主要有四个原因,也很合乎逻辑。首先,新区缺少交通线路、设施设备、工作岗位,发展也不协调。虽然基础设施建设都落后于住宅区建设,但却能很快赶上。新区通常会选址在没有工业设施的农村地区。随着越来越多的公司迁至,或建工厂或设办公室,越来越多的员工会在这里居住。自郑东新区开发以来,截至 2014 年已有超过 5000 家企业在此落户。尽管如此,一些购房者仍准备等过几年再从老城区搬过来。原因很多,只要是看过中国新住宅区的人都知道。

虽然房子建好了,但是住宅楼仍在施工。这是因为中国购房者通常更喜欢自己精装房子,而这其中会涉及大量的室内改建,产生大量的噪音、灰尘和有害气体。几年后,几年前卖出的那一期楼盘装修的人少了,这时入住率就会上升。到那时,仍会有一些设施设备欠缺,比如商店、娱乐休闲设施和交通运输方式不足。因此,如果人们有条件都还会让房子长期空着。这些人可能已经退休,渴望远离老城嘈杂的噪音和浑浊的空气,又不想忍受那些半永久建筑基地的纷扰;也可能是想提前买房的年轻夫妇;还可能是担心房价上涨,为孩子早做打算的父母。

事实上,大部分房地产项目在完工的一年内就已经卖完了,而入住率在 5 年内就达到了 90%,这给那些说郑东新区将永远是个“鬼城”的人以有力反击。房价上涨就是个明显的例子。仅 2013 年,郑东新区的房价就上涨了 25%,超过中国所有的主要城市。挂出的待售房也很快被抢购一空。郑东新区的居住人口从 2009 年的 30 万增长到超过 100 万,年均增长率达 35%。从 2006 年起,新区的小学数量翻了两倍多,但仍不能满足人们的需要。以前人们会说晚上很少看见郑东新区的灯光;但是到了 2015 年,人们抱怨没有足够的车位。这就是典型的新型中国城市发展的规律。

房地产泡沫的确存在,但人们对它的认识却很模糊。漫不经心一边写房地产泡沫、一边写“鬼城”故事的人似乎不明白这两者和供求规律并不相符:这两者可能会持续,但都不会持续太久。当然,房地产泡沫曾出现过,并且有可能会再次出现。它是近年来亚洲发展过程中一个不变的特征,因此中国也没有偏离常态。为了安抚忧虑者,我们经常说中国房地产价格是呈周期性上涨的,但总归会回到可承受水平。房地产泡沫早在影响金融体系之前就已经破灭了。

"影子银行"

中国没有发展西方的银行体系,而是以自己的方式进行金融体系改革,对不熟悉这种变革或历史的人来说难以理解。中国能避开金融震荡,走的是传统思想的道路:渐进主义、实用主义和全方位视角。如今,中国的银行体系提供了成熟的经济体所需要的基础服务。真正的发展是稳步的金融深化和随之而来的稳定增长,而不是经济脆弱,这才是一个正常的经济和金融发展的过渡阶段。

"影子银行"是一个糟糕的、负面的、极具误导性的词语。事实上,它可能是担负恶名的好消息。它没有什么特别阴暗的地方,只是被人认为和美国的"影子银行"一样躲避着银行监管。然而,在中国,这是用词不当的表现,因为所有的银行活动都受到监管。中国没有次级抵押贷款或者类似的银行定时炸弹。

这些非银行金融机构,如信用信托、信用担保公司、租赁公司、典当行和小额贷款机构等所谓的"影子银行",非但没有构成威胁,反而在中国金融体系转型的最后一个主要阶段发挥着关键作用。非银行金融机构迫使银行进行竞争,使它们更好地为风险定价。中国的"影子银行"本质上是受监管的非银行融资机构。几十年来,世界各地从未用这种有误导性的"影子银行"称呼非银行金融机构。除此之外,还有非正规资本市场,包括温州式的贷款机构(参见本书第七章),但规模相对较小,并且可能会像中国台湾和韩国那样被正规金融机构兼并。

非银行金融机构展示了中国传统发展和探索方式如何在不影响改革和经济的情况下实现变革。首先,确定长期目标,防止系统性失败。

进而,完善信贷、流动性和融资风险管理;提高产品和借款人的透明度;提供持续的监管和更好的管理;对单个借贷人风险进行控制;避免贷款期限错配。这是一长串的目标,但都是联系在一起的。

中国的非银行金融机构可以做到这一切。自 1978 年允许信贷信托设定市场利率以来,这些机构就不断积累经验和磨炼本领。这些本领和服务水平都胜过国有银行。它们面对的是特别创新的行业,灵活应变、道高一尺魔高一丈,走在监管者前面。这一切都需要时间和耐心。非银行金融机构的一大优点是,在 2012 年银行业开始实行利率市场化之前,它就在推动利率市场化。在这一过程中,资本的配置和使用得到了改善。就在 10 年前,银行直接为金融体系提供了超过80%的资金。由于受到央行利率上限的限制,它们觉得没有必要进行激烈竞争,更不用说让利率反映贷款的真实风险了。而如今竞争更多、风险更小。

被忽略了的还有金融产品的明显改善,尤其体现在提供给投资者的信息方面。专业的金融顾问贾森·贝德福德(Jason Bedford)曾是毕马威中国的一名审计师,后来跳槽去瑞银证券做中国金融分析师,他认为,信托产品介绍说明文件的信息披露标准自 2010 年以来已有了很大提升。这主要是因为投资者风险意识日益增强,另一个原因是信托公司为避免因欺诈销售而承担法律后果,所以更加谨慎。双方都知道,一旦投资失败,谁都难辞其咎。就像理论上说的那样,竞争推动了创新。另外,信托公司或是它们的投资者现在可以在项目中持有股份,获得董事席位并坚持严格的贷款契约。这些都将提高投资者的地位。

中国银行业监督管理委员会是一个十分积极有效的监管机构,能够有效管理易出乱象的行业,在制定条例和监管市场两个方面展现出不俗的能力。市场参与者声称中国银行业监督管理委员会阻碍了创新,这说明委员会采取的可能是审慎的行事风格,这种风格可以总结为中庸之道和渐进原则。中国银行业监督管理委员会拥有真正的强制执行力,包括扣发新成立的金融机构的牌照。对于更加严重的违反条例的行为,委员会可以要求相应机构的资产重新回到资产负债表上,迫使银行从创收资产中撤资以恢复资本充足率,以此降低利润。针对个人的惩罚包括影响银行高级职员的年度考核、奖金甚至整个职业生涯,这些都是由中共中央组织部监管的。在发生特别严重的事件时,中国银行业监督管理委员会可以让管理层大换血。

但是,这也有一个缺点。改革首先突出了系统上的缺点,给人一种巨大却又无法量化的脆弱的印象,这种脆弱看不见、管不了甚至让人绝望。怀疑论者们密切地关注着这些缺点。很多编辑、记者和头条作家都趁机不遗余力地发表一条又一条惊人的言论,例如将中国的"影子银行"与美国的次贷联系起来,尽管二者在定义上存在着巨大的差异。尽管不是事实,但这些危险的含义不胫而走,挥之不去。

债　务

当市场意识到中国有世界上最大的非金融企业债务时,不由得警铃大作,但是 2009 年的信贷增长激增了 99%。这二者都是事实。"僵尸企业"、原本生产国家物资的制造商停产,这林林总总的现象更加剧人们的担忧,担心银行很快就会陷入危机、GDP 增长即将崩溃。但 9 年过去了,任何担心的事都没有发生。

相反,中国债务的迅速增长在 2010 年后缓和下来,2016 年虽然再次抬头但仍旧低于可接受上限。甚至对于上限的定义也存在争论,因为真正的检验标准仅仅是借贷者的偿还能力。通常来说,一个像中国这样迅速发展的发展中经济体应具备比成熟的、停滞不前的西方经济体更强的债务偿还能力。另外,就国际债务来说,中国是世界上最大的债权国,而美国是世界上最大的债务国。中国的短期外债占 GDP 的

8%,长期外债只占 GDP 的 5%;而美国的短期外债占 GDP 的 32%,长期外债占 GDP 的 66%。这与国内债务的数量不同,而且和那些唱衰中国的负面话语完全相反。而且,中国现在正在以三倍于美国的速度发展着。即使美国的 GDP 增长率达到 3%,仍然比中国增长速度的一半还要低。所以,为什么要小题大做呢? 这些结论看来是错的,看问题要从正确的角度出发,并结合背景来看。问题在于错误地理解债务的组成和发展轨迹。

有一点很重要,2008 年全球金融危机爆发时,中国十分幸运,由于债务相对较少。因此,2009 年信贷倍增的风险比许多人想象的要低。这一点在政府债务、公共债务、金融债务和家庭债务上尤为明显(参见本书附录"债务比较")。与英国、欧盟、美国、中国香港或者新加坡的资本市场相比,中国内地的资本市场非常不发达,银行受金融危机影响的程度很低,而在那些国家和地区,复杂的金融衍生品和其他形式的金融工程导致了系统性的全球崩溃。这种不发达还意味着中国的公司将银行作为它们的主要资金来源,就像半个世纪前西方大部分公司所做的那样。这种对银行贷款的高度依赖给了怀疑论者最大的口实,但他们未能看到全局。

中国能够承担经济刺激和企业高负债。这些可以慢慢得到监管,让中国以无可比拟的方式杀出重围、摆脱全球金融危机。由于整体债务数额较低,企业负债远不如表面数字暗示的那么危险。债务的快速增长确实说明了中国的经济与金融转型,这一点将会在下文作出解释。它也意味着中国可以利用银行刺激经济,而不会产生经济危机。根据独立经济研究公司 DSG 的西蒙·奥古斯(Simon Ogus)测算,在刺激因素下,到 2013 年,中国债务总额可能会膨胀到占 GDP 的 262%,但仍低于任何其他世界主要经济体。奥古斯计算,2016 年底,中国债务与国内生产总值的比率为 308%,美国为 310%,欧盟为 532%,日本为

549%,英国则为765%。

因此,更准确地看待中国债务的方式是,直到2016年,在所有主要经济体中,中国债务与国内生产总值的比率仍处于最低水平,而不是最高水平。未来中国债务与国内生产总值的比率可能会略微超过美国,但仍远低于欧盟、日本和英国,而这三个地区的增长可能慢得多。2016年中国家庭债务仅占国内生产总值的47%,美国占比为79%,英国占比则为87%。对中国的许多人,尤其是老一辈来说,债务仍然是一个不可接受的东西。他们的信用卡债务不会越滚越大,大约75%的汽车是用现金买的,住房抵押贷款越来越少,正常情况下会有20%—30%的现金储蓄。虽然信用卡发行商把希望寄托在更崇尚自由消费的千禧一代上,但在这个仍然普遍厌恶债务的文化氛围中,借款人仍会尽快还清债务。由于中国债券和股票市场相对不发达,使得中国对金融衍生品非常谨慎,在中国,金融债务仅占GDP的36%,而经合组织主要经济体的占比为255%。原银监会主席刘明康甚至在2008年之前说,"越简单越好"。尽管2016年,中国国有企业的公共债务率为70%,而全球主要经济体的平均值为137%。

所以,债务数字本身并不令人担忧,但怎么看待中国需要更多信贷来拉动国内生产总值增长,这是好事还是坏事?这不是坏事,除非现代房屋所有权增长是坏事,除非居住在经常不达标或者过度拥挤的房屋中是好事。记住,严峻的住房短缺情况和2004年修宪使住房抵押贷款合法化。尽管如此,最初也只有有钱人去使用它们。直到2009年后,大多数购房者才向银行贷款。当然,这意味着充分就业的经济体中会产生更多的债务,但这些债务通常可控。世界银行中国业务局原局长黄育川(Yukon Huang)解释说:

> 随着中国转向更多依靠市场调控进行资产估值,近期的信贷

水平指标激增实际上可被看作是金融深化的表现，而非金融危机。这样看来，信贷比重虽高，却与特定部门金融指标反映的数据保持高度一致，因此不必忧心。

这是黄育川于2014年在《金融时报》上发表的观点，但很多人都没有领悟到。

处于目前中国的发展阶段，任何经济体中信贷水平指标快速增加都是正常的。这是一种进步的迹象，被称为金融深化。抵押贷款可以让人们更快地买到更好的房子，这在没有信贷的情况下是无法实现的，因此，它无疑提高了人们的福利待遇。抵押贷款和相关金融行为，大部分是健康的金融行为，是债务增加的主要原因。不然就得实行非常原始的易货经济，那样确实是没有债务的，但却是不值得效仿的模式。自2011年中国就非常清楚地意识到这是个可接受的上限，因而在刺激政策取得成效后缩紧了货币政策。

地方政府债务引起了不必要的大量关注。从法律上来说，中国地方和中央政府的债务没有区别。所有的这些债务都记录在中央政府的资产负债表上。2008年，地方债务的数据不明，但国家审计署明确表示其中56%由银行提供，12%由非银行金融机构提供，10%由债券持有人提供，这是一种合理的分布。然而，这不会构成错配，因为几乎所有的债务钱款都用于维持中国的持续发展，并多用于急需的基础设施和经济适用房建设。

国有资产有能力承担以上所有债务。中国不仅因其增长迅速而获得高收入和税收，国家还拥有全部土地及许多其他资产。而其他国家则令人十分担忧，它们不仅发展缓慢，还负债累累，如日本的负债率高达549%，英国高达765%，更不用说其他一些国家了。还有比这更令人恐惧的噩梦吗？

中等收入陷阱

中等收入陷阱听起来令人不快。想象一下被困在泥泞黏稠的泥土里或是流沙中无法脱身的画面,这足以让我们打起精神去思考对策。还有更危险的征兆,一个潜伏着的陷阱等待着猎物的到来,粗心的人跳进他们的圈套,没人能轻松地看待这样的境遇。

中等收入陷阱这个术语是由经济学家因德米特·吉尔(Indermit Gill)和霍米·卡拉斯(Homi Kharas)在 2007 年提出来的。一开始显得很学究,直到后来人们更多了解经济发展的长期趋势后才接受这一概念。从 1870 年到 1913 年,阿根廷是世界上增长最快的经济体,19 世纪末其经济水平相当于现在的中国。2007 年著名的安格斯·麦迪森在《世界经济千年史》中计算出阿根廷连续 40 年的国内生产总值实际增长速度是世界平均水平的两倍,在 65 个经济体中排名第 10 位,差点赶上美国但最终没有成功。根据胡永泰(Woo Wing Thye)的估算,到 2008 年,阿根廷经济排名已降到第 28 位。中国会成为第二个阿根廷吗?令人困扰的是,1960 年之后 101 个非儒家文化中等收入经济体中只有 8 个达到了高收入水平。

然而,8 个儒家文化经济体中的 5 个都已经达到了高收入水平。这可以让人稍许心安,前提是中国紧跟其邻国的脚步。1913 年,中国在 65 个经济体中排名第 64 位,离实现共产主义还很远;在 1960 年至 1975 年间排名第 65 位。通过 2008 年的改革,中国的排名升至第 40 位。越南也迈出了相似的一步。由于中国已经制定了到 2030 年的长期规划,中国的持续发展将稳步进行。

发展停滞

中国是不是就没有发展机遇了呢？完全不是！高新产业和高新地区基本可以弥补中国部分经济领域成熟带来的发展滞缓。在新一批的发展引擎中，最主要的就是和信息技术相关的三大投资中心和经济集群，它们分别在位于北部的北京、东部的杭州以及南部的深圳，规模小一点的经济集群分布在其他地区。就像 20 世纪 80 年代的硅谷一样，全国所有的企业都有自己的投资生态系统，它们相互竞争并相互促进。电子商务和服务也推动了从医学领域到旅游行业的发展。

中国正在创造类似海尔以及其他引领变革的新产品吗？每天约有一万六千家新公司注册。这种规模在中国内地相当于 20 世纪 70 年代的香港地区或 20 世纪 80 年代的台湾地区。2015 年的一个下午，我在杭州访问了三家公司，它们都是新浪潮的弄潮儿。一个在使用未来科技，另外两个则用 IT 知识和数据挖掘提供新的服务和便利以满足旧的需求。

微医（挂号网）是将病人与医生在线连接起来的健康门户网站，可以解决中国看病难的问题。在中国，看病是个很费时的过程。通常，人们要请半天甚至一天的假来看病，不仅自己看病如此，陪同亲人看病亦如此。整整三代人都聚在医院，就是为了约上一位好医生。中国有工业化规模生产的医药，但由于医生数量不足、待遇不高、留不住人，而人民因收入上涨就医需求不断增加，医疗仍是民生短板。早上去一所大医院看病就好比在高峰期挤地铁。因此，人们很乐意为挂号网的便捷掏钱，这样不仅可以减轻压力，还节省了他们越来越宝贵的时间——这在以前还是一个不被重视的概念。

杭州的一些公司，如闪亮 3D 和数码中国联盟推动了尖端科技的发展。闪亮 3D 主要研发软件系统，是中国领先的 3D 打印公司，它利用金属粉末、塑料、纸张和丝绸打造身体结构,尤其是牙齿、骨头和人体器官替代品(包括丝质心脏)。不错,虽然听起来很不可思议,但浙江是有着千年悠久历史的丝绸之乡,其先进的丝绸技术可以用天然纤维替代重要的人体器官,甚至是心脏。2015 年闪亮 3D 的研发支出在销售中所占比例高达 25%。和任何有抱负的世界先驱者一样,即使销售在逐步增长,闪亮 3D 依然打算将 10%—15% 的花销用在研发上。

数码中国联盟可能看起来平凡一些,但也一样独具创意。它为网上交易平台、家具制造商和零售商设计内容,让人们看到某个家具在家中摆放出来的效果,即虚拟现实。在线定制以满足顾客的特定需求,还可免去商家昂贵的展示,解决空间不足的问题,省下了运营资金意味着减少了花销。与此同时,顾客得到了更大的便利,节省了时间。所以,这是双赢。制造业经常外包给其他产业,而浙江有许多这样的产业。这只是中国实体经济中的三家公司,它们通过创新提升了增值曲线。

放眼未来(2016—2030)

想要持续发展,中国只需要继续使用它的变革管理手册。由于中国失去了以前的一些优势,现在自然需要采取不同的措施。中国价格优势已经不复存在了。所有那些使中国成为最廉价的制造商的农民工富余劳动力都不复存在了,这就是事实。所以我们需要寻找新出路,像日本、韩国、中国台湾、中国香港和新加坡一样使用传统做法。

不久前的亚洲照亮了未来。国务院发展研究中心、财政部、世界银行联合组织了调研,了解中国 2030 年面临的挑战,旨在建设一个"现代、和谐、创新的高收入社会"。调查报告显示,广泛的研究和实地调研对于政策制定仍是不可或缺的一部分,吸取教训,包括学习其他国家的经验仍然十分重要。

2011 年的《2030 年的中国：建设现代、和谐、有创造力的社会》报告详细阐述了关于未来三个五年规划经济领域的思考。基本方针已经确立，沿海城市发展过程中的经验会应用到内陆，新政策也将促进整体经济发展。《2030 年的中国：建设现代、和谐、有创造力的社会》概括阐述了对第三产业以及借助亚投行等塑造全球金融架构的思考。制造业方面有"中国制造 2025"和"一带一路"倡议发展海外经济（参见本书第十三章）。未来 10 年内农业有可能进行重大升级。此外，报告最后详述了经济领域的重大挑战，并概括提出了必要的改变方向。

中国制造 2025

令人惊讶的是，中国与新加坡太相似了。但过去中国并未像新加坡那样给予工业升级足够的关注。此前中国着力于解决调整工业结构、沉重的历史包袱和就业问题。自 2012 年开始，城市劳动力没有增长，失业率不再是主要问题。如今，中国就像 20 世纪 70 年代的新加坡，可以更加积极地革新技术、提高工人的技术和收入。毫无疑问，两国改革的原则相同，只不过中国的规模更大。德国拥有享誉全球的机械工程师，制订了借助"工业 4.0"进行工业升级的计划，这是中国学习的好榜样。"中国制造 2025"相当于德国项目的低配版。

"工业 4.0"是未来全球制造业的热门趋向，是连接信息物理系统、物联网和服务网之间的实时信息网络。它为自动化程序提供实时信息，比如自动补货、预测诊断机械故障等，能大幅提高生产力。大数据和传感器能够向人、机器和其他数据使用者传达信息、分散信息决策、提高处理速度，从而实现效率大幅提升。"工业 4.0"不仅局限于制造业，同样可以应用于城市生活。

德国非常认真地打造"工业 4.0"概念，专门成立了各工作小组，对技术、气候变化、健康医疗和交流通信等长期因素进行了考量。2011年,德国教育及研究部开启了100个合作项目,囊括了不同研究方向的大学和67个研究机构,尤其注重物联网、互联网和人工智能方向。除了技术层面,德国还进行了法律、社会、经济及就业问题的研究,民营成分和工会也参与其中。新加坡也是如此。这种360度全方位应对未来挑战的方式给中国留下深刻印象,引发强烈共鸣。

中国对第四次工业革命的雄心壮志像城市化的规模一样空前。中国设立了三个目标:首先,2025年前尽可能缩小与德国的制造业差距;其次,2035年前达到已实现"工业4.0"的国家的中等水平;最后,2045年前取得国际领先地位。中国治理的基本单位是以10年计的。

第一次工业革命中,机器促进了蒸汽和煤电的发展。第二次工业革命中电力促进了批量生产的实现。第三次工业革命的信息技术和自动化开启了制造业的变革。"工业4.0"有望实现同样巨大的改变。第四次工业革命则围绕经济社会数字化,以实现罗家福博士所说的"优化生活"的目标。罗家福博士是位于杜塞尔多夫的中德工业4.0联盟的副主席。近10年到15年来,一些德国企业已经使用软件和企业资源计划完善核算、生产、物流和销售流程,如西门子声称已达到了"工业3.8"水平,汽车制造商超过了"工业3.0"。

德国制造业平均水平大约处于"工业3.0"阶段,据说中国正处于"工业2.0"阶段甚至更低。德国于2011年推出"工业4.0"原本是为了保护自己、抵御来自美国和中国的竞争。但中国高层太想得到这些知识,于是2014年劝服德国与中国合作。德国方面接受合作请求的理由同样充分,很简单:因为中国长期被忽视,但其实力与日俱增。如果在华德企未能成功升级,便会从国际市场中淘汰出局。德国也希望中国成功,大家同舟共济。德国在华企业要想成功,其中国供应商和客户也必须兼容"工业4.0"。普遍适用的话,还有助于使"工业

4.0"成为制造业新的全球标准。简而言之,如果中国公司不应用和
建立相似的制造系统,德国"工业4.0"的发展就会受限。无论是气
候变化还是疾病控制,越来越多的世界性问题的解决需要中国的参
与,世界正史无前例地紧密联结在一起。

中国能不负期望吗?毫无疑问,中国"工业4.0"的成功取决于民
营部门的热衷参与,尤其是产业领头羊和年轻企业家。他们要循环往
复地测试验证,但由于中国文化并不那么强调实验精神,这便难上加
难。只能让时间见证一切。中国有很好的方向感,之前的研究和实验
没有完全照搬他国的设计蓝图;而这一次将从工业根基着手,一旦顺利
完成,将是革命性的变革。

2015年,100余位中国社会科学院专家耗费一年时间研究"工业
4.0"如何在中国落地实施。中国正式出台《中国制造2025》,从全方位
视角出发设立了包括科技研发、生产和成本、二氧化碳排放、绿色能源
等制造业发展在内的各方面目标。这一行动计划由中国工业和信息化
部推动实施,向负责经济的副总理领导的工作组汇报工作,再由副总理
直接向总理汇报工作。

然而,成败终究掌握在独立实体,尤其是民营企业手中。这也有助
于中国彻底审查现有企业系统中的信息技术、云计算、网络宽带和可信
任链接问题。中国能实现这一技术跨越吗?"没问题!"一家德企"工
业4.0"技术人员自信地回应。究其原因,他解释道,中国一向言出必
行。迈克尔·恩莱特教授也用类似的方式回应过对中国政策质疑的人
们(参见本书第五章)。那么,多久才能实现呢?该技术人员预测该公
司将在2025年前达成中国"工业4.0"标准。

为什么答案如此肯定?中国民营企业中如阿里巴巴、百度和腾讯
等巨头具备实力支持基础设施建设。除此之外,还有一系列企业提供
专业技术。有了本土知识和文化环境支持,相关产品将应运而生,大规

模助力中国"工业 4.0"发展。

《2030 年的中国》

《中国制造 2025》针对的是制造业,而《2030 年的中国:建设现代、和谐、有创造力的社会》针对的是包括金融业和服务业在内的全面经济,它摒弃传统意识形态和高度集中的计划理念,转向以市场和商业为导向。由世界银行和中国国务院发展研究中心联合课题组撰写、2012年发布的《2030 年的中国:建设现代、和谐、有创造力的社会》,提出了2016 年到 2020 年第十三个五年规划的设想,并指出未来潜在的挑战并制订可行的方案。中国并未操之过急草草了事。整整 4 年,中国政府都在潜心思考,这是典型的中国式渐进主义。一些内容甚至要延期到第十四个和第十五个五年规划中重点展开。英国《金融时报》首席经济评论员马丁·沃尔夫(Martin Wolf)盛赞这是"了不起的文件",因为其中很少看到数据规划了(参见附录《中国 2030:中国的独白》)。

个体和民营企业至关重要。《2030 年的中国:建设现代、和谐、有创造力的社会》指出,中国中产阶级已崛起并充分发展,政府应给予人民更多权利,促进社会发展,这需要政府"简政放权,鼓励群众参与"。这代表着什么呢? 进一步说明,即政府尽量减少其在生产、分配、资源配置等事务中的参与度,将工作重点放在制定实施政策和监管框架上。这其中肯定有很多是中国新兴民营企业领跑者们的贡献(参见本书第十一章"基因")。

知识产权

中国最受争议的问题之一是知识产权保护。这样的断言是因为错误地认为知识产权保护在中国根本不存在,即使存在也仅限于文件法规,这使得跨国公司考虑撤出中国。这种事发生的概率极小,因为大部分跨国公司都把中国视为自己的主要市场。当然,还有别的原因。根据北京罗思咨询有限公司(Rouseand Co.)高级知识产权律师卢克·闵福德(Luke Minford)所述:"中国近五年到十年在知识产权保护方面取得了长足进步。"关于知识产权的法制正不断完善,现已有3个专门知识产权法庭、4个审判法庭和超过400家受权受理知识产权案件的法院。75%的知识产权人赢了官司,外国公司胜诉的几率更高。

2004年时,我向一名中国台湾法学教授咨询,中国知识产权保护的前景将会如何。令我吃惊的是,他的回答并不消极,而是表示前景甚佳。他肯定道:"法律健全,律师出色。"他之所以这样断言,也是因为他在美国和中国台湾时带出很多出色的学生。闵福德2016年基于30000案例的数据库得出结论:中国律师经验丰富,审判不偏不倚。

我一直对中国知识产权保护充满信心,是因为大部分案件是中国人起诉中国人,单就2015年来看,这样的案例占比多达99%。当被告是中国人自己时,大家的心态就会改变,用行话来讲,"大家都是一根线上的蚂蚱"。话说回来,还是有人特别是小城市的人,对知识产权保护的发展忧心忡忡,但是据闵福德观察,一、二线城市的人则更加积极。

跨国公司欣然接受中国法庭上的"外国裁判",尤其是来自德国的或来自美国的版权和专利权方面的审判。打官司如今在中国也比在美国和欧洲效率更高、价格更低。但是,一些复杂的案件,如牵涉两家跨国公司时,这些公司通常不会选择中国的法院,因为中国对于审判前沿科技公司间的纠纷仍资历尚浅。不过,情况也在改变。

私募股权投资

反复无常的中国股市在大受瞩目的同时,中国的早期融资却鲜有人关注,反之亦然。许多国家的股市文化在管控严格且透明的正规市场上形成。相反,中国的股市在引进系统化的西方股市管理经验之前走的是非正规市场的路线。

中国有很多成功企业家,他们白手起家,使用盈余的资金投资,他们乐意为更多的回报承担相应的风险。西方投资人自 19 世纪到信息时代一直明白,在飞速发展和转型的经济体中,最好的发展机会从不在股市中。在许多方面,早期投资(包括风险投资、私募股权投资、收购企业、对冲基金等)对中国经济长期发展至关重要,这些投资基本来自民营企业的创新与野心。中国现在有坚固的经济体系基石。2015 年,只有美国投资总额超过了中国(美国有 600 亿美元,是欧洲投资总额的 3 倍;中国有 320 亿美元)。除了美国,中国市场是唯一的依靠早期投资自给自足的市场,企业可获取足够的资金支持全程发展项目。这得益于中国市场的广阔、深度和流动性。考虑到美国工业已经体系化 60 余年,而中国仅仅为 15 年,如今的中国市场确实已经取得了很大的成就,实力不容小觑。

中国投资者熟悉早期投资的风险,很多企业家开始时接受家人和朋友的资助,也知道风险很高,所以他们对概念一定是很有把握的。失败是常有的事,但中国投资者们不以为然,毕竟历史证明,可能成功的吸引力更大。中国因此不断攀升发展阶段,并避免陷入中等收入陷阱的噩梦。

人

千禧一代

　　中国的千禧一代是世界上规模最大的年龄群体（15—29 岁），也是最受追捧的消费群体，比美国人口总数还多。大部分人首选采购的是住房。70%的中国千禧一代拥有自己的住房，而在美国和英国，拥有住房的千禧一代占比分别只有 35%和 31%。

毕业生

　　2000 年后中国大学招生人数翻了三倍，成为世界第一。中国人的能力和创造力不容低估。已有 7 家公司荣登美国麻省理工学院 2017 年最精明公司 50 强榜单。

消费者

　　让市场主导。这是 2013 年中共十八届三中全会确定的主要改革,这一年也验证了中国市场有多大容量。肯德基有 4000 家门店,占中国快餐市场份额的 40%。因禽流感及其他负面事件影响而遭受重创。现在星巴克久负盛名,最了解中国消费者快速更新的口味,不仅在饮料和装潢上推陈出新,还使用创新科技。

迪士尼

　　上海迪士尼乐园开园第一年就接待游客 1100 万人,比计划目标多 10%。

旅游者

中国游客数量世界第一,2016 年达到 1.2 亿人。中国人不再喜欢跟团游。图为广西的小于 2014 年单人骑自行车环球旅行,这是他在米兰大教堂前的留影。

技　术

移动支付

中国人喜欢采用新科技。买蔬菜都可以用移动支付。2016 年移动支付总额超过 5 万亿美元,是美国的 50 倍。

伦敦出租车

标志性的伦敦出租车制造商现在为浙江吉利拥有,吉利还收购了沃尔沃集团,2019 年将成为世界第一大电动车生产商,预示着汽油车时代的终结。

无人机

位于深圳的民营公司深圳市大疆创新科技有限公司是世界领先的民用无人机制造商。图为无人机在江苏播种。

高　铁

高铁已成为中国名片,但中国还在开拓更多高新技术领域,如人工智能、量子通信和太空技术等。

第十三章

找到清晨的太阳，避开乱纪元

"我最喜欢的歌叫《明天会更好》。"

——广东鹤山的 13 岁少年　2017 年

"创造力是发展和转型的动力。"

——伦敦国王学院教授　哈格里夫斯·希普　2015 年

当我问起朋友 13 岁的侄子最喜欢的歌时，他说是《明天会更好》。这并不是在国际化的上海或创新的深圳，而是在鹤山，一个不为大多数中国人所知的四线城市。仅仅 10 年前，当我第一次访问鹤山时，这里只有一条尘土飞扬的主干道（毫无疑问被称为"人民大道"）、破旧的市中心和一家不起眼的酒店。鹤山位于珠江三角洲西侧，远远落后于东部繁华的深圳和东莞。如今，凭借身处粤港澳大湾区的优势，鹤山正逐渐发展成为中国最新一批繁荣城市之一。粤港澳大湾区已超越东京湾区的工业带，成为世界上最大的经济区。这里有世界上最长的跨海大桥之一，有长达 6.7 公里水下隧道，将以前不发达的珠江三角洲西部与香港地区连接起来。

20世纪80年代来自台湾地区的歌曲《明天会更好》（灵感来自于昆西·琼斯的《他们知道现在是圣诞节吗?》(*Do They Know It's Christmas?*)，因其合唱部分"天下一家"(*We Are The World*)而闻名)，可能听起来很俗气，甚至更像是宣传口号。但相比之下，罗杰斯(Rogers)和哈默斯坦(Hammerstein)的《俄克拉荷马!》(*Oklahoma*!)则有过之而无不及。这首歌抓住了20世纪40年代美国乐观主义的精髓："哦，多么美好的一天，我美好的感觉，一切都顺心如意!"绝口不提洛杉矶严重的黑人公民权利问题和空气污染问题。百老汇忽略这些伤疤，只谈美国梦。现在，轮到中国人享受他们的美好生活了，经历了过去40年的风风雨雨后，大多数中国人的期望是:明天会更好!

中国自1978年以来发生了日新月异的变化。将来会怎样呢？中国正在从一个贫穷的前工业时代经济体发展成为高收入的后工业时代经济体。根据世界银行的定义，中国已成为一个中等偏上收入经济体。实现高收入地位需要将经济增长的主要动力从投资转向消费，中国正在这方面顺利推进。

新时代

《中国巨变》一书前言的前两句是在2017年夏末写的。其中写道:"亚洲和西方都面临类似的挑战。各种颠覆性元素将形成一个新时代，双方都需要更新自己。"尽管当时我并不知道"新时代"一词会是当年10月召开的中共十九大的中心词，但这一概念对每天身处其中的中国人来说并不陌生。然而，这个"新时代"不仅适用于中国，也适用于整个世界，这就是为什么在论述中国巨变之前，有必要加一个有关全球颠覆加速的"绪言"部分。

　　了解时代背景才能正确理解中国思考变革、实施变革和管理变革的能力，帮助人们应对由技术、人口、互联互通，以及由财富和工作的迁移所驱动的巨变时代。这是新的全球现实。"变化无处不在，节奏似乎也在加快"，利里克·修斯（Lyric Hughes）在 2016 年 EconVue 网站年终评论中写道。地缘政治和经济的影响有很多。"如果 2016 年教给我们任何东西，那就是在历史面前保持谦逊"，修斯继续写道。历史及其分支——哲学，再次具有了现实意义。

　　习近平在中共十九大上作了近三个半小时的报告，很少有人注意到报告语气的变化，他的每句话都洋溢着自信。邓小平在 1981 年设定的实现小康社会的经济目标完成了，7 亿多人（世界银行负责人认为是 8 亿人）摆脱了贫困。

　　习近平表示现在是时候设定新目标了。首先就是到 2020 年全面消除贫困；制定 2020 年到 2035 年的中期目标，是在逐渐繁荣的基础上，重点关注全球创新领导力、人民权利和社会文明；到 2050 年，中国的目标是在物质、道德、社会和生态等方面成为先进国家，让人民拥有更多幸福感。这个看似突然的 30 年愿景和新目标是如何实现的呢？除了尽可能地发展经济以外，习近平还巧妙地打出了他的政治牌。

　　中国通过建立监督金融稳定、经济发展和廉洁政府的机构，解决金融体系和腐败这两个对中国稳定影响最大的潜在威胁。中共十九大报告还确定了三个优先事项，深化改革尤其要进一步开放、建设法治国家和改善环境，这部分内容估计占他讲话的十分之一；明确当前的目标是满足人民对美好生活和幸福的追求而不是纯粹的增长，承认过快增长是不平衡的，并造成了重大问题。

　　中国作为国际社会积极成员的目标在习近平的演讲中获得了最长时间的掌声。三周后，习近平出席了在越南举行的亚太经合组织领导人峰会。美国总统特朗普提出了他的"美国优先"的愿景，并向该地区的政府首脑和高级官员建议举行双边贸易谈判，让其从更自由的多边贸易，即全球化中受益。习近平同样高调重申他 2017 年 1 月在达沃斯世界经济论坛上的观点，推动全球贸易并保持开放。习近平在讲台上承诺加强区域合作，并敦促亚太地区采纳全球倡议。凭借地理位置和资金支持，中国向世界舞台中心迈进了一步。现在是什么让中国有信心做到这一切呢？

经　济

即使发展不平衡和结构性的问题仍有待解决，中国经济仍有四个强大但不被重视的支柱支持其转型：充满活力的民营经济目前占据重要地位；要求极高且求新求变的消费者，特别是千禧一代，推动公司不断创新；2007 年詹姆斯·威尔逊和詹姆斯·基利认为中国对研发投入极大，是继肯尼迪登月计划之后最具雄心的研发计划；以及教育，长达 20 年的教育投资得到的回报是一批素质更高、薪酬更高，从而消费能力更高的劳动力。此外，快速增长的新兴产业推动中国不断向增值曲线上端攀升，而从前占其人口 60% 的落后地区，已经开始赶上沿海的先富地区。这一切因为中国规模和中国速度进一步得到加强。中国这艘超级油轮不会突然停止；如有必要，它还有足够动力和时间来改变方向。

这在实践中意味着什么？麦肯锡估计，到 2022 年，中国的新车市场容量将超过美国和欧盟的总和——2016 年它已经领先于美国的 1750 万辆，售出汽车 2390 万辆。根据总部设在华盛顿的战略与国际研究中心的数据，到 2022 年，中国的中产阶级将达到 5.5 亿人；中国将是第一个在一年内申请专利达 100 万项的国家；中国的电子商务交易量和包裹快递数分别占世界的一半和 40%。中国游客在海外旅行上花费超过 2500 亿美元；在这片妇女曾经需要缠足的土地上，将居住着全球约 60% 的新兴女性亿万富豪。

尽管如此,各种负面叙述中仍有对中国金融脆弱性和潜在经济危机的警告。在所有这些外国机构中,国际货币基金组织更多地接触中国的经济技术官员,对中国经济进行了更深入的宏观经济研究,并为中国提供了比华尔街公司和财务评论员更多的建议。国际货币基金组织 2017 年 8 月对中国经济的年度回顾十分具有启发性,这一年恰好是怀疑论调最多的一年。

国际货币基金组织指出:2017 年中国家庭债务增长放缓(2018 年可能会因房地产降温而进一步放缓);经济再平衡仍在继续,经济增长中消费占比约三分之二,是自 2000 年以来的最高水平,之后经济增速会上升;经常性账户盈余预计下降至 1.4%,远低于其 10% 的峰值。国际货币基金组织将对中国国内生产总值的预测上调至 6.8%,对中国"僵尸企业"和产能过剩的担忧也正逐渐减少。国际货币基金组织随后详细说明,给亏损的国有企业贷款仅占公司债务的 5%—9%,而钢铁、煤炭、铝、水泥和平板玻璃等主要产能过剩行业仅占全部行业的 19%,远比想象中的要少。如果管理得当,并不足以破坏中国的金融体系。

总体来说,国际货币基金组织认为:随着改革"范围的扩大",中国继续转向更加可持续的增长;通过对金融风险采取重要行动,政治家和监管机构之间的协调继续得到改善;企业进行重组后债务增长缓慢;钢铁和煤炭等主要领域减少产能过剩的目标已经实现。国际货币基金组织认为,人民币总体与基本面保持一致,超过 3 万亿美元的外汇储备绰绰有余(2 万亿美元就足够了)。国际货币基金组织已经表明中国现在的重要性,即"中国持续的强劲增长为全球需求提供了关键支持"。

地缘政治

随着中国经济的不断加强和对外开放，其全球地缘政治地位不可避免地发生变化。到2025年，中国很可能会超越美国成为世界领先的经济体，而中国现在已经是全球最大的贸易国家。除了中国的行动之外，很多事情将取决于西方和日本对中国在近200年相对急剧衰落之后重新崛起的反应。

中国力量有各项数据支撑。此外，毫无疑问的是，印度、印度尼西亚、巴基斯坦、尼日利亚、巴西和孟加拉国等新兴国家（如果不是全部的话）将继中国之后增加其经济规模和影响力。中国是21世纪第一批在全球经济中占据一席之地的大型新兴经济体。从单极世界到多极世界的趋势是无情的。正如日本汽车制造商丰田公司付出了代价才发现：中国逐渐加速的全球重要性将越来越有助于实现全球目标，解决全球贸易、就业、标准、安全和流行病等问题，确保从德国提出的"工业4.0"计划到企业全球行业领导地位的成功。

我们可以将中国的执政党看作一个通过实现财富和权力目标来追求更好生活的发展型政党。正如德国一样，中国是21世纪的发展之国，通过努力思考长期目标、柔和而坚定地发声指明方向，欢迎国界之外的合作、竞争和包容。另一种方式是将其视为商业型政党或企业，是新加坡公司的超大型版本，一个拥有业务发展部门的现代公司。后者创造了新加坡航空公司、新加坡发展银行和中央公积金等，中国这家"公司"的前景并不令人担忧。中国可以通过"一带一路"倡议中的基础设施建设的专业知识和消除全球40年来最大的贫困，在西方缺席的地区赢得软实力。

历史与哲学

　　面对历史的谦逊与中国人的思想产生了共鸣。历史是哲学的原材料。19 世纪和 20 世纪的欧洲对这个想法并不陌生。事实上,近 200 年来,欧洲充满了对历史力量冲突作用的惊雷,直到最后屈服于"历史终结"的信念。对中国而言,历史的力量和教训不仅仅存在于执政党中。北京四合书院院长胡新宇(Matthew Hu)表示,年轻人对于历史和中国传统文化的兴趣正在增加。在最近的一次日本佛教方丈访问团中,其中年纪最轻的也超过 70 岁,而中国方丈的普遍年龄在三四十岁。胡新宇引用了一位美国土著的话:当被问及为什么坐在路边时,他回答说如果我们走得太快,就停一停,让灵魂跟上来。现在,这句话对中国也同样适用。

　　变革在英语中是一个灰色词语。在中文里,它动态十足,深刻而细腻,具有多种意义。它背后的哲学是长期的整体思维,而不是短期思维;复杂而不过度简化;提倡双赢合作,而不是零和博弈。和谐与稳定等主要概念对于西方人来说可能听起来很模糊,但它们确实包含和平、繁荣和包容的价值观,正是这些价值观解决了诸如无休止的战争、不安全感、留守群体和紧缩等当代问题。

　　如实用主义、灵活性、教育和改进这样的许多观念,在维多利亚时代曾广受支持,而正是在那个时代,英国逐渐成为世界头号强国。其他欧洲国家也跟随英国尊崇这些理念,使欧洲社会也走上了充分就业和美好生活的道路。来自爱丁堡纳皮尔大学的赵亚楠曾在该校攻读国际商务管理硕士,她指出,西方的长期稳定使人们抵制变革。稳定蒙蔽了人们的双眼,使人们无法看清现实,因此也不会思考现实的价值。中国则没有这样的问题,因为近代以来的历史让中国人认识到忽视变革带来的教训，让中国人明白了不稳定的危险和周期的必然性，进而坚定了许多中国企业家和普通民众，特别是农民工的决心。赵亚楠说："我认为一切皆有可能。如果你想，你可以做任何事情。这就是为什么我在旅行中无所畏惧。我知道我能做什么，不能做什么。"无所畏惧是所有企业家的标志，在东南亚地区它被称为"事在人为"。

查尔斯·达尔文提出了进化论，不是因为他回答了打算解决的问题，而是发现自己在问错误的问题，提出正确的问题引导他构思进化论。李约瑟发现差异可能只是不同而不是错误。在长期战略思维模式下，十年是复杂社会的基本时间单位。即时的解决方案很少持久，缺乏耐心会受到相应的惩罚。进行根本性的变革，特别是结构性变革，需要时间。一切都在进行中，要不断的反思、创新，随着时代和环境变化而改变思想。

2015 年，英国大学与科学国务大臣大卫·威利特（David Willetts）评论说："我们需要提高竞争精神"，要反思为什么英国事实上率先使用石墨烯而中国却成为当前开发石墨烯的领导者。澳大利亚中国问题专家斯蒂芬·菲茨杰拉德指出："我们生活在一个中国的世界，但却没有与之相匹配的关系。"人们必须深入了解中国如何思考，以及如何看待中国的崛起。这并不是那么难，当西方取得全球统治地位时，对当前中国的许多理念都很熟悉。也许中国的长线思维和解决问题的方法可以为埃马纽埃尔·马克龙（Emmanuel Macron）提出的 2019 欧洲公约带来启发。

未来会有什么变化？未来一切都可能发生：商业、全球治理、地缘政治经济、哲学、中国巨变以及其他人能否找到希望之路。

医疗保健：最大的惊喜？

医疗保健是中国人最关心的问题，医疗改革很可能成为最大的商业惊喜。需求一直存在,现在中国还有了改革的办法。2016 年,中国医疗保健市场的产值为 1160 亿美元,而乔治·贝德估计这一数字在 2030 年可能超过美国。然而全球制药公司却说他们没有看到这个趋势,就像 20 世纪 70 年代美国汽车业严重低估日本的发展趋势一样。

今天的一代人通过工程、数学、科学和知识,而不像他们的父母和祖父母那样通过政治来进行建设。历史的车轮似乎转了一圈,回到 1919 年五四运动时期,人们崇尚"赛先生""德先生"和启蒙运动的时代。新一代不仅是改革的一代,更重要的,是在精神上开放的一代。

所有这一切都在发生,大型制药公司在应对西方的挑战和未来时面临着四重阻力。以后研制新型药品越来越少,政府审批成本越来越高,面临研制药专利失效和小公司更容易参与竞争的局面,使得竞争越来越激烈,最重要的是,大公司的声誉已经严重下滑;黄金时代已经结束。中国的市场增长是个好消息;然而,坏消息是价格由买家而非卖家决定,因为中国承担不起美国那么大的医疗支出。中国利用其购买力,实施降低成本和利润率的策略。好消息与坏消息并存,这就是典型的对未来的颠覆。正如乔治·贝德和迈克尔·茨林兹格(Michael Zielenziger)2010 年在其为客户德勤摩立特咨询公司撰写的报告《中国:2020 年的生命科学领袖》中总结的那样:"到 2030 年……最好的公司不只会向中国出售,他们将向中国学习。"

中国采取了新的医疗卫生方案,在基因组学、医疗记录数据挖掘和疾病计算机建模方面取得突破。所有这些都是中国运用掌握的西方技术,结合中国长线思维的传统优势、管理规模和速度。既有西方医学的因素,也有中国传统医学的成分,还有带来最大惊喜的中西医结合。屠呦呦用中药治愈疟疾获得了 2015 年诺贝尔医学奖,这是中医认知的第一个突破。屠呦呦和她的团队在中国医疗体系内,结合中国传统的草药知识与西方技术方法,取得了巨大的成功。

中医已将生物技术、基因检测、分子生物学和诊断设备等国际手段与针灸和肿瘤知识等传统治疗相结合。通过研究西方最新的从随机分组到双盲试验和统合分析方法，使中医研究人员更接近西方同行，从而推动合作。中医大夫都接受过基础西医的培训，因此理解这一点并不困难。在明确草药的元素和化合物、了解其功效和分子结构方面，已经做了很多工作。从澳大利亚到美国，随着中医在全世界范围内接受度的提高，中国医药产业正如其海外业务一样，缓慢而稳定地向前发展。

跨国公司：需要改革开放

中国对跨国公司的挑战是对西方最大的威胁。西方公司凭借来自硅谷、德国、意大利、美国中部或好莱坞的创新、品质、才能、便利和娱乐等各方面的禀赋，自1945年以来一直引领世界。然而，现在他们正站在一个重要的十字路口。

ABB、通用和大众等一些巨头都是真正的全球公司，将中国融入其世界业务。当然，他们也与中国一起发展，在中国生根发芽，能够利用中国的机遇。还有较年轻的外国公司，特别是一些在新经济和生物技术领域的小公司，他们没有旧思维的桎梏，处于中国技术和全球业务的最前沿。当然，还有更多的外国公司需要向他们学习。随着本土市场拓展停滞不前、全球竞争加剧，跨国公司的士气和自信正在逐渐低落，不能很好地应对这个日益颠覆的世界。许多人抱怨中国企业的不公平竞争，谴责裁判和工具，怀念被众星捧月的轻松年代，而新的中国市场，特别是高端细分市场，正在毫不费力地推动全球利润增长。这一切都改变了。现在最糟糕的是沉溺于顾影自怜、自怨自艾和摆出一副受害者的姿态。领先的中国公司越来越具有竞争力，而且只会越来越多，这些都是没有认清现实所付出的高昂代价。

然而,也有一些跨国公司着眼长远、坚守承诺,因此在中国表现不俗。德国大众汽车甚至在中国于 1978 年改革开放之前就开始探索其潜力。现在,在中国的帮助下,大众汽车是世界上最畅销的汽车品牌。瑞士 ABB 也脱颖而出,被同行视为最了解中国、中国文化及其驱动力的外国公司。制造业和能源集团通用电气有一些业务逐渐走向成熟,但随着中国经济的升级和提出"一带一路"倡议开辟中国以外的新市场,新的业务将取而代之。2016 年,新业务的销售额达到 23 亿美元。赢家们像中国领先企业一样对世界进行观察,进行深刻的自我批评。他们把中国复兴作为一个机会,保持自己的耳聪目明和敏锐观察。

知识产权剽窃是最常见的问题。英国工程集团 IMI 认为只有一个解决办法:让仿冒者无法跟上创新的速度,为创新产品赢得更多时间来赚取溢价。这意味着在研发上需要投入真金白银,通常是销售额的10%。这才是一个国家成为世界领导者的出路,而不是沉迷于往日荣誉、固步自封。IMI 比大多数人更有理由担心,因为它有核心技术需要保护。除了其他预防措施,IMI 在不同地方生产不同的部件,这些技术敏感实用,但又不会像火箭科学一样难以复制和理解。虽说有志者事竟成,可是往往"志"和重点都被抛诸脑后。中国的市场不再是 2008年之前成功的快车道,那时很容易就能获得事业成功和声誉。现在市场竞争加剧、销售增长放缓、出国工作已不再是主流了。IMI 采取了激进的态度,聘请更多中国人担任高级职位;聘用了一位会讲普通话和上海话的澳大利亚变革管理和文化系统专家担任首席执行官,使中国人在排名前 30 的管理者中占据 28 位。

这种痛苦的企业文化变革必将遇到阻力,需要公司总部最高层的坚强意志、领导力和深刻理解才能促成变革。问题在于,许多首席执行官没有经历过变革,因此无从下手,特别是对于直接威胁他们个人的趋势,使他们困惑和不安。与其照搬西方模式,跨国公司更应该看看在中国什么行得通,然后将学到的知识在全球范围内推广,这就是他们的中国对手的行动计划。这次中国公司计划的范围将不仅仅是在非洲和拉丁美洲,还包括跨国公司的本土市场——欧洲和美国。约翰·霍夫曼(John Hoffman)称之为由内而外的企业战略。

一位顾问对一些跨国公司特别严苛,宣称"无知不可原谅"。跨国公司应该停止向中国轮流派驻高管,必须建立长期专注的中国管理团队,使正确的思维方式和企业文化与适当的制度和决策过程一起发展,所有这些都与中国的重要性和现实相适应。必须改变总是由中国向外国公司学习的过时观念,中国的赶超已是不争的事实。

尽管中国消费者普遍对国外产品有更好的印象,但跨国公司的业绩已经开始出现下滑。中国智能手机市场的外国产品份额已从 2011 年的 55% 下降至 2016 年的 15% 以下,苹果在中国的销量首次下滑,排名落后于 OPPO、ViVO 和华为,而这些品牌在西方名不见经传。根据凯度消费者指数和贝恩咨询公司(Bain/Kantar)联合发布的报告,从快餐到洗漱用品、从小吃到洗发露等 26 种快速消费品,外国公司所占份额自 2011 年以来持续下降。2016 年,跨国公司的销售额仅增长了1.5%,且大多数增长都来自于跨国公司的拳头产品,但中国公司的销售额同比增长了 8%,中国企业在 18 个类别的份额中有所增长,跨国公司只有 4 个。China Skinny 咨询公司评论说:"外国公司并没有尽力了解中国市场,他们的营销策略没有针对性,而且不像国产品牌那样敏捷。"许多跨国公司已经进入中国 30 年。宝洁公司不得不选用新的中国领导来解决问题。转变并非不可能,但确实需要深入的中国知识,包括品位变化、复杂程度、区域差异和使用数字媒体。

改革开放对许多跨国公司而言,就像 1978 年对中国一样充满机遇。最重要的是,不要低估中国。对于一度没有受到挑战的西方公司来说,表现谦卑并不总是那么容易。30 年前,中国企业有很多需要学习的东西,谢祖墀婉转地指出,"现在他们有很多东西可以分享。"一些跨国公司比其他跨国公司更容易从中国学习,全球机构也是如此。

全球治理:70 年后需要改变

传统强国对新兴经济体的崛起产生抵触情绪在所难免。同样,较强大的发展中经济体自然希望在全球金融和贸易的顶级席位中占据一席之地。毋庸置疑,经过 70 年的变革,1945 年后的布雷顿森林体系需要新的架构来适应发展中经济体和金融系统日益增长的重要性。中国的变化是促进此次改革的主要动力。

中国现在拥有世界上最大的国有银行系统,其资产是美国的两倍。在金融领域,中国是金融科技的全球领导者,被认为领先于美国和欧盟。2016 年中国第三方移动支付增加了两倍多,达到 5.5 万亿美元,而美国移动支付增长了 39%,仅为 1120 亿美元,是中国的五十分之一。超过一半的中国互惠基金在网上销售。中国是"地球上网线最长的国家","有很多可以分享"和传授。正如布鲁塞尔的尼古拉斯·贝隆(Nicholas Veron)2016 年在其为彼得森国际经济研究所撰写的报告《中国的新经济前沿》(*China's New Economic Frontier*)中所指出的:"这个'全球治理'体系还没有充分适应中国崛起的新现实,仍是不可持续地以现有的北大西洋金融体系为中心。这不符合现任领导者、中国和整个世界的利益。"

但是,偶尔也会出现新进展。在 2016 年二十国集团杭州峰会之前,中国、美国、国际货币基金组织、世界银行和联合国之间的幕后合作未被注意,但它们已经做了大量准备工作以解决世界根深蒂固的经济困境。他们关注的不是当前的危机,而是真正的长期思考。发展成为一项重要的增长战略,中美这两个世界上最大的温室气体排放国签署了《巴黎气候变化协议》，对联合国2030年可持续发展目标作出了承诺。这与一般只关注应对危机，着眼于短期而非长远考虑的峰会有很大不同。

中国向二十国集团提出了变革进程：利用广泛的协商和集中的专家工作组来制定目标，然后确定实施手段。共识协议带来了比以往更多的承诺。在金融方面，国际货币基金组织同意改革投票结构；在贸易方面，成员承诺更加开放，即使他们的诚意有待提高；中国提出了关于创新和提高效率的建议，美国提出征税建议，制造业国家提出了过剩产能问题。尽管人们对国际论坛在制定决策方面的作用不敢恭维，但我们终于听到了解决老问题的全球新方法。

由于规模庞大，历史动荡，中国自然而然地需要应对复杂性。大型组织都熟悉如何进行危机管理。中国改革全球金融的想法将扩展到全球规则制定中，原因很简单：作为世界上最大的贸易商，中国希望世界经济健康发展。中国需要通过影响国际货币基金组织、世界银行和世界贸易组织等多边机构来保持金融和贸易体系的开放和稳定。2008年的金融危机证明全球金融体系的脆弱无力。一旦中国整顿好自己的金融机构，将有助于更积极地塑造全球金融架构。中国已经有技术专家在这些机构中担任高级职位，比如2011年至2016年担任国际货币基金组织副总裁的朱民。

随着中国经济实力的不断增长，摩擦也将不可避免地增多，但是，只要有足够的善意或至少是对共同利益的认同，没有什么是不可解决的。但是，仍有一些潜在的冲突爆发点。中国人的思维对某些基本问题的看法与传统的西方人不同，首先中国人认为金融应该为实体经济服务，而本身不是目的。事实上，金融最好能推动实体经济的发展，否则就会像2008年那样扭曲和破坏经济。中国认识到金融市场的竞争与制造业的竞争有根本上的不同，必须相应地加以规范（参见本书第九章）。古代中国把商人排在知识分子、农民和手工业者之后不是没有理由的。

保护中国边界和对外关系

避免陷入困境是中国的主要安全目标。中国有时间、有面积，只要中国有足够耐心，这就是为什么邓小平主张中国应该韬光养晦，促进与所有国家发展良好关系的原因。然而，最近发生的一系列事件，诸如日本旨在修改其和平宪法、东海和南海的争端以及美国提出印太战略的新概念等，动摇了这种低调的做法。虽然建设高收入经济体大大加强了中国的长期战略优势，但在维护和平与发展的同时，应对这些挑战可能仍然是中国的优先事项。

瓦斯科·达·伽马（Vasco da Gama）的地理大发现时代结束了。2007年澳大利亚国际关系专家克拉尔·贝尔（Coral Bell）说，西方世界支配非西方世界的时代行将结束。由于预见到这一变化，澳大利亚总理高夫·惠特拉姆（Gough Whitlam）在1973年推动中澳建交时就明确了两件事：在中澳关系中将中国放在与其他世界大国平起平坐的位置，而澳大利亚必须照顾自己的利益并能够说"不"。第一位澳大利亚驻华大使在2017年提到，只有建立信任和信心来实现这一目标，澳大利亚才能成为在区域和国际问题上敢于直言的不容小觑的伙伴。反过来，澳大利亚将需要更多关于中国的教育，以及自力更生的外交政策。对于其他国家来说，情况同样如此。

尽管特朗普总统在上任前有许多好战的言论，但即使对美国而言，也没有与中国发生冲突的必要。迅速接受一个中国原则来指导中美关系，标志着现实政治的重新兴起。尽管存在分歧，但习近平和奥巴马在气候变化和伊朗核问题上有着很好的合作。中国现在寻求在其他领域与特朗普接触,包括中国在美国创造就业岗位以及中国改变一些贸易和投资规则创造新机遇。

然而,无论是朝鲜核问题、欧洲的难民问题还是埃博拉等潜在的流行病,当前最紧迫的问题是全球性的,而不是双边的。中国提出的双赢模式可能是老调重弹,但创造一种新的合作文化远比无穷无尽对抗的零和博弈更有效。永久性的分歧需要进行有效管理。正如一位退休的美国外交官所言,98%解决不了的外交问题到最后都得到了很好的管控。

地缘政治经济学

经济和金融将在确保中国边界安全方面发挥重要作用。通过建立亚洲基础设施投资银行、金砖国家新开发银行和丝路基金等新的融资机构,中国更加注重推动亚洲经济一体化。此外,中国正在推动亚太经合组织提出十年的建设亚太自由贸易区(FTAAP)的构想,特别是在特朗普破坏跨太平洋伙伴关系(TPP)之后进一步支持达成区域全面经济伙伴关系协定(RCEP)。

但是,没有什么比"一带一路"倡议更重要,这个倡议可能改变中国西部,一直到欧洲各国,影响全球一半以上的人口和60多个国家和地区。"一带一路"倡议于2013年提出,旨在帮助重新开创马可·波罗及以前的时代连接欧洲与太平洋的陆上和海上航线。中国热衷于资助和建设公路、铁路、港口和管道等设施。

世界银行前经济学家林毅夫2016年在世界报业辛迪加中解释了该倡议的经济逻辑:劳动力过剩的国家可以通过劳动密集型制造业实现二三十年的增长,就像中国过去的30年一样。中国有8500万个低技术制造业岗位。随着时间的推移,中国可以在国内提升其劳动力素质的同时将低技术岗位转移到国外。当日本在 20 世纪 60 年代同样进行劳动力升级时,只有 1000 万个这样的工作岗位,而韩国、中国台湾、中国香港和新加坡合加起来只有 2000 万个,远低于中国内地的 8500 万个。

林毅夫认为,工业化和现代化可以齐头并进,可以为包括中国在内的更发达经济体创造市场。"一带一路"倡议通过像巴基斯坦和阿富汗这样陷入困境的国家,该倡议有可能改变他们的社会。到 2030 年,世界对"一带一路"倡议可能会有更好的理解,而到 2025 年,世界就有可能会大不相同。这种猜测超出了本书的范围,足以说明这一举措具有中国传统思维的所有特征——愿景、规模、管理大量资源、长期规划、战略和整体思维。

中国的倡议得到了迅速执行。正如习近平所说,它体现了"和平合作,开放包容,互学互鉴,互利共赢"。谢祖墀 2017 年在《南华早报》上总结说,这提供了基于软实力而不是蛮力的新全球秩序愿景。

哲学:西方的新思维?

中国梦影响深远,但更令世界感到震惊的可能是剑桥大学的亚瑟·威利(参见本书第一章)和康奈尔大学的大卫·辛顿所提出的愿景。这两位是过去 80 年来中国哲学和文学领域最重要的两位西方译者。

辛顿希望中国传统哲学中的实用主义和道德能够引导当代美国。他在 2013 年写道:

> (美国)上世纪的确也经历了中国孔子时代的灾难性文化崩溃,中国古代应对类似情况的洞见很可能在下个千年的更新中发挥重要作用。

2017年哈佛大学第三受欢迎的课程是《中国哲学》，仅次于《经济学入门》和《计算机》，由中国历史教授迈克尔·皮特（Michael Puett）执教。在《道——认识一切的新方式》中，他和克里斯蒂娜·格罗斯-洛（Christine Gross-Loh）揭示了"中国古代哲学家的永恒智慧如何改变我们对自己的看法"。《卫报》一位评论家说，"中国古代哲学家……正试图回答我们一直在问的重要的问题。"西方发现自我的概念扑朔迷离、苏联解体让人感悟历史幻灭，这会吸引年轻人寻求对人类行为和事件的不同理解。通过哈佛学生，儒家的实用智慧可以有更广泛的受众和应用。

进步时代：超级油轮正在转向

自从我第一次在澳门路环岛看到中国，40年来，这里已经发生了巨大的变化。1977年夏天，远处的岸边仅有几个渔民家庭居住。2016年，约两万人在横琴参与试点计划。到2020年，这个经济特区将有20万人在此贸易、旅游、娱乐和经商，香港中国银行的后台办公室、世界上最大的海洋景点、海洋王国以及女子职业网球巡回赛场也将入驻。这就是中国，永不停息、变革速度惊人的中国。

超级油轮正在继续转向。在过去40年中经历了如此巨变之后，很难想象中国的经济复苏和重新崛起会停下来。尽管存在问题和挫折（或许正是因为这些问题和挫折），中国前进的势头仍然强劲。所有这些都为支撑中国的制度变革提供了研究、讨论和传播的经验教训。随着富余劳动力、廉价土地和迅速扩大的出口市场等原有驱动力的弱化，必须从升级和新领域寻求变革以保持中国的增长。即使增长速度可能不会像从前一样快得让人觉得"恐怖"，但仍会让其他国家艳羡不已。

从1978年到2015年是中国全面进步的时代，正如阿萨·布里格斯(Asa Briggs)叙述的英国在 1783 年到 1867 年之间的工业、政治和经济变革。1867 年,英国的变革远未完成,但改善正逐步进行中。尽管超过一半的人口居住在城镇,环境严重污染,贫富差距巨大,收入不平等,而且还远没实现普选——妇女到半个世纪之后才获得投票权。然而,总体的情况仍在明显好转。今天的中国也是如此。

中国巨变:1978 — 2015

中国在 1978 年到 2015 年的巨变,因其非同寻常的规模、速度和时长,具有无与伦比的重要性,与历史上其他任何变革都不一样。随着印度经历同样的变革,世界已经进入了一个越来越不可预测、极具颠覆性的时代。

没有经济体可以如此长时间地高速变革却没有遭遇重大问题。这曾是中国在 20 世纪 80 年代、90 年代和 21 世纪前 10 年的故事,所以没有理由不再出现问题。虽然存在问题,但也有进展。7 亿人脱贫、2.5 亿中产阶级的出现以及世界上最受欢迎的千禧一代,这些绝对不是历史的一个小脚注而已。相反,这些是历史性的、重新定义世界、改变世界的事件。

对于许多中国人来说,如秀云和她的家人,中国已经成为地球上最伟大的秀场。然而,中国的经济转型刚刚进行了一半。推动上半程的工业化和投资两股力量几乎耗尽。为了找到更高回报的工作而到城市的富余农民工资源已经枯竭。对基础设施和住房的大量投资,以及对钢铁、水泥和相关工厂的投资已经放缓。

然而,中国的发展并没有结束,而是以更加谨慎的步伐推进。2015 年,消费超过投资占中国国内生产总值的 50% 以上,这是一个决定性的时刻。中国在 2050 年成为一个平均 GDP 增长率为 2%—3% 的成熟经济体之前,消费和投资的交替还要持续35年左右。目前来看,在接下来的15年里,中国GDP每年的实际增长率平均可达5%。在这70年根本性变革的后半程,中国将越来越受瞩目,引领全球新闻公报和市场变化。

对于那些关注商业、经济、社会、政治和世界事务的人来说,中国的巨变一定是地球上最伟大的演出,特别是对那些对发展和转型、历史和现实生活变革感兴趣的人来说,中国的变化远比真人秀更为精彩。中国不再仅仅是一个快速发展的新兴经济体,而是已经成为促进新产品、流程和思维产生的全球力量。要产生全球影响,增长百分比已不再是重点。在更大的经济基础上的绝对数量才是重要的:中国的增量超过了美国、欧盟和日本增量的总和。中国企业家将帮助改变世界,并非因为这是他们的目标,而是因为在当前万物互联的情况下,中国企业家的重要性被放大了。

中国改革的下半程可能是中国人的另一场精彩演出。更重要的是,对于中国以外的人们,它将成为地球上首场最伟大的演出,只是很多人还没有意识到,不过很快就知道了。美国在1945年之后将其经济和文化足迹留在全世界,英国在19世纪和20世纪初名噪全球,21世纪中国也将以自己的方式进行自己的表演。亚洲、非洲和澳大利亚的部分地区已经先睹为快了。到2025年左右,中国很可能成为世界上最大的经济体和主要资金来源。经济决定论依然颠扑不破。

未来的巨变:迈向 2030

在一个日益受到财富、技术、人口和互联互通加速颠覆的世界中,中国位居核心位置。这毫不奇怪,人们对中国存在的认知和5年前截然不同。除经济发展外,中国还有技术进步。

中国越来越感觉自己正处于重大技术突破的边缘。技术和科学界对此显然是乐观的。全球经济增长低迷并未影响中国在这一领域的发展。美国科技投资者表示,华为的手机已经可以拍出比品牌领导者苹果手机质量更高的照片了。事实上,苹果在 2015 年从华为租用了 769 项专利,而华为仅从苹果租用了 98 项专利。试试吧,微信可比 Skype 好用。谷歌在 Whisper 消息应用程序上与腾讯合作并向其学习。华尔街分析师认为,中国在民用无人机和自动驾驶载人飞行器方面领跑全球,这两个未来的主要行业目前均由中国民营企业领军。中国也有实力在电动和无人驾驶汽车领域与行业领导者竞争。2016 年,中国建造了世界上最大、功率最高的射电望远镜以及世界上运算速度最快的超级计算机——第一次完全采用中国芯片制造的处理器,比美国的任何产品都快 5 倍。

没有什么比 2016 年世界上第一颗量子卫星"墨子号"更能展示中国的科学研究进展了。"墨子号"卫星以公元前 5 世纪第一次进行光学实验的中国哲学家和科学家墨子命名,利用量子物理学及其纠缠理论成功发送了"无法破解"的通信信号。2017 年,科学期刊《自然》杂志报道说,中国的基站和"墨子号"卫星之间的传输距离已达 1400 公里。纽约大学上海校区的量子物理学家蒂姆·伯恩(Tim Byrne)称这项成就"卓越非凡",指出之前量子通信的最长距离为 143 公里,这是防止"黑客攻击"的重要一步。网络身份盗取可能成为过去吗? 中国的技术优势不再仅限于高速铁路。

除了"墨子号"的成就之外,中国在科学方面相对地位的变化最为显著。维也纳大学教授安东·泽林格(Anton Zeilinger)所做的工作是中国量子通信的基础,但他自 2001 年以来一直未能成功地引起欧洲航天局对发射类似卫星的兴趣。在潘建伟的帮助下,泽林格教授获得了资金,目前正为中国提供顾问咨询。2016 年,中国在包括量子物理的基础研究上支出 100 亿美元，远远高于 2005 年的 19 亿美元。尽管 2016 年美国国会报告称将加强国家安全，但资金大幅波动不利于研发，美国每年的量子物理联邦资金仅为 2 亿美元。长线思维、远见和毅力正在塑造中国的未来，缺乏这些品质的国家显然正在遭受损失。

历史的车轮从未停止转动。中国目前占据超过一半的印度智能手机市场，而印度也开始追随中国的价格和创新。在成为世界工厂之后，中国企业带着资金、生产系统以及创意"走出去"。曾经大肆复制别人的中国正在被别人复制。就像阿里巴巴、百度和小米被称为中国的 eBay、中国的谷歌和中国的苹果一样，现在中国公司的模仿者有印度尼西亚的 Tokopedia、印度的 Snapdeal 和尼日利亚的 Konga。高峰说，在全球范围内，中国正引领"互联网金融、新社交媒体、人工智能、虚拟现实、增强现实和智能交通等新兴产业"。英国广播公司甚至报道说，有公司受中国的启发正在尝试在牛津开发共享单车。

互联互通的交通网将中国几乎所有主要城市用高速铁路、航线和高速公路联系起来，极大缩短了交通时间和距离。因此，仅陆上交通就可以让周边 3 亿人在 3 小时之内到达上海迪士尼，这几乎与整个美国人口一样多；10 亿人可以在 3 小时内飞抵浦东机场，而这里距离迪士尼乐园仅 15 分钟。在国外，"一带一路"倡议旨在通过欧亚大陆将中国与欧洲联系起来，影响西亚、东南亚、中东和东非，重构世界经济和地缘政治版图。像东亚经济奇迹一样，"一带一路"倡议也会改变世界。

有许多怀疑论者质疑中国：有些是意识形态论，有些是否认论，更多人只是因中国规模太大、不甚了解而感到困惑。怀疑论者认为，中国发展了这么久，早就该到达现代模式（自认为是西方模式）了，不然就会出现严重错误。就像疲惫又心焦的孩子们不停地问："我们到了吗？"他们没有想到，历经如此巨变，最后的 10% 可能需要耗费 50% 的时间和精力；改革相当于提供有限服务的最后一英里，这个道理在

2400 年前中国战国时期的正史中就已经说得很清楚了。耐心、恒心和毅力是中华美德。十年是实现真正变革的基本时间单位。为了适应增长放缓的新常态，中国的思维工具里有变革不止、循环往复的观点。这就是亚洲思维中所谓的"周而复始，生生不息"。

在《中国巨变》一书中，消费者、公司和理解变化这三个主要力量，将像中国巨变中的廉价劳动力和廉价商品一样塑造全球。麦肯锡预测，中国城市中收入超过 25200 美元的家庭，将从 2010 年的 4%上升到 2030 年的 54%。麦肯锡数据表明，2015—2030 年，中国 15 岁至 59 岁的人口将占全球城市消费增长的 18%，而美国同年龄组则只能贡献10%。中国民营企业灵活应变，既有长线思维又有短期成效，中国民营大鲨鱼击败国有甚至很多外国鲸鱼，成为企业海洋的霸主。但他们也需要加速，因为更小、更凶猛的中国食人鱼正在紧追不舍。更多压力来自中国挑剔多疑的客户。正如比尔·克林顿的话其实可以改为："傻瓜，消费者才是关键啊！"对消费者的争夺是激烈的。经济决定一切。

创造力：中西方的共同点

创造力往往是中国人管理变革方法的核心。失灵的系统和环境催生不出创造性的方法，这同样适用于政府、个人、监管机构以及企业。当然，只有兼容的想法才能在中国土壤中扎根，并非所有想法都能成功地从外国移植。因此，理解中国必须源自基于历史的哲学，从其自身的条件和环境着手。

也就是说，从雅典到佛罗伦萨，从维也纳到硅谷，西方社会的鼎盛时期与中国传统文化和历史有很多共同之处，特别是在起源、方法、思想、艺术和商业方面。在 13 世纪拥有 200 万人口的杭州，让来自仅有5 万人的威尼斯小城的马可·波罗眼花缭乱。在唐代，西方没有任何城市比得上拥有50万人的长安(今西安),同时期的欧洲城市人口仅为几千人。在古丝绸之路上,文明知性且好奇的唐朝对世界非常开放,甚至任用外国人担任高级官员。

尽管创造力往往在新环境里产生,但创造力要与过去保持联系,而不是与之决裂。随着社交媒体和互联网的发展,中国逐渐意识到转型具有颠覆性,其中包含越来越多的自由主义思想,一些摩擦和紧张甚至可能有助于创造力,而创意高峰的另一个共同特征——协作也有助于激发创造。拥有新视角的外来人员经常看到主流所看不到的东西,就像移民给维也纳和硅谷带来无穷的创新一样。

对于创造性社会来说,愿景、对悖论的热爱、接受不确定性、容忍复杂性是任何创造性社会的共有的特征,对失败的宽容也是如此。空气中弥漫着紧张的乐观情绪。有的想法已经成功,因此又催生了新的可能性。有些想法来自海外,而有些则来自过去。因此,西方创造力的高峰与今天的中国有很多共同之处。

所有人都看重历史,弗洛伊德收集维也纳巅峰时期的文物,从而获得了启发。史蒂夫·乔布斯说起硅谷时,其想法可能来自《易经》:"除非你理解之前发生的事情,否则你无法真正理解发生了什么。"他其实还可以加上有关周期的知识,那也很有用,就像他自己的人生所彰显的那样。

创意社会可以提出正确的问题。苏格拉底和孔子远隔千里,但都明白通过正确的提问方式发现真理的重要性。韦纳(Weiner)认为,像查尔斯·达尔文这样的发现问题的人比解决问题的人更重要。他们是真正的创新者,而不是书呆子。文艺复兴时期的达·芬奇认为,知识的广度比深度更有利于发现和创造。

创意社会的主要动力也是相似的。许多创意社会都经历过垂死反应,如战争中的希腊、黑死病中的佛罗伦萨和文艺复兴时期的意大利,

以及越南战争和美国企业僵化时的硅谷。对于中国来说,这就是 20 世
纪 60 年代,触底激发中国民众和官员寻找新出路。所有创造性社会都
在应对挑战、障碍甚至混乱中茁壮成长。英国脱欧的决定可能引发欧
盟的最终解体,应该会是一种濒临死亡的经历,促使欧洲人进行大量的
自我反省和重新思考。

中国许多新晋亿万富翁都远离政治从商业中寻求安全,尽管在 20
世纪 80 年代和 90 年代很难做到。进入 21 世纪,民营企业才被正式接
受。随着对个人安全和发展的追求,人们渴望恢复国家的地位。正如
谢祖墀所观察到的那样,中国的新晋亿万富翁拥有三股强大的力
量——自豪、雄心和文化遗产。正如佛罗伦萨寻求取代罗马一样,杭
州、深圳和北京也努力加入取代美国成为领先的创意中心和权力中心
的阵营。这可能吗? 比尔·盖茨和史蒂夫·乔布斯与阿里巴巴的马云
和腾讯的马化腾有很多共同之处。现在已有数百万中国企业家开始大
踏步前进。所有历史上最具创造力的城市因为快速增长的,要求更高
的、更有洞察力、更加挑剔、更有鉴赏力的消费者市场而日益强大。今
天的中国也是这样。以前物质匮乏时代一无所有的消费者正在寻求最
高级的创新产品和服务,他们是速度最快的适应者。

当优步的联合创始人特拉维斯·卡拉尼克(Travis Kalanick)在
2016 年宣布,5 年后北京将拥有比硅谷更多的创造力、创新和企业家
时,必定会给西方许多人带来巨大冲击。创造力对变革至关重要。伦
敦国王学院政治经济学教授哈格里夫斯·希普指出,创造力确实是增
长和转型的动力。

对于那些预言中国崩溃或者至少停滞不前的人来说,卡拉尼克的
预测是不可思议的。对于在 2015 年挑战说"谁能说出中国有什么创
新"的美国副总统乔·拜登,这个预言更令其震惊。卡拉尼克的言论
也公然反击了对中国教育的偏见,即 2014 年哈佛大学的一项研究曾断

言，中国的教育体系是建立在儒家思想和共产主义灌输的无聊、死记硬背的基础之上。此外，还有言论称中国缺乏所谓的自由市场和民主等自我纠正机制。然而在 2017 年，7 家中国公司被《麻省理工学院科技评论》列入全球 50 家最聪明企业之中。如果中国缺乏对创造力至关重要的批判性思维和解决问题的能力，这怎么可能发生呢？西方对中国的假设已经改变了很多，但仍然存在缺陷。2002 年，当我第一次搬到中国时，我所能想到的世界级别的中国企业就只有青岛啤酒一家，那时我从未听说过阿里巴巴、腾讯和只有两岁的百度。这就是中国的变革。

通往新路径的道路

本书的目的是为了表明理解中国的变革可以帮助其他国家、企业和个人找到新的途径，同时回答中国能否继续为世界经济增长作出重大贡献，答案是肯定的。本书同时也揭示了中国将如何在一个日益颠覆的世界中发挥作用。总的来说，传统哲学有助于引导中国未来十年及以后的重大变化。

近 4000 年来，维新思想一直在教导个人和统治者不断进行反思和更新。中国共产党近百年的历史带来了许多战略经验，有些来自传统思维，另一些则来自新时代。随着人们渐渐习惯了变革，中国共产党的最大影响力在于有能力在经历挫折后分析问题、设计修正方法和重新组合。务实、适度与和谐消除了极端主义。成功的中国政策受益于漫长的历史造就的传统思想和在经历了 20 世纪五六十年代意识形态的冲击中吸取的惨痛教训。

长期观点把无数个短期目标连接成为一个连续体，使人们能够更有效地对变化进行排序。稳定、和谐、适度和其他优先事项可以作为目标,而务实、灵活、渐进、适度、自我批评和360度整体方法有助于实现这些目标。了解周期、研究和实地调研,其次是试点计划和持续更新,维新是普通的常识。用耐心、恒心和毅力来塑造行为。通过教育、道德、正直和社会责任培养优秀人才始终是良好政府的基础。所有这20个基本传统观念可以在任何地方应用。

中国的进步并不意味着其他社会的倒退,更不用说失败了。美国和欧洲有自己的优势,但也有挑战。美国更新体制的传统能力从未如此重要。欧洲的悠久历史和自称的中庸,以及像英国这样的国家的实用主义应该在政策和政治辩论中脱颖而出,而不是陷入极端对抗的旧式争夺之中。亚洲拥有东亚奇迹和自己的哲学,包括儒家思想,可以帮助其寻找新的道路。这不是中国例外论,而是一个新兴的多极世界的现实。人口规模,而非军事力量或近期历史,将通过一种新型的民主形式展现影响力,即市场力量驱动的经济民主。

生活在中国,目睹各种各样的变革,很容易得出中国将再次成为世界领先经济体的结论。虽然还在不断地努力,未来15年,中国将是这个日益颠覆的世界新的均衡局势中的重要部分,中国的巨变是世界上最伟大的变革。除了印度之外,没有其他国家拥有中国的人口规模和发展势头这双重优势。如果要保持现有经济优势和世界领导者地位,所有人都需要更好地了解中国的变化,而有些人则可以找到摆脱贫困、中等收入陷阱和停滞的新途径。

正如《非比寻常的颠覆》一书所述:"如果我们正确理解当前变革的规模和持久性的话,应该调整以前的观点,要看到机会将塑造新的世界,而且是非常繁荣兴盛的世界。"经过40年对中国的观察,看到中国人、中国企业和政府有能力理解变革,通过灵活性、适应性和直面挑战的能力来应对颠覆时,我认为,中国没有理由不兴盛。这不是一场零和博弈。

如果其他国家找到新的路径，它们也应该在新的稳定均衡中茁壮成长。那么，为什么不从中国寻找线索呢？在过去的1400年里，中国曾经三次成为世界上最大的经济体（可能很快就会出现第四次），每次失败后都会重塑自我。在捕获了创造西方自1800年以来取得统治地位的"火种"之后，中国正在从其急剧的相对下降中恢复过来。如果西方复制中国的变革，那么世界历史上可能会出现另一个戏剧性的、意想不到的变化。这似乎比1978年中国寻求重新获得"财富和权力"时更容易实现。

然而，如果西方和亚洲部分地区未能应对变化，它们可能会进入一个日益混乱和相对较贫穷的时期，正如两个世纪前的中国那样。第一位获得雨果奖最佳科幻小说奖的中国作家刘慈欣在《三体》中写道："除了恒纪元，都是乱纪元……是早晨，早晨太阳不一定能升起，这是乱纪元。"寻找朝阳以避免痛苦的混乱是中国的追求。如果了解如何应对变革，其他人也可以再次追赶上太阳。

附　录

理解中国

可及性不再是个问题,也不是个借口。

再也没有任何理由认为中国是深不可测、神秘莫测或无法靠近的了;也不能说用英语写的有关中国的文献太少,因此了解不多;或者说所读到的有关中国的文章都是洋洋洒洒的学术散文或翻译得很糟糕了。现在帮助我们了解中国的渠道有很多,去中国实地考察也不像以前那么困难。对于一个大陆来说,它的对外联系可以说是非常紧密。规模太大倒是对自身的挑战,也是精神上的挑战。的确,理解中国是一项大工程,往往是很艰苦的工程,但它并非难以企及,反而非常值得付出努力。

当代小说家给中国做了非常全方位的描绘。诺贝尔文学奖得主莫言的作品英译本效果卓然。然而,竟然有人认为这是他作为中国作家协会成员一贯会写的沉重、折中的散文。没有比这更错误的评价了。莫言的活力,对色彩、味觉、嗅觉、声音和感觉的描写,以及他的讽刺、对人性和困扰当代中国问题的讨论提供了对于过去中国的许多洞见。20世纪60年代和70年代就像挥之不去的乌云一样笼罩着他这一代人。曝光官员的腐败行为是2012年后的热门写作题材。这其实是政治话语,通常是赤裸裸的。

莫言对于中国的贡献,就像加夫列尔·加西亚·马尔克斯(Gabriel Garcia Marquez)为拉丁美洲和本·奥克瑞(Ben Okri)为非洲所作的贡献一样。莫言的神奇现实主义充满了生命活力和纯粹的力量,点亮了一个为外国人所不知的世界。大多数读者都是从《红高粱》开始的,张艺谋著名的同名电影就是根据这部小说改编的,尽管可能是最无趣的那一部分。《酒国》与《生死疲劳》以及莫言的短篇小说集《师傅越来越幽默》更加现代,行文更加生动。2015年刘慈欣的《三体》获得了世界领先的科幻小说奖——雨果奖。故事基于两个文明之间的动荡时期和星际战争,好像是美国和中国的寓言。余华的《兄弟》、《许三观卖血记》和《十个词汇里的中国》描述了中国近代历史、经济和社会变革背后的故事,当之无愧地受到广泛赞誉。

许多其他中国小说家的作品也被翻译成英文,记录了过去40年来各种场景的历史。《纽约客》将一位获奖小说家哈金的《等待》描述为"一个充满悬疑又令人鼓舞、矢志不渝的爱情故事"。裘小龙的探长陈超的系列小说通过在体制内的普通人的生活描绘了世纪之交的中国场景,经济改革所带来的快速变革正日益考验和挑战着体制。

翻译效果已经越来越好,或者至少更适合试图了解中国的现代读者。葛浩文(Howard Goldblatt)抓住了莫言和姜戎等人作品的活力和精髓。还有其他杰出的译者,不仅有文学的,也有哲学书籍的优秀译者。一个世纪或更久以前中国经典首次翻译成的英文枯燥而且生硬,幸运的是现代的翻译更容易理解。大卫·辛顿翻译的中国四大名著和闵福德翻译的《易经》和《孙子兵法》,连同他们富有洞察力的评论,让许多认为中国哲学神秘莫测、难以理解的外国人豁然开朗。

还有很多外国作家的作品非常值得一读。事实上,1995年开设麦肯锡中国办事处的乔纳森·沃特泽尔(Jonathan Woetzel)说,外国人误解中国的原因是因为他们没有读过足够的(或任何)史景迁(Jonathan Spence)的书。史景迁是耶鲁大学的中国学研究教授,他所解释的一切都栩栩如生,特别是他的历史小说引人入胜。可以从《雍正王朝之大义觉迷》和《前朝梦忆:张岱的浮华与苍凉》开始读起。他以一种外国人很容易掌握的方式来展现中国历史和中国思维。

那些对中国不太了解但对其他社会有深刻了解的作家也可能具有启发性。约翰·斯普林(John Spurling)在小说《万物》中重建了元末中国,约翰·凯伊(John Keay)在《中国历史》中勾勒了中国3000多年的历史。菲力普·肖特(Philip Short)的《毛泽东传》将所有关键部分汇集在一起,客观讲述了毛泽东的故事。

这些关于中国的总体报道中,有些比较深入地探讨了与经济有关的主题:民营部门的崛起、现代化和转型。有些是学术性的,还有许多是由记者撰写的第一手历史手稿。这些都有助于填补之前存在的许多缺憾。其中学术界的五本书脱颖而出。在长线思维和管理变革方面,沈大伟的《中国共产党:收缩与调适》介绍中国如何分析苏联和东欧崩溃的真实案例,以便从中吸取教训。如果有什么证明中国有自己的方式来处理政策及其实施,这就是明证。

尼古拉斯·拉迪的《民有民享:中国私营经济的崛起》详细分析了民营企业的崛起,继而在规模上超过国有企业。这本书反驳了自2008年以来普遍认为的"国进民退"的观点。在外交、战略和现实政治中,亨利·基辛格的《论中国》不应该受到批评者的唾弃。关于中美关系,基辛格得出结论:"不同的历史文化偶尔产生不同的结论。"在现代化方面,奥维尔·斯科勒(Orville Schell)和鲁乐汉(John Delury)在《财富与权力:中国的二十一世纪长征》中指出:财富和权力是当今中国的核心主题。关于转型,傅高义(Ezra Vogel)的《邓小平时代》充分详细描述了1978年以后邓小平启动的政治和经济转型。

普利策奖得主伊恩·约翰逊的《野草——现代中国的三个变革故事》对社会的贡献也不小。如果没有这些故事,今天的中国大部分叙事就缺乏关键背景。记者们已经挖掘出更为具体的与政治经济有关的问题,但仍然难以把握。在党派问题上,马利德(Richard McGregor)的《党》使学术界以外的读者都能了解其组织和实践。关于环境问题,乔纳森·瓦特(Jonathan Watts)的《当十亿中国人一起跳起来》全面揭示了环境问题和尝试的解决方案。而姜戎的《狼图腾》讲述的是20世纪六七十年代内蒙古地区动物与人类、牧民和农民之间的战斗,以及解决生态平衡的问题。汤姆·米勒(Tom Miller)的《中国十亿城镇居民》(Urban Billion)考虑了中国城市化进行史诗级转型需要的所有因素。还有一些书更详细地介绍了一些个体的故事,比如亚利桑德拉·哈尼(Alexandra Harney)的《中国价格》和张彤禾(Leslie Chang)的《打工妹》。关于健康问题的书有保罗·弗伦奇(Paul French)和马修·克雷贝(Matthew Crabbe)的《富态》,其他的书无出其右,它对疾病发生率甚至未来的成本有一些真正令人瞩目的预测。

关于中国经济的一本写得很好并且易于阅读的书是2006年出版的詹姆斯·金奇著的《中国震撼世界》,尽管主要是关于20世纪90年代和21世纪初的事件。从那以后,中国发生了很大的变化。这就是问题所在。写书的时候它已经过时了,正如欧年乐的观察,按照中国变化的速度,十年前的事几乎是古老的历史,这就是为什么他锁定历史。然而,现在有一种新的应对方法,能够捕捉到中国的一切变化,其中包括早先提到的《非比寻常的颠覆》,其中有关中国的部分由麦肯锡的乔纳森·沃泽尔撰写,"中国颠覆者"一章由爱德华·谢撰写,"中国银行业转型"一章由詹姆斯·斯坦特撰写。

与时俱进地跟上中国及其所有变化可能听起来令人生畏,因为现在网上已经有很多消息,包括官方的和非官方的信息。关键是质量,而不是数量。对于快速简洁的摘要,《中国经济评论》的每日头条五大故事差不多齐了。阿里巴巴的高管们希望市场营销平台中国皮象(China Skinny)能够跟踪快速变化的中国消费者。每周只需 5 分钟,人们从中国皮象了解到的有关现代社交、电子商务和媒体趋势的信息比其他任何地方都更多。

在中国旅行也比 10 年前更容易。莫泰 168、如家酒店(Home Inn)、锦江之星之类的经济酒店都提供干净、安全且价格合理的住宿。所有的主要城市都拥有一大批五星级豪华商务酒店,而悦榕村则为较僻静的豪华度假村,另有一种独特的宁静魅力。碧山旅行(Wild China)为那些想更多了解中国又不想走大众路线的人们提供定制假期。携程提供便捷的在线旅游服务,而便捷的公共汽车网络几乎可以连接到中国各地,还可以高频次地将游客运送到最近的城镇和其他国家。对于世界上最大规模的旅行人口来说,高速铁路只是锦上添花。十年前,这一切根本无从谈起。

关于时事、历史和文化的背景,中国电视足以让人们与当代中国保持联系。中国全球电视网的英文和纪录片频道有英文评论或字幕,可通过有线电视在海外获取。让鲁伯特·默多克(Rupert Murdoch)感到困惑的是,江泽民坚持在媒体合作协议中要求他帮助中央电视台在国外传播。默多克当时一定以为这不会吸引任何人。事实上,它是一个关于中国的英语信息的大宝藏,即使许多海外人士有时会不同意其解读。通过杨锐的《今日话题》和田薇的《薇观世界》可以了解中国如何看待事物以及为什么要做这件事。中国不再是深不可测的,尽管还需要做很多工作。希望《中国巨变》一书能填补认知空白,更好地帮助人们理解中国。

债务比较

单位:%

国家或地区	债务占 GDP 比例:2016						
	债务总额	家庭	公司[1]	公共部门	金融业	外债[2]	
						短期	长期
中国内地	308	47	155	70	36	8	5
中国香港	510	66	113	44	204	22	52
日　本	549	60	78	243	168	52	19
新加坡	607	85	97	136	203	2	51
欧　盟	532	64	92	90	285	—	—
英　国	765	87	80	113	485	—	—
美　国	310	79	45	102	84	32	66

说明:1.中国香港和新加坡的公司债务为 2015 年的数据,不包括海外非居民、非金融信贷。
　　2.中国香港和新加坡的外债:不包括金融部门。
资料来源:Dismal Science Group(DSG)。

中国 2030:中国的独白

　　国务院发展研究中心和世界银行的报告非常重要。不再有执政者的语言,更不用说中央计划者的话语了,取而代之的是表明可能发生的根本性变化的词语。它突出了六个优先改革领域:

　　——市场经济的结构改革

　　——加快创新步伐

　　——绿色环保

——促进人人享有社会保障

——加强财政体系

——寻求互利的全球关系

摘录

1.重新定义政府的角色,改革和重组国有企业和银行,发展民营部门,促进竞争,深化土地、劳动力和金融市场改革。

2.政府的作用及其与市场和民营部门的关系需要从根本上改变。

3.现代社会是工业化和城市化的社会,享有与西方世界相媲美的生活品质。

4.当一个发展中国家达到技术前沿时,制定正确的发展战略就不那么简单了。直接的政府干预实际上可能会阻碍增长,而不是帮助它。相反,政策重点需要转向民营部门发展,确保市场足够成熟,能够有效地分配资源。

5.民营部门的角色至关重要……创新不是通过政府规划就可以实现的。

6.不断扩大的中产阶级对参与公共政策讨论的要求越来越强烈。这一要求表明了更广泛的需求,使人们能够通过自己的努力为……发展作出贡献,发挥创造力并提高生活水平。政府应通过明确的规则赋予个人、家庭、企业、社区、学术界和其他非政府组织权利,鼓励广泛参与,满足这些需求。这样政府可以逐步将以前的一些职能转移到社会,允许非政府组织以有趣的新方式形成网络,并为创新创造空间。

7.虽然政府需要退出直接参与生产、销售和资源分配,但需要更加注重设计和实施政策以及监管框架,使其他人能够参与经济决策,从而

实现预期的快速、包容性可持续增长。要发挥这一作用,政府需要将自身转变为一个在法治原则运作下的精细、廉洁、透明、高效的现代政府。

　　经济文件很少会提及"社会价值观和道德标准将是重要的"。最近中国举国上下关注几个"道德失范"事件。这不仅仅关系经济,还是关系社会现代化的下一个重大举措。领导人似乎已经得出结论,除了根本改革之外别无选择。世界银行与国务院发展研究中心合作,可以提出他们将来不得不解决的问题,就像朱镕基以入世来对付根深蒂固的既得利益集团,取得显著效果一样。

参考文献

Bonavia David, *The Chinese*, New York: Lippincott & Crowell, 1980.

Briggs, Asa, *The Age of Improvement*, London: Longmans, 1959.

Chang, Gordon, *The Coming Collapse of China*, New York: Random House, 2001.

Chang, Leslie, *Factory Girls*, London: Picador, 2008.

Dawson, Raymond, *The Chinese Chameleon: An Analysis of European Conceptions of Chinese Civilization*, Oxford: Oxford University Press, 1967.

Dobbs, Richard, Manyika, James and Woetzel, Jonathan, *No Ordinary Disruption*, New York: Public Affairs, 2015.

de Waal, Edmund, *The White Road: A Journey into Obsession*, London: Vintage, 2015.

Fitzgerald, C.P., *China: A Short Cultural History*, London: Barrie and Jenkins, 1976.

French, Paul and Crabbe, Matthew, *Fat China: How Expanding Waist-lines are Changing a Nation*, London: Anthem Press, 2010.

Fukuyama, Francis, *Political Order and Political Decay*, New York: Farrar, Straus and Giroux, 2014.

Geoffroy-Dechaume, Francois, *China Looks at the World*, London:

Faber & Faber, 1967.

Graham, A.C., *Poems of the Late Tang*, London: Penguin.

Harney, Alexandra(2008), *The China Price*, New York: Penguin, 1965.

Hinton, David, *The Four Chinese Classics*, Berkeley: Counterpoint, 2013.

Ho, Kwon Ping(2016), *The Ocean in a Drop: Singapore the Next Fifty Years*, Singapore: World Scientific Publishing, 2016.

Jacques, Martin, *When China Rules the World*, London: Allen Lane, 2009.

Jiang, Rong, *Wolf Totem*, London: Penguin, 2009.

Johnson, Ian, *Wild Grass: Three Stories of Change in Modern China*, London: Penguin, 2004.

Keay, John, *China: A History*, London: Harper Press, 2008.

Kissinger, Henry, *On China*, London: Allen Lane, 2011.

Kong, Xianglin, *Confucius*, Beijing: Foreign Languages Press, 2010.

Kroeber, Arthurl, *China's Economy*, New York: Oxford University Press, 2016.

Kynge, James, *China Shakes the World*, London: Weidenfeld and Nicolson, 2006.

Lardy, Nicholas, *Sustaining China's Economic Growth After the Global Financial Crisis*, Washington D.C.: Peterson Institute for International Economics Press, 2012.

Lardy, Nicholas, *Markets over Mao: The Rise of Private Business in China*, Washington D. C.: Peterson Institute for International Economics Press, 2014.

Lau, D.C., *Lao Tzu: Tao Te Ching*, London: Penguin, 1963.

Lieberthal, Kenneth, *Governing China: From Revolution Through Reform*, New York: W.W.Norton, 2004.

Lin, Paul T.K.and Lin, Eileen Chen, *In the Eye of the China Storm*, Montreal: McGill-Queen's University Press, 2011.

Lin, Yutang, *The Importance of Living*, New York: Harper, 1998.

Liu, Cixin, *The Three-Body Problem*, London: Head of Zeus, 2006.

Maddison, Angus, *Contours of the World Economy* 1 – 2030 *AD*, Oxford: Oxford University Press, 2007.

Maugham, Somerset, *On a Chinese Screen*, London: Jonathan Cape, 1922.

Miller, Tom, *China's Urban Billion*, London: Zed Books, 2012.

Minford, John, *The Art of War*, New York: Penguin, 2003.

Minford, John, *I Ching*, New York: Viking, 2014.

Mitter, Rana, *China's War with Japan* 1937–1945, London: Penguin, 2014.

Mo, Yan, *The Republic of Wine*, New York: Arcade, 1992.

Mo, Yan, *Shifu, You'll Do Anything for a Laugh*, New York: Arcade, 2001.

Naughton, Barry, *The Chinese Economy: Transitions and Growth*, Cambridge, MA: MIT Press, 2007.

Naughton, Barry(ed.), *Wu Jinglian: Voice of Reform in China*, Cambridge, MA: MIT Press, 2013.

Osnos, Evan, *Age of Ambition*, London: Vintage, 2014.

Paulson, Hank, *Dealing with China*, New York: Hachette, 2015.

Perkins, Dwight, *China, Asia's Next Economic Giant*, Seattle, WA: University of Washington Press, 1986.

Perkins, Dwight, *East Asian Development: Foundations and Strategies*, Cambridge, MA: Harvard University Press, 2013.

Pomerantz, Kenneth, *The Great Divergence*, Princeton: Princeton University Press, 2000.

Puett, Michael and Gross-Loh, Christine, *The Path*, New York: Simon and Schuster, 2016.

Sawyer, Ralph and Sawyer, Mei-chun, *Zhuge Liang*: *Strategy*, *Achieve-ments and Writings*, North Charleston: Create Space Independent Publish-ing Platform, 2014.

Schell, Orville and Delury, John, *Wealth and Power*: *China's Long March to the Twenty-First Century*, London: Little, Brown, 2013.

Shambaugh, David, *China's Communist Party*: *Atrophy and Adaptation*, Washington D.C.: Woodrow Wilson Center Press, 2008.

Short, Philip, *Mao*: *A Life*, London: John Mur-ray, 2004.

So, Billy K.L. ed., *The Economy of Lower Yangzi Delta in Late Imperial China*, Abingdon: Routledge, 2013.

Spence, Jonathan, *The Search for Modern China*, New York: W.W. Norton, 1999.

Spence, Jonathan, *Treason by the Book*, London: Peguin, 2001.

Spence, Jonathan, *Return to Dragon Mountain*, New York: Viking Penguin, 2007.

Spurling, John, *The Ten Thousand Things*, New York: Overlook Duck-worth, 2014.

Steinfeld, Edward, *Forging Reform in China*, Cambridge: Cambridge University Press, 1998.

Steinfeld, Edward, *Playing Our Game*, New York: Oxford University Press, 2010.

Stent, James, *China's Banking Transformation*: *The Untold Story*, New York: Oxford University Press, 2017.

Temple, Robert, *The Genius of China*: *3,000 Years of Science*, *Discovery and Invention*, London: Prion, 1998.

Tse，Edward，*China's Disruptors*，New York：Portfolio Penguin，2015.

Vogel，Ezra，*Deng Xiaoping and the Transformation of China*，Cambridge，MA：Belknap Harvard，2011.

Waley，Arthur，*The Analects of Confucius*，London：George Allen and Unwin，1938.

Watts，Jonathan，*When a Billion Chinese Jump*，London：Faber & Faber，2010.

Weiner，Eric，*The Geography of Genius*，New York：Simon & Schuster，2016.

Winchester，Simon，*Bomb*，*Book & Compass*，London：Viking，2008.

Xi，Jinping，*The Governance of China*，Beijing：Foreign Languages Press，2014.

Yu，Dan，*Confucius from the Heart*，London：Pan，2010.

Yu，Hua，*Chronicle of a Blood Merchant*，New York：Anchor Books，2004.

Yu，Hua，*China in Ten Words*，New York：Anchor Books，2011.

Yu，Hua，*Brothers*，London：Picador，2009.

致　谢

　　如果没有很多人的帮助,完成这本书是不可能的。首先,我的太太杨慈爱(Maria Yang Tse Oy)提供了很大的支持和见解。特别有用的帮助来自于 Shaun Hargreaves Heap、Tony Hall 和 Andrew Sheng,以及 Katie Abu、George Baeder、Ed Barlow、Jason Bedford、John Berthelsen、David Brown、Janice Cotton、Tony Doniger 和 Liza Lunt、William Fu、Gerhard 和 Robin Greif、Tom Gurney、Ceinwen Jones、Anna Kieryk、Patricia King、William Knight、James Kynge、Ralph 和 Jasbeena Layman、John Minford、Ng Kok Song、Cristian Ramirez、Gary Rieschel、Andy Rothman、Ulrik Trampe、Wang Tao、Andrew Williams、杨富强、赵振义。对所有的阅读材料和相关的手稿,给出了非常有用的批评和建议。

　　该书能够出版同样复杂。我非常感谢 Rick Borsuk 和 Nancy Chng、Philip Bowring、Felicity Bryan、Claire Chiang、Toby Eady、Kelly Falconer、Paul French、Alex Harney、CJ Hwu、Martin Jacques、Jerome Lacroniere、Chris Lewis、Jim Levine、Mark O'Neill 和 Louise do Rosario、Zaria Rich、Greg Rudd、Samir Shah、Elaine Steel、Tjio Kay Loen、Toh Han Shih、Mike Tsang、Zhang Qian 和 Zhang Wei 的帮助。

　　Francis 和 Helen Altarejos、Lawrence Ang、Pieter Bottelier、Mark Bowers、David Brown、Mark Chennells、Gerard Choy、Ajit Dayal、Clinton Dines

和 Jeronia Muntaner、David Dodwell、Michael Enright、Graham、恩萧、樊纲、安德鲁·霍尔、何光平、John Hoffman、Kai Hsu、Benny Hu、Yukon Huang、Charles Hutzler、Will Hutton、Jan Johnson、Bill 和 Audrey Kazer、Koh Boon Hwee、Kim Kihwan、Arthur Kroeber、Raphael Lam、Nicholas Lardy、Kenneth Lieberthal、Benjamin Lim、Michael Lipper、Charles Liu、Lo Bobo、Thomas Luedi、Ma Jun、Jeremy Mark、Brook McConnell、Luke Minfod、David Murphy、Rod Oram、Simon Ogus、Tom Orlik、Rick Petree、Nick Platt、Bruce Richardson、John Ross、Vasuki Shastry、Choedchu Sophonpanich、Edward Steinfeld、Jim Stent、Tang Min、Michael Taylor、Teo Kim Yong、Edward Tse、Ezra Vogel、Jonathan Woetzel、Xiao Gang、Xu Yemin、Michael Yang、Leslie Yap、Zhang Longmei、Wesley Zhao、Zhao Ya'nan 和 Zhou Ping 给出了他们对于中国变革的有益建议和见解。

特别要感谢世界科技出版公司高级编辑董黎熙和她的团队为本书的英文版出版所做的细致工作,感谢 Sharon Khoo 和 Judy Yeo 的反复校对,使本书英文版能够如期出版。最后,我也要特别感谢人民出版社辛广伟总编辑、张振明编审、李源正编辑和译者上海外国语大学万宏瑜女士为中文版出版付出的辛勤劳动。需要说明的是,本书中文版内容在编辑出版过程中,作了少量删节。

责任编辑:李源正
装帧设计:林芝玉

图书在版编目(CIP)数据

中国巨变:地球上最伟大的变革/(英)休·佩曼 著;万宏瑜 译. —
北京:人民出版社,2019.9
ISBN 978 - 7 - 01 - 021152 - 7

Ⅰ.①中…　Ⅱ.①休… ②万…　Ⅲ.①中国经济-经济发展-研究
Ⅳ.①F124

中国版本图书馆 CIP 数据核字(2019)第 175495 号

书名原文:China's Change:The Greatest Show on Earth

北京市版权局著作合同登记号:01-2018-7339

中国巨变:地球上最伟大的变革
ZHONGGUO JUBIAN DIQIU SHANG ZUI WEIDA DE BIANGE

(英)休·佩曼 著　万宏瑜 译

人 民 出 版 社 出版发行
(100706　北京市东城区隆福寺街 99 号)

北京中科印刷有限公司印刷　新华书店经销

2019 年 9 月第 1 版　2019 年 9 月北京第 2 次印刷
开本:710 毫米×1000 毫米 1/16　印张:20
字数:259 千字

ISBN 978 - 7 - 01 - 021152 - 7　定价:58.00 元

邮购地址 100706　北京市东城区隆福寺街 99 号
人民东方图书销售中心　电话 (010)65250042　65289539